AF623144

Schriftenreihe der DGAP

Die Herausgeber:

Stefano Micali ist Professor für Philosophische Anthropologie am Husserl-Archiv der Katholischen Universität Löwen.

Thomas Fuchs ist Karl-Jaspers-Professor für Philosophische Grundlagen der Psychiatrie und Psychotherapie an der Ruprecht-Karls-Universität Heidelberg.

Stefano Micali / Thomas Fuchs (Hg.)

Angst

DGAP

Schriftenreihe der

Deutschen Gesellschaft für phänomenologische Anthropologie, Psychiatrie und Psychotherapie (DGAP)

Herausgegeben von

Thomas Fuchs, Thiemo Breyer, Stefano Micali, Boris Wandruszka

Band 6

Stefano Micali / Thomas Fuchs (Hg.)

Angst

Philosophische, psychopathologische und psychoanalytische Zugänge

Verlag Karl Alber Freiburg / München

MIX
Papier aus verantwortungsvollen Quellen
FSC® C083411
FSC
www.fsc.org

2., erweiterte Auflage 2017

© VERLAG KARL ALBER
in der Verlag Herder GmbH, Freiburg / München 2016
Alle Rechte vorbehalten
www.verlag-alber.de

Umschlagmotiv: © Thomas Fuchs
Satz: SatzWeise GmbH, Trier
Herstellung: CPI books GmbH, Leck

Printed in Germany

ISBN 978-3-495-48859-1

Inhalt

Vorwort

Angst gilt als eine Grundbefindlichkeit des Menschseins. Es ist nicht möglich, in der Philosophiegeschichte einen anderen Affekt zu finden, dem eine solch fundamentale Rolle für die individuelle Existenz, aber auch für die Entstehung der Rituale, der Religionen, der Institutionen und selbst des Staates zugesprochen wurde. Zugleich stellt das Phänomen der Angst eine der schwierigsten Herausforderungen der anthropologischen Forschung dar: Es gibt, wie Kierkegaard schreibt, in der Welt nichts Zweideutigeres als die Angst. Wovor ängstigt man sich? Ist die Angst gegenstandslos? Oder verweist sie indirekt auf eine sich entziehende Quelle? Ist diese Quelle in der Phantasie oder in der Wahrnehmung verankert? Wie ist das Verhältnis zwischen Angst und Philosophie zu denken? Birgt die Angst eine Möglichkeit zum authentischen Selbstsein? Oder ist sie primär ein Ausdruck von unbewussten Triebdynamiken? Wie lässt sich eine Grenze zwischen normaler Angst und pathologischer Angst ziehen? Wie kann man Ängste beherrschen?

Dieser Sammelband enthält die Vorträge, die 2014 im Rahmen einer interdisziplinären Tagung an der FEST (Forschungsstelle der Evangelischen Studiengemeinschaft, Heidelberg) gehalten wurden und die sich mit dem Phänomen der Angst aus verschiedenen Perspektiven befassten. Auf der Tagung wurden neben dem Dialog zwischen Philosophie und Psychotherapie auch kulturwissenschaftliche und theologische Ansätze berücksichtigt, um die Angst aus interdisziplinärer Perspektive als Ausdrucksgestalt eines affektiven Selbst- und Weltverhältnisses zu untersuchen.

Unseren herzlichen Dank möchten wir der Fritz Thyssen Stiftung aussprechen, ohne deren Förderung die Tagung nicht möglich gewesen wäre, sowie allen Autoren, die zum Gelingen des Buches beigetragen haben. Außerdem bedanken wir uns bei Daniel Vespermann und Tilman Rivinius für die aufmerksame Vorbereitung der Texte zum Druck.

Heidelberg, im April 2016

Stefano Micali Thomas Fuchs

Angst als Grundproblem der Philosophie

Emil Angehrn

Der Anfang des Denkens – Staunen und Angst

Philosophie hat ihren Ursprung im Staunen. Dieser bekannte Topos, den Aristoteles im ersten Buch der *Metaphysik* ausführt (Aristoteles, *Metaphysik*, 982b),[1] findet seine erste Formulierung in Platons Dialog *Theaitetos*. »Gar sehr«, sagt Sokrates, »ist die Verwunderung *(to thaumazein)* der Zustand des Freundes der Weisheit, ja, es gibt keinen anderen Anfang der Philosophie als diesen.« Der Satz ist eine Antwort und ein Kompliment an den jungen Gesprächspartner Theaitetos, der zuvor, auf Sokrates' Nachfrage, ob er den umständlichen Erläuterungen gefolgt sei, bekräftigt hatte: »Wahrlich, bei den Göttern, Sokrates, ich wundere mich ungemein, wie dies alles wohl sein mag; ja bisweilen, wenn ich recht hineinschaue, schwindelt mir ordentlich« (Platon, *Theaitetos*, 155c–d). Im Gegensatz zu späteren Weiterschreibungen der Gedankenfigur, in denen das Staunen und Verwundern in die Nähe des Erstaunens und Bewunderns rücken und geradezu mit der Finalität eines transzendierenden Wissens verbunden werden, markiert diese Stelle einen Gegenakzent. Schwindligwerden *(skotodinio)* verbindet die Bedeutungskomponente des Dunkels *(skotos)* mit der des Wirbels oder Strudels *(dine)*, d. h. mit Motiven der Verwirrung, der Unheimlichkeit und der Angst (vgl. Platon, *Sophistes*, 264c, *Nomoi*, 663b, 892e). Finsternis, Bodenlosigkeit, Orientierungsverlust sind Erfahrungen, die mit dem ursprünglichen Chaos assoziiert sind, wie es Hesiod als Urgrund aller Dinge evoziert, als jenes Grenzen- und Bestimmungslose, dessen Absorptions- und Zerstörungsmacht eine dauernde Bedrohung der geordneten Welt darstellt. Staunen ist hier nicht erhebendes Bewundern,

[1] Im Folgenden sind zum Teil Überlegungen aufgenommen aus: *Die Überwindung des Chaos. Zur Philosophie des Mythos* (Angehrn 1996); *Die Entstehung der Metaphysik. Vorsokratik, Platon, Aristoteles* (Angehrn 2000).

sondern ein abgründiges Irritiertsein, ein Konfrontiertwerden mit Nichtverständlichem, Bedrohlichem, Irrationalem.

Sprechend sind die Beispiele, anhand deren Aristoteles diese Verwirrung illustriert und zu denen neben den unerklärlichen Naturerscheinungen an prominenter Stelle die irrationalen Zahlen gehören (Aristoteles, *Metaphysik*, 982b 13–14, 983a 13–16). Deren Irritationspotential tritt uns anschaulich in zwei Fragmenten aus der Vorsokratik entgegen. Dass eine so elementare, sinnfällige Größe wie die Diagonale im Quadrat nicht mit einer (ganzen) Zahl gemessen werden kann, stellt eine Provokation für den Glauben an die Geordnetheit des Kosmos dar, die für den Pythagorismus wesentlich mathematisch verfasst ist; die Entdeckung dieser Inkonsistenz wird als so tiefgehende Erschütterung empfunden, dass derjenige, der diese in der pythagoreischen Schule gemachte Entdeckung der Außenwelt verraten hat, nach einem alten Bericht »aus der Gemeinschaft der Schüler ausgestoßen worden sei und man sogar einen Grabstein für ihn errichtet habe« oder – so ein anderes Zeugnis – »als Sünder im Meer umgekommen« sei (Diels/Kranz 18.4). Die Schilderung lässt spüren, wieweit das von Aristoteles beschriebene *thaumazein* nicht nur mit einer kognitiven Verstörung, sondern einer existentiellen Herausforderung verbunden ist – auch wenn Aristoteles selbst den Akzent auf das Nichtverstehen legt, so dass nach erfolgter Erklärung die Verwunderung verschwinde (Aristoteles, *Metaphysik* 983a 18–21). Bemerkenswert ist, dass vom ältesten vorsokratischen Denker, Thales, als erinnerungswürdige Leistung die Voraussage einer Sonnenfinsternis überliefert wird, d.h. die rationale Bewältigung jener anderen Störung im geordneten Weltbild, wenn »plötzlich der Tag zur Nacht wird« (Diels/Kranz 11 A5), die dazu angetan ist, bei nicht-aufgeklärten Völkern Angst und Schrecken auszulösen. Erkenntnis, wie sie von der Philosophie gesucht wird, als Erkenntnis aus Gründen und Prinzipien, ist durch ein Nichtverstehen veranlasst und strebt danach, intellektuelle Klarheit zu erlangen, aber auch einer lebensweltlichen Verwirrung, einer Verunsicherung Herr zu werden, die nicht im Erkenntnismäßigen aufgeht.

Aristoteles vertieft dieses Motiv, wo er sich selbst im Gespräch mit der Vorsokratik um die Grundlegung der Philosophie bemüht. In der Sondierung der Problemlage des anfangenden Denkens begegnet er der Erschütterung durch den Relativismus, der die Labilität der Welt der Erscheinungen dahingehend zuspitzt, dass keine Aussage sicher und wahr, sondern »alles zugleich wahr und falsch« ist (Aristoteles, *Metaphysik,* 1009a 8–9), wobei Aristoteles Zeugnisse einer solchen Sichtweise nicht nur bei den mutwillig mit der Wahrheit spielenden Sophisten, sondern ebenso in den Schriften vieler ehrwürdiger Denker von Homer über Parmenides bis Anaxagoras findet, woraus sich für ihn die

> härteste Folgerung ergibt: Denn wenn diejenigen, welche die Wahrheit, soweit es überhaupt möglich ist, am meisten erkannt haben [...], solche Ansichten hegen und dies über die Wahrheit erklären, wie sollten nicht die mit Recht mutlos werden, welche zu philosophieren unternehmen? Denn die Wahrheit suchen möchte hiernach nichts anders sein als nach Vögeln haschen (Aristoteles, *Metaphysik,* 1009b 33–38).

Die Rede von der schlimmsten, härtesten Erfahrung, dem Verlieren des Muts zur Wahrheitssuche steht für mehr als ein kognitives Dilemma. Verstörend ist schon die gemeinsame Front zwischen den angesehenen alten Denkern und den nihilistischen Zeitgenossen. Noch deutlicher tritt, was auf dem Spiel steht, vor Augen, wenn wir uns Aristoteles' eigene Auseinandersetzung mit dem verhandelten Problem vor Augen führen. Die zitierte Formulierung steht im Kontext der Diskussion über das Prinzip des ausgeschlossenen Widerspruchs, von welchem Aristoteles nachweisen will, dass es das allererste, fundamentalste aller Prinzipien, der »voraussetzungslose« Grund allen Seins und Erkennens ist (Aristoteles, *Metaphysik,* 1005b 14).

Sprachlich auffällig ist die Art und Weise, wie Aristoteles dieses Prinzip einführt, indem er es mit einer pleonastischen Beschwörung der Sicherheit verbindet, die es gewähren soll: Fünfmal kehrt innerhalb von fünfzehn Zeilen die Rede von den »festesten Prinzipien« wieder, über welche der Philosoph verfügen soll und deren eminente Instanz eben das Prinzip des ausgeschlossenen Widerspruchs ist (Aristoteles, *Metaphysik,* 1005b 9–23). Auch die inhaltliche Beglaubigung verstärkt dieses Motiv, indem sie auf die Unhintergehbarkeit des identifizierenden, letztlich in der Essentialität der Dinge gründenden Denkens abhebt, durch welches unser Sprechen, ja, unser Weltbezug überhaupt erst Festigkeit und Stabilität erhält. Das Motiv der Sicherheit antwortet in anschaulicher Weise dem von Platon evozierten Schwindligwerden: Der Begriff der *asphaleia,* der vor allem in der *Politik* für die Stabilität der Verfassung Verwendung findet (Aristoteles, *Politik,* 1281b 27, 1285a 23, 1287b 7, 1296a 13, 1302a 8, 1307a 17, 1308a 4, 1319b 39), verweist auf ein Nicht-Stürzen *(a-sphallein)* und lässt darin dieselbe Angsterfahrung des Bodenlosen, Haltlosen anklingen (wie auch andere affirmative Leitbegriffe das Abgewehrte als Überwundenes, doch weiterhin Drohendes mit zur Sprache bringen, so der mit Heidegger gelesene griechische Wahrheitsbegriff *[aletheia]*, der das Offenbarwerden als Negation eines Entzogen- und Verborgenseins artikuliert). Offenkundig geht es in solchen Figuren um mehr als die Logik einer doppelten Negation. Im Spiel ist ein dynamischer Antagonismus, in welchem die Abwehr gegen ein in sich Negativwertiges, Bedrohliches gerichtet ist. Das der Philosophie zugrundeliegende Sichwundern wie das in ihr erstrebte Wissen scheinen wesentlich mit Motiven der Verwirrung und Verunsicherung, der Suche nach festem Halt und stabiler Orientierung verknüpft. Mit der Definition der Philosophie als Suche nach ersten *archai* sind nicht nur erste logische Prinzipien, sondern ebenso der tiefste Grund, das stabile Fundament unserer Orientierung, ja, der Dinge selbst angesprochen. Das Streben nach Wissen, das der Eingangssatz der *Metaphysik* als eine allen Menschen innewohnende Tendenz benennt, bezeichnet nicht nur ein erkenntnismäßiges, sondern ebenso ein lebensweltlich-existentielles Motiv, das als solches mit Grundproblemen des menschlichen Seins verschränkt ist. Ins Innerste dieser Probleme gehört die Dialektik von Sicherheit und Angst.

Diese Konstellation wird durch einen Blick auf die Frühgeschichte der Philosophie erhärtet. Das Gefühl des Bedrohtseins durch die Instabilität der Ordnungen und das beinahe obsessive Bedürfnis nach Sicherheit und Halt sind bei Hesiod wie bei Parmenides – um nur diese beiden zu nennen – gleichermaßen greifbar. Die initiale Sukzession der Potenzen der hesiodschen Theogonie – »zuallererst entstand das Chaos, dann aber die breitbrüstige Erde, für alle Zeiten sicherer Sitz *(hedos asphales)* von allem« (Hesiod, *Theogonie* V, 116 f.) – operiert mit diesem Urgegensatz, auch wenn ›Chaos‹ hier bekanntlich nicht unsere umgangssprachliche Bedeutung von Unordnung hat, sondern den klaffenden Schlund nennt, der dann aber sehr wohl mit Konnotationen des dunklen Abgrunds, der bedrohlichen Grenzenlosigkeit verbunden wird, von welcher die geordnete Welt sich losreißen und gegen die sie sich durch mächtige Befestigungen (»die marmornen Pforten und die eherne, unerschütterlich feste Schwelle« [Hesiod, *Theogonie* V, 811 f.]) abschirmen muss. Das parmenideische Lehrgedicht wiederum steht im Zeichen eines höheren Wissens, welches dem Dichter von der Göttin verkündet wird, die ihm sowohl das »unerschütterliche Herz der wirklich überzeugenden Wahrheit« wie die »Meinungen der Sterblichen, denen keine wahre Verlässlichkeit innewohnt«, zu offenbaren verspricht (Diels/Kranz 28B1, 29f.). In bezeichnender Weise tritt das wahre Wissen von Anfang an nicht nur mit dem Anspruch auf höchste Einsicht auf. Ebenso erhebt es den Anspruch auf unerschütterliche Sicherheit und Verlässlichkeit, die aber ihrerseits nicht in methodischen Regeln, sondern in der Festigkeit und inneren Stabilität des Wirklichen selbst ihren Grund finden. Konkret führt Parmenides dies in seiner Lehre vom Sein aus, die sich durch zweierlei auszeichnet: durch die strenge Trennung zwischen Sein und Nicht-Sein und durch die spezifischen Merkmale, anhand deren er das Sein kennzeichnet, wobei sich beides direkt mit Konnotationen des Sicherheitsgedankens verknüpft. Das eine ist die strikte Trennung der Wege der Wahrheit und des Irrtums, welche die Göttin als Wege des Seins und des Nicht-Seins spezifiziert: Denken heißt Seiendes denken, Sprechen heißt sich auf etwas beziehen, das *ist;* denkend oder sprechend sind wir mit dem Wirklichen verbunden und finden in ihm allein, sofern es wirklich seiend ist, festen Halt. Das Pathos der absoluten Trennung von Sein und Nichtsein, die Zentrierung auf ein von jeder Kontamination mit Nichtseiendem gereinigtes Sein, auf ein Seiendes jenseits von Zeit und Bewegung, das in keiner Weise innerlich brüchig, wandelbar und schwankend wäre – so lauten die Kennzeichen dieser eigenartigen Seinsvision. Klaus Heinrich liest die hyperbolische Verbannung aller Zweideutigkeit und Mischung als Gestus der Beschwichtigung angesichts höchster Gefahr, geradezu in Affinität zu einem prophetischen »›Fürchtet euch nicht!‹ Denn es gibt ein Sein, das nicht berührt wird von Schicksal und Tod« (Heinrich 1981, 44f.). Die Bannung der Angst gehört zum innersten Anliegen des emphatischen Wissens, das uns festen Halt gewährt.

Ich verzichte hier darauf, weitere Zeugnisse dieser Motivlage auf dem Weg des europäischen Denkens vorzuführen. Sie wären in reicher Zahl und prägnanter Artikulation zu finden, von der Antike über die neuzeitlichen Autoren – um nur das cartesische *fundamentum inconcussum* und den Denker der Angst und Sicherheit par excellence, Thomas Hobbes, zu nennen – bis in die Moderne und Gegenwart. Stattdessen will ich, bevor ich auf die Angst als Signatur der Philosophie zurückkomme, ihre Reflexion in der Existenz vergegenwärtigen, um dann die Beziehung zwischen beiden Fragerichtungen zu beleuchten.

Emil Angehrn

Die Angst des Menschen – Unbestimmtheit und Freiheit

Die Ideengeschichte der Angst ist so alt wie die Geschichte der Kultur. Seit der Mensch sich reflektierend über sich selbst und die Welt verständigt, ist Angst ein unhintergehbares Thema. Angst ist ein Wesensmerkmal des Menschen, Zeichen seiner konstitutiven Schwäche und Hinfälligkeit. Dabei sind die Formen, in denen er Angst erlebt, äußerst vielfältig, wie auch die Ursachen, Gegenstände und Situationen der Angst variieren. Der Mensch ängstigt sich vor feindlicher Übermacht, vor der nicht-beherrschbaren Technik, vor akuten wie latenten Bedrohungen, vor der unabsehbaren Zukunft. Der herausgehobene Status der Angst in den Zeugnissen des Menschseins liegt darin, dass der Mensch, wie die moderne Existenzphilosophie betont, in ihr nicht irgendetwas erfährt, sondern dessen gewahr wird, wie es um ihn selbst und seine Stellung im Wirklichen bestellt ist. Angst ist, nach dem Ausdruck Heideggers, ein herausgehobener Modus der Erschlossenheit des Menschen.

Der besondere Akzent, den die Existenzphilosophie im reichen Inventar der Angstanalysen setzt, liegt in zweierlei, in der Totalisierung und der Reflexivität der Angst: nicht Angst des Menschen vor diesem und jenem, sondern vor dem Ganzen, und nicht Angst angesichts äußerer Bedrohung, sondern in der Konfrontation mit sich selbst. Ersichtlich markieren diese Akzente zugleich Konvergenzpunkte, wo die existentiell erfahrene Angst sich mit dem Angstgrund philosophischen Denkens berührt. Erscheint im Normalempfinden Angst primär als affektive Reaktion angesichts einer äußeren Gefahr, einer fremden Übermacht, die uns zu schädigen, zu unterwerfen oder zu vernichten droht, so konfrontiert die tiefergehende existentielle Reflexion mit einer Verunsicherung, die keiner bestimmten Bedrohung oder feindlichen Macht entstammt. Sie hat mit dem Ganzen unseres In-der-Welt-Seins zu tun, wie es in der mythischen Erfahrung des Chaos anklingt, als jener abgründigen Macht der Entformung und Auflösung, die Angst und Schrecken auslöst – die Entgrenzung des Raums und Diffusion der Gestalten, die den Menschen dem Sog des Nichtseins aussetzt, die Unendlichkeit des dunklen Abgrunds, die nach Hesiod selbst die unsterblichen Götter erschauern lässt (Hesiod, *Theogonie*, 743 f.). Die seit Kierkegaard geläufige Unterscheidung zwischen gegenstandsbezogener Furcht und gegenstandsloser Angst benennt einen Aspekt dieser Totalisierung, die mit einer Radikalisierung einhergeht, sofern Angst das Subjekt als Ganzes und im Ganzen seines Seins erfasst und es der Möglichkeit eines gezielten, effizienten Umgangs mit der Angst beraubt. Heidegger nimmt den Gegensatz zur Furcht als Angelpunkt seiner Analyse: Angst hat nicht nur mit Unbestimmtem, sondern mit der »wesenhaften Unmöglichkeit der Bestimmbarkeit«, mit der Erfahrung des Entgleitens, der Unheimlichkeit zu tun (Heidegger 1967, 9). Etwas bestimmen zu können, die Naturmächte benennen, die Götter bei ihrem Namen anrufen zu können, ist ein erster Schritt des Standgewinnens und der Bemächtigung (vgl. Blumenberg 1979).

Zur Signatur der existenzphilosophischen Angstanalyse gehört – anders als bei der mythischen Urangst – neben der Universalisierung die Selbstbezüglichkeit der Angst. Die beunruhigende Unbestimmtheit ist auch eine im Subjekt selbst, die Nichtfestgelegtheit des Freiseins. Auch damit kann sich das Gefühl der Desorientierung, der tiefen Verunsicherung verbinden; Sartre assoziiert sie mit der eingangs genannten Erfahrung des Schwindels, den Platon mit dem *thaumazein* verband und den Sartre dahingehend spezifiziert, dass die eigentliche Angst nicht dem möglichen Sturz in den Abgrund (als objektivem Ereignis), sondern der Möglichkeit des Sich-selbst-Hinunterstürzens, der Ungeschütztheit der Freiheit durch sich selbst gilt (Sartre 1943, 69). Die Nichtdeterminiertheit meiner Zukunft durch mein gegenwärtiges Ich macht meine Existenz ungesichert; nie kann ich sicher sein, dasjenige, was ich sein will, wirklich zu sein, dazwischen ist der Sprung der Freiheit, der jede Bestimmtheit zur Möglichkeit verflüchtigt. Im Ganzen steht ein Leiden an äußerer und innerer Unbestimmtheit vor Augen, eine Unfähigkeit zum Aushalten der Ambivalenzen, auf welche gegebenenfalls mit zwanghafter Fixierung, Eingrenzung, Selbstbindung reagiert wird. Die Unbestimmtheit der Welt, aber auch die innere Nichtfestigkeit des Subjekts und schließlich das Bewusstwerden der realen Freiheitspotentiale, des Anwachsens der technischen und zivilisatorischen Möglichkeiten können ein Gefühl des Haltlosen und ein entsprechendes Bedürfnis nach Absicherung erzeugen.

So zusammenhängend in alledem das Syndrom von innerer und äußerer Verunsicherung erscheint, so unterschiedlich, teils gegenläufig, sind die Formen, in denen der Mensch der Angst begegnet. Grundsätzlich scheint es zwei verschiedene Weisen der Reaktion auf Unbestimmtheit und Kontingenz zu geben: das Vermeiden und Überwinden von Kontingenzen einerseits, ihr Akzeptieren und Einbeziehen in die menschliche Existenz andererseits. Im ersten Fall geht es um das Dispositiv einer Angstüberwindung durch Absicherung, im zweiten Fall um ein Aushaltenkönnen der Angst und Zurechtkommen mit Unsicherheit (oder gar ein Sicherwerden im Haltlosen).

Dabei kann das erste Ziel, die Gewinnung von Sicherheit durch Absorbierung von Unbestimmtheit, selbst auf zwei Wegen erreicht werden: über die Steigerung eigener Macht, um sich auf alle Eventualitäten einzustellen, oder durch Einschränkung des Raums möglicher Bedrohungen. Die erste Weise ist die typische Grundhaltung der Sicherheitslogik, deren Tendenz zur schlechten Unendlichkeit in Ethik und Anthropologie seit Platon vielfach beschrieben und kritisiert worden ist. Das grenzenlose Machtstreben, das sich gegen jeden Gegner wappnen will, das unbegrenzte Besitzstreben, das sich alle Möglichkeiten offenhalten will, tendieren zur Selbstverkehrung, indem die unendliche Akkumulierung der Mittel letztlich dysfunktional wird und die Realisierung des ursprünglichen Ziels unterläuft. Die zwanghafte Absicherung gegen alle möglichen Gefahren kann dazu führen, dass der Wert des zu Schützenden hinter der Effizienz des Schutzsystems zurücktritt. Die Selbstbezüglichkeit der Absicherung, Aufrüstung oder Vermögensakkumulation kommt prinzipiell an kein Ende, wird zu einem nie zu stillenden Bedürfnis. Auch über zwei- und mehrstufige Sicherungen, über grenzenlose Machtpotenzierung lässt sich das Reich der Eventualitäten nicht kontrollieren, die Angst nicht endgültig bannen.

Die andere Strategie der Kontingenzbewältigung besteht darin, das zu Erwartende festzuschreiben, es im Raum der Möglichkeiten zu fixieren. Dies gilt im Selbstverhältnis wie im Bezug auf Anderes. Wer ängstlich ist, will sich gegen Unvorhergesehenes von außen, aber auch von innen schützen, er schränkt die Unkontrollierbarkeit der Welt durch Begrenzung der Handlungssituationen, auch durch Starrheit des eigenen Verhaltens ein. In einer wichtigen Hinsicht ist die Überwindung von Kontingenz, als Ausschluss des Andersseinkönnens, temporal definiert. Unvorhergesehenes, ja, überhaupt Neues auszuschließen, Identität über die Zeit zu wahren sind Mechanismen der Absicherung. Die Furcht vor Neuerungen, Angst vor Experimenten gehört zum Charakter der Sicherheitsfixierung. In ihrer Tendenz ist sie auf die Suspendierung eines Wesenszugs der Zeit, der Offenheit der Zukunft angelegt. Je weniger die Verfügung über die Zukunft durch fiktive Allmacht zu gewährleisten ist, desto näher liegt der Versuch, sich des Kommenden durch Negation seines Zukunftscharakters zu bemächtigen. Aporetisch ist dieses Bestreben gleichermaßen.

Die eigentliche Alternative dazu scheint nur ein Sicheinlassen auf Offenheit und Unbestimmtheit bieten zu können, das diese in den eigenen Lebenshorizont, das Selbst- und Weltverhältnis integriert. Angst wird überwunden durch eine andere Grundhaltung zum Nicht-Festgelegten und Chaotischen, Sicherheit wird gewonnen im Erlernen eines flexibleren Umgangs mit Unvorhergesehenem. Es geht darum, sich mit der für menschliches Leben konstitutiven Ungewissheit nicht nur abzufinden, sondern aktiv und kreativ mit ihr umgehen zu können. Das Sich-nicht-Absichern kann der rigiden Risikoprävention überlegen sein, wie umgekehrt Angst und Ängstlichkeit selbst zur Gefahr werden können. Diese andere Haltung zum Offenen und Unüberschaubaren ist in vielen literarischen und theoretischen Texten des letzten Jahrhunderts zum Thema geworden, vom *Mann ohne Eigenschaften* und dem von ihm kultivierten Möglichkeitssinn bis zur postmodernen Rehabilitierung der Kontingenz. Für Niklas Luhmann wie für Richard Rorty hat das heute geforderte Umgehen mit Kontingenz deren Negativität, als Relikt einer überwundenen Wertordnung, hinter sich gelassen (Rorty 1992; Luhmann 1971, 44).

Allerdings ist dieses Urteil, so entschieden es als Zeitdiagnose oder Postulat auftritt, nicht so eindeutig, wie es sich gibt. Die veränderte Grundhaltung zur Exponiertheit des Menschen, zu seiner Endlichkeit und Bedrohtheit lässt sich nicht durch einfachen Beschluss herbeiführen. Mit der Intransparenz der Verhältnisse, mit schwankenden Ordnungen, instabilen Benennungen zurechtzukommen, bedeutet eine lebensweltliche Herausforderung, deren Schwierigkeit auch daran fassbar wird, dass die Menschen eigene Kulturen der Kontingenzbewältigung – so nach Hermann Lübbe (1977, 2004) Religion oder Historie – ausbilden. Symptomatisch ist zum Teil der heroische Ton der Beschwörung des Aushaltenkönnens von Kontingenz und Bodenlosigkeit. Im Blick darauf kann die richtige Haltung zur Angst, der richtige Umgang mit Verunsicherung selbst zur kontroversen Frage werden. Geht es darum, Angst zuzulassen, sie zu besiegen oder sich von ihr zu befreien? Ist das Insistieren auf Angstfreiheit mehr als eine Maske, eine verdeckte Angstabwehr, die selbst der Angst verfallen bleibt? Ist die authentische Seinsweise des Selbst eine Existenz diesseits, jenseits oder mit der Angst?

Dieses Oszillieren lässt sich nun analog in der Prägung der kulturellen Denkformen und speziell im Blick auf die existentiellen Grundlagen des philosophischen Denkens ausmachen. Ich hatte exemplarisch auf die bei Parmenides, Platon und Aristoteles greifbare Prägung des Erkenntnisstrebens durch die Auseinandersetzung mit existentiellen Erschütterungen hingewiesen, angesichts deren das Denken Halt und Sicherheit sucht. Dabei ging die begriffliche Weichenstellung dahin, Sicherheit über den Halt an einem an sich Festen, in sich selbst Bestimmten, Fundamentalen zu gewinnen – an einem unerschütterlichen, mit sich identischen Seienden, einer Idee jenseits von Vielfalt und Wandel, einem reinen Wesen jenseits der Übergänge und Mischungen der Erscheinungswelt. Diese Ausrichtung bestimmt die metaphysische Denkform in ihrem Kern, in der dezidierten Trennung von Sein und Nichtsein und den klaren Distinktionen zwischen Wesen und Unwesentlichem, Einheit und Vielheit, Identität und Differenz, Konstanz und Wandel, kurzum: in all jenen basalen Begriffsdualitäten, die das abendländische Denken charakterisieren und die immer hierarchisch, als Relation zwischen einem Primären und einem Sekundären angeordnet sind. Die Tradition der Substanzontologie hat diese Denkform zum Zentrum einer Verstehensordnung gemacht, der zufolge etwas letztlich durch Rückführung auf seine Wesensbestimmtheit identifiziert und erkannt wird. Dagegen haben metaphysikkritische Strömungen seit der Antike Gegenpositionen entwickelt und gefordert, etwas von seiner Funktion her, aus seiner Materialität und der Mannigfaltigkeit der Akzidenzen, im System der Differenzen und vom Netz der Relationen her zu erfassen und intelligibel zu machen. Geht es hier um eine Inversion klassischer Begriffshierarchien, so beanspruchen andere Konzepte wie die Dekonstruktion, die Begriffsordnungen zu ›subvertieren‹ und die Prioritätsfrage zu unterlaufen, sich gleichsam von der Rangordnung zwischen Grund und Begründetem, Erstem und Zweitem zu befreien.

Gerade in der kritischen Konfrontation unterschiedlicher Begriffskonstellationen wird deutlich, inwiefern diese nicht in logischen Operationen aufgehen, sondern mit divergierenden Grundhaltungen im Weltverhältnis und basalen Entscheidungen im Umgang mit Negativität und existentiellen Aporien verflochten sind. Dies wird schon bei den genannten frühen Denkern greifbar. Es klingt an in der Suche des Aristoteles nach den allerersten, sichersten Prinzipien oder wenn er an späterer Stelle gegen die Weltsicht des Hesiod, welcher die Welt aus dem Chaos hervorgehen lässt, daran festhält, dass nur die Fundierung in einer irreduziblen, ersten Bestimmtheit, einem ersten Akt dem Kreislauf der Gestirne Ordnung und Stabilität verleiht, so dass wir »nicht fürchten müssen, dass sie einmal stillstehen, wie dies die Naturphilosophen fürchten« (Aristoteles, *Metaphysik*, 1050b 22–23, vgl. XII. 6). Desgleichen tritt die existentielle Motivation in der Emphase hervor, mit welcher Parmenides seine Seinsvision verkündet und auf der absoluten Trennung des Seins von jeder Mischung und Diffusion beharrt. Nicht umsonst haben profilierte Deutungen die Fragwürdigkeit dieser Engführungen des Gedankens unterstrichen, nicht nur im Blick auf die Zwiespältigkeit einer Angstbewältigung, welche die lebensweltlichen Ambivalenzen von Licht und Dunkel, Gut und Böse nicht aushält, sondern ebenso im Blick auf die Einseitigkeit der Weltwahrnehmung als solche. Eugen Fink hat in der gewaltsamen Abdrängung des Wandels in das Reich des Uneigentlich-Unwahren einen zutiefst befremdenden Grundzug metaphysischen Denkens gesehen (Fink 1957, 38 f., 157; vgl. Theunissen 1991; Schmitz 1988; Nietzsche 1980). Die Metaphysikkritik des 19. und 20. Jahrhunderts hat diesen Vorbehalt unter vielen Facetten variiert. In einer vehementen Gegenbewegung hat die postmoderne, an Nietzsche anschließende Vernunftkritik das Plädoyer für Pluralität, Kontingenz, Offenheit und Differenz erneuert.

Ich will hier nicht der Linie dieser Denkentwicklung nachgehen, sondern nur einen eigentümlichen, für unsere Fragestellung relevanten Sachverhalt festhalten. Er besteht darin, dass nicht ohne Weiteres entschieden ist, für welche Seite im Konflikt der Denkformen die Diagnose der Angstsensibilität bzw. Angstabwehr zutreffend ist. Ich verweise dazu stellvertretend auf zwei Veröffentlichungen der vergangenen Jahre, die das Thema schon in ihrem Titel ansprechen: Michel Foucaults Schlussvorlesung am Collège de France (gehalten 1984, erschienen 2009) *Der Mut zur Wahrheit* (2009) und Paul Boghossians Abhandlung *Angst vor der Wahrheit* (2006/2013).

Nach der bisher referierten Diagnose erschien die metaphysische Denkform, die in Abwehr gegen das Dunkel und die Unwägbarkeiten des realen Lebens klare Distinktionen und feste Prinzipien statuierte, als Zeichen von Angst und Ausdruck eines vereinseitigten Sicherheitsbedürfnisses; dagegen stellten sich der *Abschied vom Prinzipiellen* (Marquard 1986) und das Bekenntnis zur Kontingenz als Haltungen von Freiheit und Souveränität dar. Bemerkenswerterweise kehrt Paul Boghossian in seiner Abhandlung die Sichtweise gerade um: Nicht das Setzen auf objektive Tatsachen, sondern die Strömungen des Relativismus und Sozialkonstruktivismus stehen für ihn im Zeichen einer »Furcht vor der Erkenntnis«[2]. Nun kann man darüber streiten, in welchem Sinne die subjektivistische Verabschiedung der Wahrheitsorientierung von einer Haltung der Furcht oder Angst getragen sein soll. Es wäre in der Tat eine zusätzliche Frage, wieweit die – etwa in nietzscheanisch inspirierten Konzepten fassbare – aversive Verwerfung von Objektivität und Wahrheit auf einer verdeckten Abwehr oder Flucht beruht. Unabhängig davon lässt die Antithese sehen, dass die Angstzuschreibung wie das Angstverhalten durch eine interne Zwiespältigkeit gekennzeichnet sind. Was auf Angst reagiert, was sich gegen die Angst stellt und sich als ihr Anderes profiliert, kann gleichzeitig durch sie gezeichnet bleiben, ja, in veränderter Perspektive als ihr eigenster Ausdruck gelesen werden. Der Verdacht einer Angstreaktion kann zwischen entgegengesetzten Positionen hin und her gegeben werden. Darin spiegeln sich Ambivalenzen des lebensweltlichen Umgangs mit Angst wider, der ein bewusster wie ein unbewusst-verdrängter sein und zwischen Akzeptanz, Zurückweisung und Bewältigung oszillieren kann.

Diese Problemlage reflektiert von der Gegenseite Foucaults Titel des »Muts zur Wahrheit«. Die Vorlesung, die einer ausführlichen Erörterung der griechischen Kultur der *parrhesia*, der freien Rede, gewidmet ist, insistiert darauf, dass zur Wahrheit zu stehen Mut verlangt und bedeutet, Risiken einzugehen: den Mut, unangenehme Wahrheiten zu sagen und zu akzeptieren, das Risiko, den anderen zum Feind zu machen, bis hin zur Gefährdung des eigenen Lebens, aber auch den Mut des Gesprächspartners, die Wahrheit zu hören, für sie offen zu sein. Bezeichnend ist in unserem Zusammenhang, dass Foucault diese Praxis des »Wahrsprechens« *(véridiction)*, deren exemplarische Verkörperung Sokrates darstellt, in drei unterschiedlichen Dimensionen – der wissenschaftlichen Wahrheit, der Politik, der individuellen Selbstsorge – entfaltet, die nicht aufeinander reduzierbar, doch wesentlich aufeinander bezogen sind, und in deren Konstellation als Ganzer er den eigentlich philosophischen Diskurs verortet (Foucault 2009, 62 f.). Wichtig ist die Verschränkung der theoretischen mit der praktischen Wahrheit, des philosophischen Diskurses

[2] So der Originaltitel *(Fear of Knowledge)* der genannten Abhandlung.

mit den lebensweltlichen Bedingungen der wahren Rede. In der Suche nach Wahrheit liegt eine existentielle Herausforderung, die nicht nur das äußere Risiko der freien Rede betrifft, sondern auch und grundlegender die eigene Verunsicherung und Verwirrung, die dem Wahrheitsstreben vorausgeht und ihm innewohnt. Exemplarisch bringt Foucault auch sie an der Figur des Sokrates zur Darstellung, und zwar nicht nur mit Bezug auf die Provokation, die dessen Philosophieren für die athenischen Bürger bedeutet, sondern prägnanter noch anhand der Gespräche, die Sokrates mit seinen Schülern vor seinem Tode führt.

Namentlich im Dialog *Phaidon* dient die Vergewisserung des philosophischen Denkens und Miteinanderredens einer Bewältigung von Angst, der Angst schlechthin angesichts des bevorstehenden Todes, die zu bannen Kebes Sokrates auffordert – zunächst noch in gleichsam hypothetisch-spielerischer Art, »wie wenn in uns ein Kind« wäre, das sich vor dem Verwehen der Seele nach dem Tode fürchtete (Platon, *Phaidon*, 77d), danach aber in Auseinandersetzung mit der realen, tiefen Erschütterung, die unter den Gesprächspartnern eintritt, nachdem alle Argumente zugunsten der Unsterblichkeit gescheitert sind und die Schüler in Verwirrung und Mutlosigkeit zurückgeworfen sind (Platon, *Phaidon*, 88b–c). Bemerkenswert ist, dass die Antwort des Sokrates in dieser Situation – durch welche er die Schüler »heilte und gleichsam wie Flüchtlinge und Geschlagene zurückrief« (Platon, *Phaidon*, 89a) – nicht darin besteht, einfach einen neuen, zwingenden Unsterblichkeitsbeweis zu entfalten, sondern sich der Grundhaltung des Wissensstrebens, des Glaubens an die Wahrheitsfähigkeit unseres Erkennens zu versichern. Das Heilmittel besteht im Vertrauen in die Kraft des Logos, des Wortes und des Sich-Unterredens mit anderen, welches zugleich vom Vertrauen in die anderen Menschen unablösbar ist – wie umgekehrt der Vertrauensverlust in die Rede und das Misstrauen zwischen den Menschen als schlimmstes Übel erscheinen (Platon, *Phaidon*, 89d).[3] Dass letztlich das Vertrauen, nicht irgendeine spekulative Einsicht oder ein unerschütterliches Erstprinzip, die Antwort auf die Verunsicherung gibt

[3] Anders akzentuiert ist die Deutung Foucaults, der im Anschluss an Dumézil die zu heilende Krankheit als das Verhaftetsein in falschen Meinungen liest und die philosophische Wahrheitsverpflichtung als solche als die (in Sokrates' Schlussworten, dem Opfer an Asklepios, angesprochene) Heilung interpretiert (vgl. Foucault 2009, 87–108).

und den humanen Umgang mit der Angst ermöglicht, ist die tiefe Einsicht, die Sokrates vermittelt und zum Kern des philosophischen Sprechens macht (vgl. Angehrn 2014).

Wenn Platon hier, in der konkreten Situation im Angesicht des Todes, die Verflechtung der existentiellen Angst mit der Selbstvergewisserung des Philosophierens eindringlich vor Augen stellt, so gilt das allgemeinere Interesse der generellen Verschränkung von Lebenspraxis und philosophischem Denken – ihrerseits ein Leitthema der sokratisch-platonischen Dialoge, das Foucault in der Vorlesung herausarbeitet und als Kern des Philosophieverständnisses zum Tragen bringt. Auch das mit sich konsistente, aufrichtige Leben, wie Foucault es im Besonderen am Beispiel der Kyniker vergegenwärtigt, verlangt den Mut, der ein Mut zur Wahrheit ist. Das bedeutet umgekehrt für die philosophische Denkform: Die Frage, wieweit diese in sich wahrheitsfähig, Form eines Wahr-Sprechens ist – oder als Projektion, Resultat einer Abwehr zu entlarven ist –, ist nicht diskursimmanent zu entscheiden, sondern verlangt eine Reflexion auf die praktische Auseinandersetzung mit Grundbedingungen der Existenz. Wieweit sich in der Philosophie die Lebensnot der Menschen niederschlägt, wieweit sie Ausdruck einer Flucht vor den Aporien des Daseins, Ausdruck der Schwäche und Verwundbarkeit des Lebens – oder aber einer Selbstbehauptung des Subjekts und des Muts zur Wahrheit – ist, diese Frage erweitert sich vom philosophischen Diskurs zur praktischen Selbstverständigung des Menschen. Die Strukturmerkmale der Angst, aber auch die Ambivalenzen im Umgang mit Angst korrespondieren nicht nur, gleichsam äußerlich, in beiden Bereichen, sondern sind von vornherein im gemeinsamen Medium des Denkens und des Lebens angesiedelt, entstammen der gemeinsamen Wurzel des Menschseins und der Philosophie.

Jenseits der Angst? Menschsein und Philosophie

Der Kern der oszillierenden Beschreibung und Bewältigung von Angst liegt in der grundlegenden Einstellung *zur* Angst: Sollen wir ein freies Umgehen mit Angst, ein Annehmen der Angst oder ein Überwinden der Angst als Ideal erstreben? Ist Angst ein ›guter Ratgeber‹ im Leben und in der Theorie? Der von Sokrates gewiesene Weg des Vertrauens scheint nicht nur den Ausweg und die Heilung anzuzeigen, sondern auch die Diagnose zu erhellen. Die Krankheit, von welcher die Philosophie heilen soll, liegt in einer bestimmten Mutlosigkeit, die einem Misstrauen entspringt, einem Misstrauen in die Möglichkeit der Wahrheitsfindung wie in die Verlässlichkeit der Menschen. Mit der Angst menschlich umzugehen, kann verschiedenste Vorkehrungen beinhalten, Formen der (Selbst)Aufklärung, der Ertüchtigung, der technischen oder sozialen Absicherung; erste Vorbedingung aber ist die Gewinnung einer Haltung der Offenheit und des Muts.

In diesem Zwischenraum zwischen Misstrauen und Vertrauen, zwischen Unsicherheit und Halt vollzieht sich, wie das Leben, das Sprechen und Denken der Philosophie. Philosophie bewegt sich auf einem ungesicherten Weg ins Offene. In diesem Sinn hat Karl Jaspers den Willen zur grenzenlosen Kommunikation, verbunden mit dem Glauben an die Möglichkeit von Verständigung, als unverzichtbares Fundament vernünftiger Erkenntnis beschrieben, als innersten Kern dessen, was er den »philosophischen Glauben« nennt (Jaspers 1948, 43 ff., 159 f.). Die eigene Wahrhaftigkeit und das Vertrauen in die anderen sind unverzichtbare Vorleistungen des philosophischen Gesprächs, eine Art umfassendes *principle of charity* – nach Jaspers ein unabgedecktes Wagnis, das er aber wie Sokrates ein »schönes Wagnis« nennt (Jaspers 1965, 164; vgl. Platon, *Phaidon*, 114d). Es ist kein Zufall, dass Philosophie in der Vergewisserung ihrer selbst mit der Frage der Angst zu tun hat. Angst ist eines ihrer Leitthemen, eines ihrer Grundprobleme. Sie ist ein vorrangiges Thema nicht nur insofern, als Philosophie sich mit der menschlichen Existenz und der Ethik der Lebensführung befasst. Angst ist für sie ein Thema, sofern sie sich über die Bedingungen ihrer selbst verständigt. Es steht für ein Problem, das sie selbst betrifft, das sie gewissermaßen in ihrem eigensten Anliegen affiziert und in ihrer Denkform prägt. In Wahrheit ist diese enge Verschränkung nach beiden Seiten aussagekräftig. Nicht nur bindet sie philosophisches Denken an die Situation des Menschen, die ontologische Verfassung seines Daseins zurück. Umgekehrt lässt sie auch die existentielle Befindlichkeit in ihrer philosophischen Erschließungskraft sehen. Indem der Mensch in der Angst seiner selbst im Ganzen des Wirklichen gewahr wird, ist er gleichsam in seiner philosophischen Natur, seinem Verstehenkönnen involviert. Nur der Mensch, nicht das Tier kennt die umfassende, von der partikularen Furcht unterschiedene Angst. Unter dem Titel der Angst kommt das Philosophische der Existenz zum Tragen, das zugleich das Denken in seiner Herausforderung, in seiner Aufgabe und in seinen Schwierigkeiten bestimmt. Es ist eine gemeinsame Herausforderung des richtigen Umgangs mit der Schwäche und Bedrohtheit, die sich dem Menschen in der praktischen Lebensführung, der Sorge um das gute Leben wie im theoretischen Erkenntnisstreben stellt. In dieser umfassenden Erfahrung und Herausforderung manifestiert sich die seit Sokrates bedachte, enge Verschränkung zwischen der Philosophie und dem Menschsein.

Literatur

Angehrn, E. (1996). *Die Überwindung des Chaos. Zur Philosophie des Mythos.* Frankfurt am Main: Suhrkamp.

Angehrn, E. (2000). *Die Entstehung der Metaphysik. Vorsokratik, Platon, Aristoteles.* Weilerswist: Velbrück Wissenschaft.

Angehrn, E. (2014). Vertrauen. In M. Fischer & B. Wirz (Hrsg.), *Leben verstehen* (S. 19–36). Weilerswist: Velbrück Wissenschaft.

Aristoteles (1956 ff.). *Werke in deutscher Übersetzung.* Berlin: Akademie (griech. Text in Oxford Classical Texts [1894 ff.]). (zitiert nach der Paginierung von I. Bekker, 5 Bde. [1831 ff.], Berlin)

Blumenberg, H. (1979). *Arbeit am Mythos.* Frankfurt am Main: Suhrkamp.

Boghossian, P. (2006/2013). *Fear of Knowledge: Against Relativism and Constructivism.* Oxford: Oxford University Press (dt. *Angst vor der Wahrheit. Ein Plädoyer gegen Relativismus und Konstruktivismus.* Übers. v. J. Rometsch. Berlin: Suhrkamp).

Diels, H. & Kranz, W. (Hrsg.) (1951–1952). *Die Fragmente der Vorsokratiker,* 3 Bde. (6. Aufl.). Berlin: Weidmannsche Buchhandlung.

Fink, E. (1957). *Zur ontologischen Frühgeschichte von Raum – Zeit – Bewegung.* Den Haag: Martinus Nijhoff.

Foucault, M. (2009). *Le courage de la vérité. Le gouvernement de soi et des autres II.* Cours au Collège de France. 1984. Paris: Gallimard (dt. *Der Mut zur Wahrheit. Die Regierung des Selbst und der anderen.* Band II. Vorlesungen am Collège de France. Übers. v. J. Schröder. Frankfurt am Main: Suhrkamp.).

Heidegger, M. (1967). Was ist Metaphysik? In ders., *Wegmarken* (S. 1–20). Frankfurt am Main: Klostermann.

Heinrich, K. (1981). *Tertium datur. Eine religionsphilosophische Einführung in die Logik.* (Dahlemer Vorlesungen 1). Basel Frankfurt am Main: Stroemfeld.

Hesiod (1970). *Sämtliche Gedichte.* (Übers. u. erläut. v. W. Marg). Zürich Stuttgart: Artemis.

Jaspers, K. (1948). *Der philosophische Glaube.* München: Piper.

Lübbe, H. (1977). *Geschichtsbegriff und Geschichtsinteresse. Analytik und Pragmatik der Historie.* Basel: Schwabe.

Lübbe, H. (2004). *Religion nach der Aufklärung* (3. Aufl.). München: Fink.

Luhmann, N. (1971). *Politische Planung. Aufsätze zur Soziologie von Politik und Verwaltung.* Opladen: Westdeutscher Verlag.
Marquard, O. (1986). *Abschied vom Prinzipiellen: Philosophische Studien.* Stuttgart: Reclam.
Nietzsche, F. (1980). Die Philosophie im tragischen Zeitalter der Griechen. In ders., *Sämtliche Werke. Kritische Studienausgabe,* Bd. 1 (S. 799–872). München Berlin: de Gruyter.
Platon (1970). *Werke in acht Bänden, griechisch und deutsch.* Darmstadt: Wissenschaftliche Buchgesellschaft (zitiert nach der Paginierung von H. Stephanus [1578], Paris).
Rorty, R. (1992). *Kontingenz, Ironie, Solidarität.* Frankfurt am Main: Suhrkamp.
Sartre, J.-P. (1943). *L'être et le néant.* Paris: Gallimard.
Schmitz, H. (1988). *Der Ursprung des Gegenstandes. Von Parmenides bis Heraklit.* Bonn: Bouvier.
Theunissen, M. (1991). Die Zeitvergessenheit der Metaphysik. Zum Streit um Parmenides, Fr. 8.5–6a. In ders., *Negative Theologie der Zeit* (S. 89–130). Frankfurt am Main: Suhrkamp.

Angst als Erschütterung

Metaphysische und methodologische Ausführungen zur Angst: Eine Heidegger-Kritik

Stefano Micali

Es gibt keinen anderen Affekt im Rahmen der Psychoanalyse, der zum Objekt von tiefgründigeren und ausführlicheren Untersuchungen gemacht wurde als die Angst. Man denke nicht nur an Freuds Texte (1917/1998, 1926/1991), sondern auch an Lacans *Seminar X* (2010) oder an die meisterhafte Arbeit von Laplanche, *Problématiques I: L'angoisse* (1980). Freuds zweite Theorie der Angst als Signal erfüllte auch eine wichtige Funktion innerhalb der psychoanalytischen Herangehensweise an Affekte überhaupt. Sie eröffnete den Weg von einer einseitigen Triebtheorie zu einer differenzierten Analyse des emotionalen Lebens. Mentzos hat zu Recht behauptet, dass allmählich die Einsicht gewonnen wurde, dass nicht nur die Angst sondern »fast alle anderen Affekte und Gefühle ebenfalls die Funktion von Signalen, von Indikatoren haben, die angenehme oder unangenehme, gefährliche oder sicherheitsgebende Zustände ankündigen und somit zu entsprechenden Reaktionen Anlass geben« (Mentzos 2002, 28). Es überrascht wiederum zu sehen, dass die Angst im Bereich der Phänomenologie nicht gleichermaßen untersucht worden ist, wenn man von den fundamentalen Beiträgen Heideggers und Sartres absieht.

Wenn man sich die phänomenologische Angst-Forschung vor Augen hält, fällt einem auf, dass dieses Phänomen im Ozean Husserl'scher Texte von Husserl selbst nie systematisch vertieft worden ist. Auch Merleau-Ponty hat sich nicht ausführlich mit dem Thema Angst beschäftigt – und wenn überhaupt, so nur marginal in den politischen Schriften. Auch in der Weiterentwicklung und Umgestaltung der Phänomenologie Merleau-Pontys ist die Angst nicht Gegenstand systematischer Untersuchungen.[1] Obwohl das Interesse an

[1] In seinem letzten Buch *Sozialität und Alterität* (2015) hat Bernhard Waldenfels dem Thema Angst ein Kapitel gewidmet. Dieses Kapitel beruht auf dem Vortrag, den Waldenfels im Rahmen unserer Tagung an der FEST 2014 gehalten hat.

Sartre in der Forschung der letzten Zeit deutlich gewachsen ist, waren in den letzten drei Jahrzehnten im Rahmen der phänomenologischen Debatte zur Angst-Thematik im deutschsprachigen Raum insbesondere zwei Autoren einschlägig: Martin Heidegger und Hermann Schmitz (1964, 2008)[2]: Einerseits wird die Angst als welterschließende Stimmung und Erfahrung des Nichts betrachtet, andererseits wird die Angst als leibliches, atmosphärisches Gefühl aufgefasst. Es ist offensichtlich, dass Heideggers Analysen zur Angst bis heute wirkungsgeschichtlich mit Abstand die einflussreichsten gewesen sind. Ihr Einfluss geht weit über die Philosophie hinaus. Im vorliegenden Beitrag werde ich mich deshalb kritisch mit Heideggers Angstbegriff auseinandersetzen. Die Auseinandersetzung wird sich auf Heideggers Analyse der Angst in *Was ist Metaphysik?* (1976) beschränken. Nachdem ich spezifische problematische Aspekte von Heideggers Angstanalyse hervorgehoben habe, werde ich eine Alternative vorschlagen, wobei der erschütternde Charakter der Angst im Vordergrund stehen wird.

I. Angst als gebannte Ruhe in *Was ist Metaphysik?*

Heideggers Antrittsvorlesung ist zweifelsohne einer seiner Texte, der die größte Aufmerksamkeit auch außerhalb der hermeneutisch-phänomenologischen Tradition erregt hat. Er hat heftigste Kontroversen ausgelöst. Dieser Text ist Streitpunkt der ersten Konfrontation zwischen den zwei Fronten, welche die unglücklichen Bezeichnungen ›Analytische Philosophie‹ und ›Kontinentale Philosophie‹ tragen. *Was ist Metaphysik?* gilt im analytischen Kontext als paradigmatisches Vorbild für eine sophistische, scholastische und kryptische Argumentation, die in ihren ungezwungen prophetischen Gesten von gravierenden logischen Fehlern belastet ist.

Mein primäres Anliegen ist es hier, Heideggers Angstanalyse zu hinterfragen. Um diesen Aspekt zu verstehen, ist es jedoch unumgänglich, sowohl die Architektonik des Textes (mit besonderem Augenmerk auf die in der Rezeption hervorgehobenen problematischen Übergänge) zu skizzieren, als auch die Stellung des von Hei-

[2] Henrys interessanten Ausführungen zur Angst in *Inkarnation* (2002) sind in Deutschland nur wenig rezipiert worden.

degger entwickelten Begriffs des ›Nichts‹ im Rahmen der metaphysischen Tradition zu bestimmen.

1. *Heideggers Begriff des Nichts*

Ein metaphysisches Fragen richtet sich auf das Ganze. Wenn es in der Metaphysik um das Ganze geht, soll auch der Fragende miteinbezogen werden: »Das metaphysische Fragen muss im Ganzen und aus der wesentlichen Lage des fragenden Daseins gestellt werden. Wir fragen, hier und jetzt. Unser Dasein – in der Gemeinschaft von Forschern, Lehrern und Studierenden – ist durch die Wissenschaft bestimmt« (Heidegger 1976, 103). Viele Fragen tauchen hier spontan auf. Ist es legitim zu behaupten, dass unser Dasein durch die Wissenschaft bestimmt ist? Ist eine solche Behauptung nicht einseitig und voreilig? Geht man damit nicht das Risiko ein, einer bestimmten sozialen Tätigkeit, die in einem elitären Kontext durchgeführt wird, wie etwa das akademische wissenschaftliche Treiben, viel zu viel Relevanz zuzusprechen? Zeigt sich nicht ein Missverhältnis zwischen dem endlichen, selbstgefälligen und elitären Ausgangspunkt von Heideggers eigenen Forschungen und seinem Ziel, dem Begriff des Seienden sowie des Nichts als solchem gerecht zu werden? Zugleich könnte man einwenden, dass sich Heideggers Treue zur Phänomenologie genau in diesem unmittelbaren, lebensweltlichen Ausgangspunkt zeigt: Womit sollte der Philosoph anfangen, wenn nicht mit seiner je konkreten Situation? Hier möchte ich diese Frage nicht weiter verfolgen. Dennoch scheint es mir aber wichtig, Folgendes hinzuzufügen: Wenn man vor Augen hat, dass dieser Text als Antrittsvorlesung gehalten wurde, wird eine solche Behauptung (»unser Dasein ist durch Wissenschaft bestimmt«) verständlicher.[3] Nichtsdestoweniger darf man es nicht als selbstverständlich oder gar wertfrei gelten lassen, die wissenschaftliche Existenz als Ausgangspunkt zu setzen, um die Frage nach dem Nichts zu behandeln.

Nach Heidegger haben die verschiedenen Wissenschaften unterschiedliche Gegenstände, die jeweils einen spezifischen Zugang erfordern. Dennoch *beziehen* sich alle Wissenschaften *auf die Welt*, um

[3] Auch der nicht unproblematische Wechsel von der ersten Person Singular zur ersten Person Plural, der in den ersten Absätzen des Textes vollzogen wird, erhält eine andere Bedeutung, wenn man den Kontext der Vorlesung berücksichtigt.

das Seiende zu untersuchen.[4] Die Eigentümlichkeit der Wissenschaft besteht darin, die Sache selbst als solche zeigen zu wollen. Eine solche Möglichkeit setzt eine freie *Haltung* des Menschen voraus, der sich entscheidet, Wissenschaft zu treiben. Der Mensch wird hier als Medium betrachtet, wodurch das Seiende sich als solches ausweisen und *aufbrechen* kann:

Der Mensch – ein Seiendes unter anderem – »treibt Wissenschaft«. Bei diesem Treiben geschieht nichts Geringeres als der Einbruch eines Seienden, genannt Mensch, in das Ganze des Seienden, so zwar, dass in und durch diesen Einbruch das Seiende in dem, was und wie es ist, aufbricht. Der aufbrechende Einbruch verhilft in seiner Weise dem Seienden zu ihm selbst (Heidegger 1976, 105).

In Bezug auf den Begriff des *Einbruches* kann man die Idee einer anthropologischen Transparenz erkennen. Die Welt als das Ganze des Seienden spiegelt sich im Menschen, als das einzigartige Seiende, wieder, wodurch sie als solche erscheinen kann. An dieser Stelle sehen wir Motive auftauchen, die durch neuplatonische Einflüsse bereits in der Italienischen Renaissance (wie Ficinus' Idee der *copula mundi*) besonders ausgeprägt waren. In Bezug auf die wissenschaftliche Existenz wurden bisher drei Begriffe ins Spiel gebracht: Weltbezug, Haltung und Einbruch.

Ich erlaube mir, die folgende lange Passage zu zitieren, weil sie für das Verständnis der ganzen Architektonik des Textes entscheidend ist:

Dieses Dreifache – Weltbezug, Haltung, Einbruch – bringt in seiner wurzelhaften Einheit eine befeuernde Einfachheit und Schärfe des Da-seins in die wissenschaftliche Existenz. Wenn wir das so durchleuchtete wissenschaftliche Da-sein für uns ausdrücklich in Besitz nehmen, dann müssen wir sagen: Worauf der Weltbezug geht, ist das Seiende selbst – und sonst nichts. Wovon alle Haltung ihre Führung nimmt, ist das Seiende selbst – und weiter nichts. Womit die forschende Auseinandersetzung im Einbruch geschieht, ist das Seiende selbst – und darüber hinaus nichts. Aber merkwürdig – gerade in dem, wie der wissenschaftliche Mensch sich seines Eigensten versichert, spricht er, ob ausdrücklich oder nicht, von einem Ande-

---

[4] Es ist hier nicht der Ort, um die Frage zu stellen, ob es angemessen ist zu behaupten, dass sich jede Wissenschaft auf das Seiende bezieht. Inwieweit ist eine solche Reduktion der verschiedenen Wissensbereiche sowie deren höchst heterogenen Herangehensweisen auf eine einzige ontologische Sprache überhaupt prägnant und sinnvoll? Diesbezüglich ist Duns Scotus' Einfluss auf Heideggers Herangehensweise besonders sichtbar.

ren. Erforscht werden soll nur das Seiende und sonst – nichts; das Seiende allein und weiter – nichts; das Seiende einzig und darüber hinaus – nichts. Wie steht es um dieses Nichts? Ist es Zufall, daß wir ganz von selbst so sprechen? Ist es nur so eine Art zu reden – und sonst nichts? (Heidegger 1976, 106)

Heideggers Anliegen ist gegen die etablierte metaphysische Tradition gerichtet, die das Nichts ablehnt und als nichtig betrachtet (Heidegger 1976, 106): »Die Wissenschaft will vom Nichts nichts wissen. Aber ebenso gewiß bleibt bestehen: dort, wo sie ihr eigenes Wesen auszusprechen versucht, ruft sie das Nichts zu Hilfe. Was sie verwirft, nimmt sie in Anspruch« (ibid.). Es ist m. E. zu bemerken, wie die soeben zitierte, von Heidegger ausgewählte Formulierung (»Erforscht werden soll nur das Seiende und sonst – nichts« usw.) plötzlich und unterschwellig dazu führt, dass das Nichts zum Wesen der Wissenschaft gehört. Ist die Hinzufügung des »sonst nichts« wirklich nötig? Ist sie unumgänglich? Könnte man nicht eine andere Formulierung auswählen? Wäre es nicht möglich gewesen, den Satz so umzuformulieren: Die Wissenschaft bezieht sich ausschließlich auf das Seiende. Würde das Wort »ausschließlich« in demselben Maß auf das Nichts verweisen? An dieser Stelle gehe ich nicht auf die Frage ein, ob es berechtigt ist, einen inneren Zusammenhang zwischen dem Begriff des Nichts und der Wissenschaft in Frage zu stellen oder, im Gegenteil, ihn zu bestätigen. Vielmehr möchte ich zeigen, wie Heideggers Versuch, die Wissenschaft zu definieren, unbemerkt zum Versuch der Wissenschaft wird, sich selbst auszusprechen – als ob die Wissenschaft selbst zur Sprache gekommen wäre: »dort, wo sie [die Wissenschaft] ihr eigenes Wesen auszusprechen versucht, ruft sie das Nichts zu Hilfe.« Das ›dort‹ ist eigentlich das ›hier‹ der Antrittsvorlesung. Wir sind hier Zeuge von einer meisterhaft versteckten Selbstbezeugung, die unterschwellig das eigene Wort als das Wort der Sache, und zwar das der Wissenschaft, behandelt, oder besser gesagt, ähnlich wie im eucharistischen Ritual, es ver-wandelt. Die Beschreibung dieser verdächtigen Verwandlung, die nicht wenige Analogien mit der Tätigkeit des Bauchsprechens hat, bedeutet dennoch nicht, dass das Nichts nicht zum Wesen der Wissenschaft gehören könnte. Es ist nicht auszuschließen, dass eine höchstproblematische und offensichtlich manipulative Herangehensweise zu einer wichtigen Entdeckung führt.

In der Literatur hat sich viel Aufmerksamkeit auf die eben zitierte Passage gerichtet: »Erforscht werden soll nur das Seiende und sonst

– nichts; das Seiende allein und weiter – nichts; das Seiende einzig und darüber hinaus – nichts. Wie steht es um dieses Nichts?«

Wie bekannt ist, hat Rudolf Carnap genau an diesem Punkt die Trickserei ›entlarvt‹, die Heideggers Argumentationslinie begründet. Ironisch ausgedrückt könnte man sagen, dass das Adverb ›nichts‹ in das Substantiv ›das Nichts‹ verwandelt wird – als ob dies nichts wäre.

Heideggers Passage wird von Carnap als Vorbild genommen, um metaphysische Scheinsätze aufzuzeigen, »an denen sich besonders deutlich erkennen lässt, dass die logische Syntax verletzt ist, obwohl die historisch-grammatische Syntax erfüllt ist« (Carnap 1931, 229). Heideggers Text begeht den typischen »metaphorologischen« Fehler der Metaphysik: Das Wort nichts wird »als Gegenstandsname« (Carnap 1931, 230) verwendet. Carnap geht davon aus, dass jeder Begriff der *ordinary language* normalerweise eine Bedeutung hat. Im Laufe der Zeit kann dieses Wort seine Bedeutung ändern und zu einem Scheinbegriff werden. Darüber hinaus gerät der Begriff ›Nichts‹ aber noch in weitere Schwierigkeiten. Selbst wenn es legitim wäre, ›nichts‹ als Namen zu verwenden, »so würde diesem Gegenstand in seiner Definition die Existenz abgesprochen werden« (Carnap 1931, 230). Der Satz ›es gibt Nichts‹ ist ein krasser Widerspruch. Heidegger selbst hat auf diese Schwierigkeit hingewiesen (Heidegger 1976, 109). Er hat dennoch seine Gleichgültigkeit gegenüber der Logik geäußert. Eine solche Gleichgültigkeit könnte berechtigt sein, wenn das Wort ›Nichts‹ auf eine spezifische Erfahrung hinweisen würde. Nach Carnap zeigt die oben angegebene Passage von *Was ist Metaphysik?*, in der eine unberechtigte Hypostasierung des Adverbs stattfindet, dass eine solche Auslegung nicht möglich ist. »Aus der Zusammenstellung von ›nur und sonst nichts‹ ergibt sich deutlich, dass das Wort ›nichts‹ die übliche Bedeutung einer logischen Partikel hat, die zum Ausdruck eines negierten Existenzsatzes dient« (Carnap 1931, 231).

Eine rein logische Sprachanalyse von Heideggers Text, die nicht nur legitim ist, sondern auch zu seinem Verständnis beiträgt, geht nichtsdestotrotz das Risiko ein, das Wesentliche zu verpassen, und zwar das, worum es eigentlich geht.

Es ist alles andere als ein Zufall, dass Heideggers Analyse des Nichts sowie der Angst wirkungsgeschichtlich so relevant gewesen sind. Diese Relevanz hat sicherlich mit verschiedenen Aspekten zu tun, wie z. B. mit Heideggers meisterhafter Strukturierung des Textes sowie mit dem kategorialen Scharfsinn bezüglich der Begriffe von Seiendem und Nichts, der eine seltene Beherrschung der philosophischen Tradition verrät und den Leser beinahe hypnotisiert. Aber sein Einfluss hat auch damit zu tun, dass man, trotz einzelnen, nicht selten gewagten, ja, wenn nicht gar fragwürdigen Passagen der Erörterung, den lebendigen Eindruck gewinnt, dass es in dieser Schrift um etwas Ernstes geht: und zwar um den Versuch, die philosophische Verwunderung zu wiederholen, dass etwas ist und nicht nichts. Die Relevanz dieser Schrift hängt damit zusammen, eine solche Verwunderung wieder ins Zentrum der Philosophie zu rücken und das Verhältnis zwischen dem Sein und dem Nichts im Lichte der Erfahrung der Angst neu zu denken.[5] Es ist sicherlich wichtig, die zweifelhaften Passagen seiner Argumentation hervorzuheben und in Frage zu stellen. Aber man darf auch nicht vergessen, dass in diesem Text tiefe Frequenzen mitschwingen, die mit der Eigentümlichkeit des Menschen und der Philosophie zusammenhängen.

Es fällt nicht sonderlich schwer, sich einen Dialog zwischen einem Sprachanalytiker und einem Heidegger-Anhänger vorzustellen: Der Sprachanalytiker könnte sarkastisch sagen, dass es in *Was ist Metaphysik?* eigentlich um nichts geht. Der Heidegger-Anhänger würde mit einer schlecht versteckten triumphierenden Geste antworten, dass es genau darum geht, aber in einem ganz anderen Sinn. Der polemische Austausch zwischen den zwei engagierten Gesprächspartnern könnte sich so in unangenehmer Weise hinziehen. Ernst Tugendhats Beitrag *Das Sein und das Nichts* (1970) könnte als Versuch gesehen werden, einen konstruktiven Dialog zwischen den zwei Fronten zu eröffnen. Tugendhat hat sich darum bemüht, das Recht der Logik zu verteidigen und zugleich Heideggers tiefgründige philosophische Absichten zu retten. Er hebt die problematischen Aspekte von Heideggers Herangehensweise hervor. Er stellt Heideggers These in Frage, der zufolge in der natürlichen Sprache die Bedeutung von ›Nichts‹ für alle selbstverständlich ist. Heideggers Verwendung von ›Nichts‹ stehe eher mit einer problematischen philosophischen Tradition in Kontinuität als mit dem natürlichen Sprachgebrauch (Tugendhat 1970, 154). Tugendhat vertritt die These, dass Heideggers Perspektive eine solide Grundlage hat, aber seine Formulierungen irreführend sind. Es ist richtig zu behaupten, dass man sich in der Angst an nichts (nicht etwas) halten kann, dagegen aber wäre es höchstproblematisch zu sagen, dass man sich in der Angst mit dem

[5] Bekanntlich hat Pierre Bourdieu Heidegger zu den konservativen Revolutionären gezählt (Bourdieu 1988).

Nichts konfrontiert sieht. Tugendhat geht sogar so weit zu behaupten, die Verwandlung des Adverbs ›nichts‹ in das Substantiv ›das Nichts‹ von Heidegger könne »kaum ganz ernst gemeint gewesen sein« (Tugendhat 1970, 153). Daraus ergibt sich die unerwartete Situation, dass hinter den barocken Formulierungen die normale Bedeutung des ›nichts‹ (als nicht etwas) steckt. Das Nichts soll »als bloßer Zusatz« gedacht werden: Man kann den Begriff des Nichts »ohne jeden Verlust ebensogut weglassen« (Tugendhat 1970, 157) Nach Tugendhat hat Heidegger eine echte Erfahrung beleuchtet. Wenn man daher nur bei seinen an das Nichts gebundenen Formulierungen stehen bleiben würde, »so würde man das Kind mit dem Bade ausschütten und Heideggers entscheidenden neuen Gedanken übersehen« (Tugendhat 1970, 157). Tugendhat möchte den positiven Beitrag von Heidegger hervorheben, ohne doch seine Aversion gegen die Logik zu teilen: Die Erörterung in *Was ist die Metaphysik?* antworte auf die Frage nach einer spezifischen Form des Nichtseins (Tugendhat 1970, 157). Nichtsein meint hier nichts Bedeutungsvolles, die ganze Welt ›sagt‹ uns nichts: Das Nichtsein in diesem Sinn hat seinen positiven Gegenpol in der Erschlossenheit der Sorge, durch die es etwas gibt. Es geht um die Verwunderung, dass überhaupt etwas ist und nicht nichts:

> Die Verwunderung darüber, dass überhaupt etwas ist, bezieht sich im natürlichen Leben auf die Welt als eine sinnvolle bzw. sinnlose, wie wir sie im ›Gestimmtsein‹ der Angst, der Freude, der Langeweile, der Verzweiflung erfahren. Wie die kombinierte Formulierung zeigt, gehören der positive und der negative Satz für Heidegger unmittelbar zusammen: in der Negation des negativen Satzes wird die Affirmation des positiven erst ausdrücklich (Tugendhat 1970, 158).

Heideggers These zielt darauf ab, zu zeigen, dass alles sprachliche Seinsverständnis, »also alles ›ist‹ und ›ist-nicht-Sagen‹, immer schon – in der Stimmung – getragen von einem impliziten Verständnis dieses universalen Existenzsatzes« (Tugendhat 1970, 158).

Tugendhats Interpretation ist interessant, weil sie sich um einen Dialog zwischen den zwei herrschenden zeitgenössischen philosophischen Traditionen bemüht. Zugleich aber ist sie aus verschiedenen Gründen problematisch: Kann man bei Heidegger das Nichts einfach als »nicht etwas« lesen? Darf das Nichts als unberechtigte Vergegenständlichung betrachtet werden? Der innere Zusammenhang zwischen der Angst als Entgleiten des Seienden im Ganzen und dem

Nichts wird von Tugendhat nicht hinreichend berücksichtigt und weiter vertieft. Heideggers Begriff des Nichts wird hier auf eine ihm fremde logische Problemstellung zurückgeführt, die die Gefahr einer Trivialisierung von Heideggers Ansatz in sich birgt. Ist es schließlich wirklich möglich, den Begriff ›Nichts‹ ohne jeden Verlust wegzulassen? Zu Recht behauptet Jacob Taubes diesbezüglich:

Eine solche Rettung der Problemstellung Heideggers schien Tugendhat, seinem subtilsten Interpreten, nur möglich gerade unter Opferung der Grundvokabel, die das Thema der Antrittsvorlesung bestimmt, unter Ansehung des Übergangs in der Rede Heideggers vom adverbialen »nichts« zum Substantiv »das Nichts«. Wie soll aber eine Schachpartie gewonnen werden, deren Eröffnung nicht ernst gemeint ist und in der gleich zu Anfang die Königin, die das Spiel regiert, geopfert werden muss? (Taubes 1996, 171)

Carnaps sowie Tugendhats Kritik bezüglich des Übergangs vom adverbialen ›nichts‹ zum Substantiv ›das Nichts‹ ist nach Taubes im Rahmen einer abstrakten Sprachanalyse zutreffend. Wenn man aber die Antrittsvorlesung als Polemik gegen die metaphysische Tradition liest, wird die Lage eine ganz andere. Taubes' Interpretation folgt Tugendhats Auslegung in einer bestimmten Hinsicht: Heideggers Antrittsvorlesung wird als Traktat contra Parmenides betrachtet (Taubes 1996, 163). Wenn man berücksichtigt, dass Heidegger damit das parmenidische Verbot des Nichts aufheben möchte, »dann ist der Übergang von dem synkategorematisch korrekt gebrauchten Adverb ›nichts‹ zum Ausdruck ›das Nichts‹ berechtigt, ja gefordert und erst gemeint« (Taubes 1996, 166).[6] Wenn der wissenschaftliche Diskurs auf Parmenides' Lehre zurückgeworfen ist,

dass das Nichts nicht sei, dann muss im Gegenzug mit der These angefangen werden, dass im gängigen adverbialen Gebrauch des Wortes »nichts« das von Parmenides geächtete Nichts sich verbirgt. Der Übergang Heideggers in der Rede von »nichts« zu »Nichts« ist eine Art Anamnese des parmenidischen Übergangs vom »Nichts« zum »nichts«, steht also contra Parmenides (Taubes 1996, 166).

[6] Taubes verwendet diese Ausdrücke in einer offensichtlichen Polemik gegen Tugendhat, der behauptet: »Heidegger aber stellt die Frage so: ›Wie steht es um dieses Nichts?‹ Dabei ist doch in dem vorhergehenden Satz weder von einem noch von dem Nichts die Rede, sondern das Wort steht in seiner normalen synkategorematischen Funktion (›nicht etwas‹). Diese Einführung von ›dem Nichts‹ ist also unberechtigt und wird von Heidegger kaum ganz ernst gemeint gewesen sein« (Tugendhat 1970, 153).

Die ganze ontologische Tradition steht hier auf dem Spiel. Heidegger folgend, hebt Taubes die Relevanz der ontologischen Tradition für die Wissenschaft hervor: Die Wissenschaft bleibt der parmenidischen Lehre treu. Man kann nichts über das Nichts sagen. Nichtsdestoweniger ist es m. E. keineswegs klar, warum sich ›das Nichts‹ im Adverb ›nichts‹ verbergen soll? Warum soll von einem solchen inneren Zusammenhang, und sogar in Form eines Fundierungsverhältnisses, zwischen den zwei Formen von ›nichts / das Nichts‹ ausgegangen werden? Es ist nicht möglich, eine solche Frage zu beantworten, ohne die Stimmung der Angst in Betracht zu ziehen, in der sich das Nichts ursprünglich zeigt. Im Folgenden möchte ich erst Heideggers Begriff des Nichts im Rahmen der metaphysischen Tradition weiter vertiefen (2.) und dann das Verhältnis zwischen Angst und Nichts einer ausführlichen Analyse (3.) unterziehen.

2. *Heideggers Begriff des Nichts im Kontext der metaphysischen Tradition*

Heidegger verwendet eine lateinische Formulierung, um das Verhältnis zwischen Sein und Nichts zum Ausdruck zu bringen: *ex nihilo omne ens qua ens fit*. Diese Formulierung weist darauf hin, dass das Nichts die »Ermöglichung der Offenbarkeit des Seienden als eines solchen für das menschliche Dasein« (Heidegger 1976, 115) ist. Die Offenbarkeit des Seienden entsteht durch die Fremderfahrung der Angst. Zwei Aspekte sind hier miteinander verflochten: Das Nichts ist dem Sein inhärent. Das Nichts ermöglicht durch die befremdende Angst die »Offenbarkeit« (im Sinne einer anerkannten Manifestation) des Seienden, die in dem Ausdruck »als« ihre sprachliche Form findet. »Einzig weil das Nichts im Grunde des Daseins offenbar ist, kann die volle Befremdlichkeit des Seienden über uns kommen. Nur wenn die Befremdlichkeit des Seienden uns bedrängt, weckt es und zieht es auf sich die Verwunderung« (Heidegger 1976, 121). Die Angst geht hier in Verwunderung über.

Diese lateinische Formulierung ist von den zwei in der westlichen Philosophie herrschenden Interpretationen der Beziehung zwischen Sein und Nichts zu unterscheiden. Die erste findet ihre paradigmatische Form in Aristoteles' Passage der *Metaphysik: nihil ex nihilo fit* (*Metaphysik* IV, 5, 1009 a31). Obwohl sich in der antiken Philosophie verschiedene Konnotationen sedimentiert haben, bedeutet hier das Nicht-Seiende primär den ungestalteten Stoff (Heidegger 1976, 119). Das Nicht-Seiende ist hier das, was noch nicht seine Form gefunden hat.

In der jüdisch-christlichen Tradition hat sich eine andere Auffassung durchgesetzt: *ex nihilo fit – ens creatum*. In diesem Kontext erhält das Nichts primär eine Bedeutung im Sinne »von völliger Abwesenheit des außer göttlichen Seienden« (Heidegger 1976, 119). Auch hier zeigt sich der Verweis auf das Nichts als notwendig, um das Seiende als solches verstehen zu können.

Es ist eine der schwierigsten Herausforderung für die Theologie, die Beziehung zwischen diesem außer-göttlichen Nichts und Gott zu bestimmen. Heidegger vertritt die These, dass die christliche Dogmatik nicht auf diese Schwierigkeit eingegangen ist: Wenn Gott aus dem Nichts schafft, muss er sich »gerade zum Nichts verhalten können. Wenn aber Gott Gott ist, kann er das Nichts nicht kennen, wenn anders das ›Absolute‹ alle Nichtigkeit ausschließt« (Heidegger 1976, 119). Eine solche Behauptung überrascht, wenn man bedenkt, wie viele Autoren – z. B. Scotus Eriugena oder Thomas von Aquin – mit dieser Frage gerungen haben und zu unterschiedlichen Ergebnissen gekommen sind. Scholems Aufsatz *Schöpfung aus Nichts und Selbstverschränkung Gottes* (1970) bleibt in dieser Hinsicht richtungsweisend, um die verschiedenen Versuche zu verstehen, durch die nicht nur im Rahmen der christlichen Dogmatik, sondern auch innerhalb des Judentums oder im Kontext der islamischen Theologie, der Begriff der Schöpfung aus dem Nichts beleuchtet wurde.

Thomas von Aquins Schöpfungsbegriff gilt als paradigmatische Auslegung des Nichts, die gegen eine jede pantheistische Versuchung gerichtet ist. Schöpfung soll als *operatio dei ad extra* (ein Wirken Gottes nach außen) gedacht werden: »Gott hat die Freiheit, ein Sein hervorzurufen, das nicht selber ist« (Scholem 1970, 56). »Während die Schöpfung im Mythos eine chaotische Urmaterie bewältigen soll, bewältigt die Schöpfung aus Nichts in der Theologie des nachbiblischen Monotheismus nichts« (Scholem 1970, 56); »Gott vervollkommnet nicht etwa in der Schöpfung, was in seinem Wesen schon angelegt wäre, sondern bringt etwas hervor, was außerhalb dieses Wesens liegt« (Scholem 1970, 59). Das Nichts ermöglicht hier die Möglichkeit einer absoluten Zäsur, die den Spielraum für die »biblische Botschaft von der Schöpfung gegen alle pantheistische Grenzverwischung« sichert (Scholem 1970, 59). Eine solche Tendenz ist in verschiedenen Kontexten klar ausfindig zu machen: in der jüdischen

Theologie Maimonides', in der islamischen Kalām oder in der scholastischen Theologie (ebd.).

Doch zugleich ist es wichtig, noch eine andere Tradition zu berücksichtigen, die den Ausdruck *creatio ex nihilo* in die genau entgegengesetzte Richtung auslegt: die Tradition der Mystik. »Die Schöpfung aus Nichts, wie sie immer wieder in mystischen Traditionen auftaucht, ist die Schöpfung aus Gott selbst. Es ist genau, was die Lehre aller Orthodoxie auszuschließen schien« (Scholem 1970, 62). Das Nichts, durch das die Schöpfung entsteht, ist Gott selbst. Gott ist hier das Nichts. Das Nichts »wird zum substantiellen Nichts, zum Nichts des Überseins Gottes« (Scholem 1970, 68). Einen solchen Nichtsbegriff kann man in der islamischen Mystik (wie z.B. im 11. Jahrhundert bei Nasir-i-Khusraw) sowie in der jüdischen Kabbala wiederfinden. In der christlichen Tradition ist es nicht schwierig, die Linie aufzuspüren, die von Scotus Eriugena über Meister Eckart zu Jakob Böhme und Schelling führt. Scholem tendiert dazu, in der Mystik eine Reaktivierung der im Mythos herrschenden Einheitsidee zu sehen. Zugleich ist es interessant, dass sich auch in der mystischen Tradition Tendenzen durchgesetzt haben, die eine »Rettung der Schöpfung aus Nichts im präzisen Verstand der Tradition« (Scholem 1970, 88) ermöglichen. Der bekannteste Fall ist wohl der Begriff des *Zimzum*, der ›Kontraktion‹ bedeutet und von der späteren jüdischen Kabbala (Isaak Luria) entwickelt wurde. Gott zieht sich von sich selbst zurück und lässt dadurch einen Spielraum für die Schöpfung entstehen. Durch die Selbstbeschränkung Gottes entsteht das Nichts. Die Figur vom *Zimzum* könnte als plastische Umkehrung von Thomas von Aquins Idee der Schöpfung als *processio dei ad extra* gesehen werden: »Der erste Akt der Schöpfung kann also nicht ein Herausgehen Gottes aus sich selber heraus [...], sondern es muss ein Hineingehen Gottes in sich selber sein, das die Möglichkeit, das Apriori einer Welt überhaupt darstellt« (Scholem 1970, 87). Heideggers Interpretation des Nichts möchte die jüdisch-christliche Tradition nicht fortsetzen. Sie schließt sich an die für die antike, griechische Philosophie charakteristische Interpretation an: *ex nihilo nihil fit*. Die von Heidegger selbst erfundene Formulierung, *ex nihilo omne ens qua ens fit*, schließt eine mystische Interpretation eines ›substantiellen‹ Nichts aus. Sie führt einen Begriff des Nichts ein, der durch die Angst im Dasein ermöglicht ist: »Im Nichts des Daseins kommt erst das Seiende im Ganzen seiner eigensten Möglichkeit nach, d.h. in endlicher Weise, zu sich selbst« (Heidegger 1976, 120).

3. *Das Phänomen der Angst*

Heideggers Forschungen zielen darauf ab, das Phänomen des Nichts ursprünglich auszuweisen. Der Begriff des Nichts kann ursprünglich nur durch die Grundstimmung der Angst gewonnen werden. »Mit der Grundstimmung der Angst haben wir das Geschehen des Daseins erreicht, in dem das Nichts offenbar ist und aus dem heraus es befragt werden muss« (Heidegger 1976, 112). Unser primäres Interesse richtet sich auf folgende Frage: Ist Heideggers Analyse imstande, eine ›ursprüngliche‹ Phänomenologie der Angst durchzuführen? Ich möchte noch einmal daran erinnern, dass die Angstanalyse, die Heidegger sowohl in *Sein und Zeit* (1927/1986) als auch in *Was ist die Metaphysik?* vollzogen hat, einen außerordentlichen Einfluss sowohl auf die Philosophie (wie z. B. auf Emmanuel Levinas oder auf Jacques Derrida) als auch die Psychopathologie (wie z. B. auf Ronald Laing oder auf Henry Maldiney) ausgeübt hat. In der Schrift *Die Räumlichkeit des Melancholischen* (1956) behauptet Tellenbach z. B., dass Heideggers Angstanalyse als Ausgangspunkt zu nehmen wäre, um die depressive Angst zu verstehen (vgl. hierzu die berechtigte Kritik Binswangers [1960]).

Nach Heidegger veranlasst die Angst eine Verwandlung des Menschen. In der Angst enthüllt sich das Nichts weder als Objekt noch als Seiendes. Heidegger verwendet folgende Formulierung: »das Nichts begegnet in der Angst in eins mit dem Seienden im Ganzen. Was meint dieses ›in eins mit‹? In der Angst wird das Seiende im Ganzen hinfällig« (Heidegger 1976, 113). In der Angst findet weder eine Vernichtung des Seienden im Ganzen noch seine Verneinung statt. Vielmehr ereignet sich ein Sich-Entgleiten des Seienden im Ganzen, das uns abstößt. Die Erfahrung dieses unmöglichen Zugangs zur Welt gehört zum Wesen der Angst und hängt mit dem Ereignis des Nichts, und zwar in Heideggers gewagter Terminologie mit der »Nichtung« des Nichts, zusammen.[7] Genau diese Erfahrung des in der Angst sich enthüllenden Nichts im Sinne eines Entgleiten des Seienden im Ganzen hat einen Offenbarungscharakter: Die Angst bedeutet eine Unterbrechung unseres alltäglichen In-der-Welt-Seins.

[7] »Die Abweisung von sich ist aber als solche das entgleitenlassende Verweisen auf das versinkende Seiende im Ganzen. Diese im Ganzen abweisende Verweisung auf das entgleitende Seiende im Ganzen, als welche das Nichts in der Angst das Dasein umdrängt, ist das Wesen des Nichts; die Nichtung« (Heidegger 1976, 114).

Sie stellt eine Zäsur innerhalb unseres Anhaftens an der Welt dar. Nur dadurch sind wir imstande, die Verwunderung zu erleben, dass Seiendes ist und nicht Nichts.

> In der hellen Nacht des Nichts der Angst ersteht erst die ursprüngliche Offenheit des Seienden als eines solchen: daß es Seiendes ist – und nicht Nichts. Dieses von uns in der Rede dazugesagte »und nicht Nichts« ist aber keine nachgetragene Erklärung, sondern die vorgängige Ermöglichung der Offenbarkeit von Seiendem überhaupt (Heidegger 1976, 114).

Das sich in der Angst enthüllende Nichts ist die Bedingung der Möglichkeit, um die Offenbarkeit des Seienden als solches zu entbergen. Aus diesem Grund ist die Formulierung mit der doppelten Negation angebracht. Die Erfahrung des Nichts ermöglicht es, die immer als selbstverständlich geltende und übersprungene Fremdheit des Seienden zum Vorschein zu bringen. Im Nichten »offenbart es dieses Seiende in seiner vollen, bislang verborgenen Befremdlichkeit als das schlechthin Andere – gegenüber dem Nichts« (Heidegger 1976, 114). Das Nichts gehört aus diesem Grund zum Wesen des Seienden selbst. Heidegger erkennt in der Angst die ursprüngliche Form des Nichts.[8] »Die Angst offenbart das Nichts« (Heidegger 1976, 112).

Es ist überraschend hier zu sehen, wie das Phantom der Angst der Ökonomie der Offenbarkeit des Seienden untergeordnet wird. Sie wird als Unmöglichkeit des Zugangs zur Welt negativ bezeichnet. Zugleich erfüllt sie eine positive Funktion. Heidegger behauptet sogar, dass das Wesen des nichtenden Nichts in der positiven Funktion besteht, die Offenbarkeit des Seienden als solches zu eröffnen: »Das Wesen des ursprünglich nichtenden Nichts liegt in dem: es bringt das Da-sein allererst vor das Seiende als ein solches« (Heidegger 1976, 114). Es ist sicherlich nachvollziehbar, dass eine solche entfremdende Erfahrung der Ablösung von der normalen Weltbewandtnis und ihrer Bedeutungen eine Krise bedeutet, die neue Blicke entstehen lässt. Es ist dennoch nicht nachvollziehbar, wie das Wesen des Nichts auf diese Offenbarkeitsfunktion des Seienden reduziert werden kann. Heideggers Idee, einen wesentlichen Zusammenhang zwischen dem Nichts

[8] Einerseits werden von Heidegger verschiedene nichtende Verhaltensweisen anerkannt – wie das Verbieten, das Verabscheuen, das Versagen oder das Entbehren. Diese nichtenden Verhaltensweisen sind sogar noch abgründiger als das Verneinen. Andererseits aber zeigen alle nichtenden Verhaltensweisen die omnipräsente Offenbarkeit des Nichts, »das ursprünglich nur die Angst enthüllt« (Heidegger 1976, 117). Der Angst wird hier ein deutlicher Vorrang zugestanden.

und der Verwunderung über die Offenbarkeit des Seienden herzustellen, ist m. E. höchst problematisch.

Es ist sicherlich schwierig, ein ausgewogenes Urteil über Heideggers Angst-Analyse zu fällen. Handelt es sich um eine spezielle Form der Angst, die im Hinblick auf das philosophische θαυμάζειν untersucht wird? Darf man diese Form der Angst als paradigmatisch gelten lassen? Setzt das θαυμάζειν immer diese Form der Angst voraus? Gibt es nicht andere Formen der Ablösung von der Lebenswelt – wie z. B. das Spielen –, die eine ähnliche Funktion »der Abstandnahme« erfüllen? Darf das Nichten des Nichts auf diese spezifische Form des Entgleitens des Seienden im Ganzen reduziert werden? Könnte z. B. das Urfaktum, dass das ganze Vergangene ins Nichts verschwunden ist und zu weniger als Asche wird, nicht als eine andere Form der Nichtung betrachtet werden? (Derrida 1987; Micali 2011)

Heidegger beschreibt den diffusen Charakter der Angst als Entgleiten des Seienden im Ganzen. Man könnte hier vermuten, dass Heidegger eine sehr spezielle und tiefe Form der Angst beschreibt. Doch selbst wenn zugestanden wird, dass es sich hier um eine eigentümliche Form der Angst handelt, so würde eine solche Beschreibung der Angst in Bezug auf ihre Erlebnisweise aus phänomenologischer Perspektive fragwürdig erscheinen. Die Angst wird nicht als solche phänomenologisch beschrieben, sondern sie erfüllt eine Rolle für die Entbergung des Seins des Seienden im Rahmen der Metaphysik. Die Angstanalyse ist ausschließlich dem Versuch untergeordnet, das Seinsverständnis zu vertiefen. Die ganze Architektonik der Erörterung weist eine gewisse Analogie zu Hegels Verfahren auf, und zwar in dem spezifischen Sinne, dass der Übergang durch das Negative die Erschließung des Positiven (die Entfernung des Seins) ermöglicht. Ich möchte hier nicht auf die methodologische Legitimität eines solchen quasi-dialektischen Verfahrens eingehen. Es ist vielmehr wichtig zu fragen, ob es überhaupt legitim ist, die Angst auf diese Weise miteinzubeziehen – als ob es selbstverständlich wäre, dass die Angst in Verwunderung übergeht; als ob die Angst nicht eine fremde, heteronome Macht wäre, die vorgestiftete subjektive Homöostasen und Ordnungen zerstören würde – oder, zumindest, zerstören könnte. Mit anderen Worten wohnt der Angst bei Heidegger eine Teleologie inne, die ihr in dieser Form nicht zwingend zukommt, wenn nicht ihr fremd ist. Denn in der Tat geht die Angst nicht in Verwunderung über, sondern vielmehr in Zittern. Was in Heideggers Analyse wesentlich fehlt, ist sowohl das leibliche Schaudern als auch die unruhige, proteusartige Phantasie, welche auf ein immer Schlimmeres und noch Kommendes ausgerichtet ist. Im Gegensatz dazu spricht Heidegger von einer »gebannten Ruhe«, ja sogar von einer »Gleichgültigkeit«.

> »In der Angst – sagen wir – ist es einem unheimlich«. Was heißt das »es« und »das einem«? Wir können nicht sagen, wovor einem unheimlich ist. Im Ganzen ist einem so. Alle Dinge und wir selbst versinken in einer Gleichgültigkeit. Dies jedoch nicht im Sinne eines bloßen Verschwindens, sondern in ihrem Wegrücken als solchem kehren sie sich uns zu (Heidegger 1976, 111 f.).

Wenn es etwas in der Angst nicht gibt, so die Gleichgültigkeit. Die Erfahrung der Angst bei Heidegger ist nichts Angsterregendes. In der Angst zeigt sich prinzipiell keine Gleichgültigkeit. Es ist falsch, eine Kontinuität zwischen dem fahlen Charakter des Entgleitens des Seienden im Ganzen und einer bloß diffusen Befindlichkeit des Daseins im Sinne der Gleichgültigkeit zu setzen. Als paradigmatisches Beispiel für eine solche Diskrepanz kann man die Dämmerungsangst anführen, die der Nervenarzt S. W. Engel beschrieben hat: Eine Gruppe von Personen »empfindet eine bange Unrast erst im Zwielicht, wenn die Sonne im Begriff zu sinken ist. Sie haben eine solche Abneigung, fast Angst vor diesem Augenblick, dass sie verführt die Läden schließen […] Sobald die Nacht einbricht, fühlen sie sich wohler« (Engel 1957, 343). Die diffuse Atmosphäre weckt hier keine gebannte Ruhe, sondern eine bange Unrast. In der Angst vor einer fahlen, und zwar angeblich nicht bedrohlichen Dämmerung wird immer eine unruhige, ängstliche Resonanz erweckt – sie lässt mich zurückschaudern, wie Schmitz (1964) behauptet. Ohne ein solches Schaudern – das auch ein Außer-Fassung-Geraten bedeutet – gibt es keine Angst.

Anders gesagt: Die Angst lässt uns nicht nur schweben. Es ist sicher, dass bestimmte diffuse Formen der Angst eine seltsame Art der Ablösung von der gemeinsamen Lebenswelt implizieren. Von daher ist der Ausdruck des ›Schwebens‹ phänomenologisch durchaus passend.

Aber in der Angst bleibt man nie im Schweben begriffen, und noch weniger geht man in eine Haltung des Fragens über. Vielmehr stürzt man in eine Spirale der Unmöglichkeiten hinab, die in den unklaren Phantasien und ihren Intervallen antizipiert werden (Micali 2015). Dasselbe Schweben wird im Laufe der Zeit angsterregend, weil man glaubt, dass es nicht mehr möglich ist, zur – von Heidegger wenig geschätzten – gemeinsamen Lebenswelt des *common sense* zurückzukommen. Man bekommt Angst davor, nicht mehr zurück zur uns als selbstverständlich geltenden Welt gelangen zu können: Angst vor dem unumkehrbaren Verlust der natürlichen Selbstverständlichkeit. Es ist wichtig, diesen Aspekt zu erwähnen, da Heideggers Beschreibung der Angst in *Was ist Metaphysik?* in vielerlei Hinsicht an die anomalen Erfahrungen der Derealisierung sowie der Depersonalisierung erinnert:

> Wir »schweben« in Angst. Deutlicher: die Angst lässt uns schweben, weil sie das Seiende im Ganzen zum Entgleiten bringt. Darin liegt, daß wir selbst – diese seienden Menschen – inmitten des Seienden uns mitentgleiten. Daher ist im Grunde nicht »dir« und »mir« unheimlich, sondern »einem« ist es so. Nur das reine Da-sein in der Durchschütterung dieses Schwebens, darin es sich an nichts halten kann, ist noch da (Heidegger 1976, 112).

Bei Heidegger wird die Angst als Eingangstor betrachtet, das eine andere und eigentliche Erfahrung des Seins bzw. des Nichts eröffnet. Das Dasein stürzt nicht in die Spirale der Angst hinab: Es bleibt vielmehr souverän und gefasst in einer gebannten Ruhe. Ist es aber phänomenologisch passend zu sagen, dass in der Angst eine spezifische Form der Anonymität erscheint? Kommt in der Angst nur das nackte Da-Sein zum Vorschein, das mit dem Schweben eng zusammenhängt? Oder zeigt sich in der Angst gar kein Schweben, sondern vielmehr ein Hinabstürzen? In der Angst zeigt sich keine Anonymisierung der Erfahrung, sondern die erschütternde, angsterregende Situation, die die Passivität des Selbst herausfordert und die vielmehr nach der sprachlichen Form des Akkusativ (mich) oder des Dativs (mir) verlangt. Die Angst ist eine zentrifugale Bewegung, die mich außer Fassung bringt – oder wie Schelling sagt: Die Angst »treibt den Menschen aus dem Zentrum hinaus« (Schelling 1984, 74). Es ist kein Zufall, dass die Figur des Schwindels bei den philosophischen Beschreibungen der Angst – wie z.B. bei Kierkegaard (1844/1981), Schelling (1984), Tillich (1969) oder Michel Henry (2002) – ständig wiederkehrt. Der Schwindel ist ein paradigmatisches Beispiel dafür, dass man außer Kontrolle gerät, wobei die Grenzen zwischen Subjektivem und Objektivem, Aktivem und Passivem, Willentlichem und Unwillentlichem verwischt werden und deswegen womöglich umso mehr das ›mir‹/›mich‹ zurückwerfen bzw. den Versuch brauchen, die Kontrolle und zwar meine Kontrolle zurückzugewinnen.

Eine furchterregende Situation schaltet die Angst ein, »indem ich meinen eigenen Reaktionen dieser Situation gegenüber misstraue« (Sartre 1943/1991, 53). Sartre spricht von einem prinzipiellen Misstrauen der eigenen Antworten gegenüber der zukünftigen, durch die Phantasie antizipierten Situation. Dieses Misstrauen ist in der Tat von der Gewissheit durchzogen, dass unsere Antworten auf das angsterregende Ereignis von vornherein zum Scheitern verurteilt sind. Jede mögliche Abwehr, jedes ausgemalte Handeln gegenüber dem bedrohlichen Entgegenkommenden ist als inadäquat abgewertet. Die Suche nach einem Ausweg, das Sich-Vorbereiten auf die ausgemalte zukünftige Szene mobilisiert die Phantasien von umso mehr überfordernden Situationen, die im Unbestimmten verschwinden: Sie generieren nichts anderes als ein noch stärkeres Ohnmachtsgefühl.

In der Angst ändert sich allmählich der Sinn der Antizipation. In der Angstbereitschaft versucht man zuerst, die Gefahr zu antizipieren, um sie besser meistern zu können. Nach einer Weile allerdings führt die Antizipation der Gefahr mit den eigenen antizipierten, ›inadäquaten‹ Antworten zu einer Selbstgeneration der Angst: Die Antizipation wird so innerer Bestandsteil der Angst – als ob sie als Moment des Dispositivs der Angst funktionell zweckmäßig geworden wäre. Angst ist ein autopoietisches Phänomen. Selbst die leiblichen Manifestationen der Angst (wie die Schwierigkeit der Atmung bis hin zum Hyperventilieren oder die Tachykardie) generieren Angst.[9] Im Kontrast zu Heideggers Konzeption der Angst als einer gebannten Ruhe, werde ich im zweiten Abschnitt den ›erschütternden‹ Aspekt der Angst hervorheben.

II. Angst als Erschütterung

Angst ist ein affektives Phänomen, das den geordneten intentionalen Bewusstseinsstrom stört und unterbricht. Ich werde versuchen, diesen zentralen Charakter der Angst als Erschütterung durch eine kritische Auseinandersetzung mit Kurt Goldstein zu beleuchten. Meiner Meinung nach hat Kurt Goldstein eine komplexe, originelle Phänomenologie der Angst entwickelt, die es erlaubt, wichtige Schlüsselmomente dieses Phänomens vor allem aus methodologischer Sicht

[9] In einer anderen Schrift habe ich versucht, eine Topographie der Angst zu skizzieren, wobei wesentliche Momente dieses Phänomens herausgestellt wurden. Nicht nur wurden dort die leiblichen Aspekte der Angst beschrieben, sondern auch das Verhältnis zwischen Phantasie und Angst (Micali 2015).

zu bestimmen. Kurt Goldsteins Analyse der Angst ist bisher wenig rezipiert worden. Ich glaube allerdings, dass Goldsteins Forschungen zur Angst auch heute noch richtungsweisend und klassischen Ansätzen, wie demjenigen Freuds, keinesfalls unterlegen sind.

In Bezug auf die Angstanalyse ist eine zentrale These Goldsteins die folgende: In der Furcht haben wir ein Objekt vor uns, das uns deutlich bedroht. Im Gegenteil dazu ereignet sich die Angst immer hinter uns, sie sitzt uns im Rücken: »Wir können nur versuchen, ihr zu entfliehen, allerdings ohne zu wissen wohin, weil wir sie von keinem Orte herkommend erleben, sodass uns diese Flucht auch nur zufällig mal gelingt, meist misslingt; die Angst bleibt mit uns verhaftet« (Goldstein 1971, 238). Die These, der zufolge die Angst prinzipiell hinter uns liegt, kann nur verstanden werden, wenn man Goldsteins Unterscheidung zwischen einer ökologischen Dimension der Angst und einem lebendigen Erleben der Angst berücksichtigt. Diese Unterscheidung zielt darauf ab, der Vielschichtigkeit dieses Phänomens gerecht zu werden. Einerseits ist die Angst ein Ereignis, das die ökologische Beziehung zwischen Organismus und Umwelt betrifft. Andererseits aber ist die Angst eine lebendige Erfahrung, in der man die Unmöglichkeit erlebt, sich in einer geordneten Weise auf die Umwelt zu beziehen.

Goldsteins Ansatz unterscheidet zwei Dimensionen, die miteinander verflochten sind: In der Angst ist es nicht möglich, die Umwelt kohärent wahrzunehmen. Es ist weder möglich, eine kohärente Gegenstandskonstitution zu vollziehen, noch ist es möglich, die Quelle der Angst eindeutig zu identifizieren. Dennoch ist die Angst aus dieser Perspektive keineswegs als Angst vor Nichts zu interpretieren. Goldstein entwirft eine alternative Angstauffassung, die sich ganz bewusst gegen die existentialistische Tradition richtet. Trotz wichtiger Differenzen teilen Kierkegaard, Sartre und Heidegger allesamt die Grundannahme, dass die Angst primär Angst vor Nichts ist. Nach Goldstein hat die Angst ihren Ursprung in einem konkreten Missverhältnis zwischen Organismus und Umwelt, oder auch – in unserer phänomenologischen Sprache ausgedrückt – zwischen dem Selbst, dem Anderen und der gemeinsamen Welt. Es ist angebracht hervorzuheben, dass dieses konkrete, regionale Missverhältnis der Angst zugleich eine Bedrohung darstellt, welche (potenziell) die leibliche und symbolische Integrität des Selbst gefährdet.

Es ist jetzt wichtig, das Verhältnis zwischen diesen beiden Dimensionen und Achsen der Angst näher zu bestimmen: einerseits der Achse des lebendigen Erlebens der Angst und andererseits der Achse des Ereignisses der Angst, das hinter unserem Rücken geschieht und immer schon geschehen ist. Angst tritt ein, wenn einem etwas begegnet, das einen überwältigen kann. Je invasiver die Angst ist, desto mehr wird die sich uns entziehende Quelle der Angst unfassbarer und unanschaulicher.

Man muss vor Augen haben, dass Goldsteins Forschungen zur Angst primär auf spezifischen Fällen beruhen, und zwar auf denen von Patienten, die Hirnverletzungen erlitten haben. Ein auffälliges Merkmal dieser Patienten ist die Aphasie. Goldstein hat in mehreren Studien darauf insistiert, dass die sogenannte anamnestische Aphasie nicht die Grundstörung darstellt. Die Aphasie ist nur der Ausdruck einer allgemeinen Störung des kategorialen Verhaltens. Die Patienten können mit konkreten Situationen gut zurechtkommen, aber sie sind nicht imstande, mit abstrakten Begriffen, und zwar mit nicht an einen Kontext gebundenen Möglichkeiten, umzugehen. Bei diesen Patienten konnte Goldstein die Angst in beinahe reiner Form thematisieren.

Die Angst ist keine Reaktion auf eine Störung zwischen Organismus und Umwelt, sondern sie ist vielmehr die Störung selbst: Sie ist das Sich-Ereignen des ökologischen Missverhältnisses zwischen der überfordernden Umwelt und den Vermögen des überwältigten Organismus. Goldstein unterscheidet zwischen zwei objektiv feststellbaren Grundverhaltensweisen des lebendigen Organismus: dem geordneten Verhalten und dem katastrophalen Verhalten. Im ersten Fall handelt es sich um die in einer überschaubaren Situation durchgeführten Leistungen, die unter den gegebenen Umständen angebracht, zweckmäßig und kohärent sind.[10] Die durch die Angst gekennzeichneten Reaktionen werden als »katastrophal« bezeichnet:

> Die katastrophalen Reaktionen erweisen sich dem gegenüber nicht nur als »unrichtig«, sondern als ungeordnet, wechselnd, widerspruchsvoll, eingebettet in Erscheinungen körperlicher und seelischer Erschütterung. Der Kranke erlebt sich in diesen Situationen unfrei, hin und her gerissen, schwankend, er erlebt eine Erschütterung der Welt um sich wie seiner eigenen Person. Er befindet sich in einem Zustand, den wir gewöhnlich als *Angst* bezeichnen (Goldstein, 1934, 24).

---

[10] »In der geordneten Situation erscheinen uns die Leistungen konstant, ›richtig‹, dem Organismus, dem sie zugehören, entsprechend, sowohl der Art nach, wie der speziellen Individualität, wie den Umständen, in denen der Organismus sich befindet« (Goldstein 1934, 24).

Die Objektkonstitution setzt ein geordnetes Verhalten des Organismus voraus. *Stricto sensu* kann ein Objekt nur erscheinen, wenn der Organismus fähig ist, die Affektionen und Aufforderungen der Umwelt zu verarbeiten. Die Angst ist der Ein- und Ausdruck der Ohnmacht eines leiblichen Selbst, das den überfordernden Aufgaben der Umwelt gerecht zu werden sucht. Sowohl die Ausdrücke der Patienten als auch ihr Verhalten zeugen davon, dass die Angst das Sich-Beziehen auf die Umwelt leitet:

> Ich habe darauf hingewiesen, dass das Verhalten des Kranken, wenn er eine Aufgabe löst, und wenn er sie nicht löst, mit der Feststellung des Effektes nur höchst unvollkommen charakterisiert werde, dass wir ein tieferes Verständnis nur gewinnen, wenn wir das völlig verschiedene Gesamtverhalten in den beiden Situationen mit heranziehen. Einmal – bei dem Versagen – sehen wir eine eigenartige Starre im Gesicht, der Kranke wird rot oder blass, es tritt eine Pulsverlinderung, allgemeine Unruhe, Zittern, ein zorniger oder ratloser Ausdruck, ein ablehnendes Verhalten in Erscheinung; das andere Mal – bei der Leistung – ein belebter freudiger Gesichtsausdruck, Ruhe, Gelassenheit, Bei-der-Sache-sein. Man konnte denken, das sind eben die verschiedenen Reaktionen des Kranken auf das Können und Nichtkönnen. Aber das wäre eine inadäquate Schilderung. Gegen diese Auffassung spricht schon, dass diese Allgemeinreaktionen keineswegs der Leistung bzw. der Nicht-Leistung folgen, sondern gleichzeitig mit ihr auftreten. Weiter, dass die Kranken oft gar nicht angeben können, warum sie erregt, zornig, abweisend geworden sind (Goldstein 1971, 236 f.).

In der Angst meldet sich ein paradoxer Aspekt. Aus prinzipiellen Gründen ist es in der Angst nicht möglich, sich auf ihre Quelle zu beziehen. In diesem Sinn muss Goldsteins Behauptung verstanden werden, nach der der Kranke keine Angst hat, sondern vielmehr Angst *ist*. Wenn die Umgebung sich dramatisch ändert oder der Organismus krank wird, so tritt Angst ein. In Krankheitsfällen wie bei Hirnverletzungen modifiziert der Organismus sich als responsives *sensorium* (Struktur bei Goldstein) insofern, als er die Aufgaben der Umwelt nicht mehr meistern kann. In diesem Fall zeigt sich Angst, und zwar das Selbst als Angst[11]:

[11] »Änderungen der Struktur oder des Milieus über ein gewisses Maß hinaus führen zu ungeordneter Reizverwertung, objektiv erkennbar an der Unordnung in den physiologischen Abläufen, an dem Auftreten primitiverer Verhaltungsweisen, an der Verzerrung der Ausdrucksgestalt, an der Loslösung des Organismus von geordneten Beziehungen zur Außenwelt, an der Beeinträchtigung in der Ausführung adäquater Leistungen, subjektiv am Erlebnis der Verwirrung und Angst« (Goldstein 1971, 238).

> Der Kranke ist sich der Gefährlichkeit des Objektes, das die äußere Ursache für das Auftreten der Angst ist, gar nicht *bewusst.* Das Objekt kommt ihm überhaupt nicht als solches zu Bewusstsein, das können wir gerade bei den Hirnkranken immer wieder feststellen. [...] Objekt haben heißt, geordnete Reizverwertung haben. Katastrophale Erschütterung ermöglicht ebensowenig wie eine geordnete Reaktion das Erlebnis eines Objektes mir gegenüber, eines »Gegenstandes«. *Die Angst des Kranken hat keinen Inhalt, sie ist gegenstandslos. Der Kranke erlebt, so dürfen wir sagen, nicht Angst vor etwas, sondern nur Angst, er erlebt die Erschütterung des Bestandes seiner Persönlichkeit als Angst.* Diese Erschütterung ist erlebnismäßig das, was wir Angst nennen. So ist es schon nicht ganz richtig zu sagen, der Kranke *hat* Angst, richtiger wäre: der Kranke *ist* Angst; denn ebensowenig wie er nicht während der Erschütterung eines Objektes *bewusst* wird, ebensowenig wird er nicht seines Ichs bewusst. Das Ichbewusstsein ist ja nur ein Korrelat zum Gegenstandsbewusstsein. Der Kranke ist ein weiter gar nicht zu beschreibendes Erlebnis der Angst (Goldstein 1971, 238 f.).

Diese Stelle ist hinsichtlich des Subjektivitätsbegriffes sicherlich problematisch. Goldsteins Auffassung ist fragwürdig, da die Subjektivität als ein objektivierendes und reflektierendes Ichbewusstsein bestimmt wird. Wenn man dem (leiblichen) Selbst jedoch einen prä-reflexiven Charakter zuspricht, so wird die These, der zufolge das Selbst sich in Angst auflöst, unhaltbar. Eine minimale Verschiebung zwischen der Responsivität des Selbst und dem Schwindel der Angst bleibt bestehen. In diesem Sinn wäre es nicht stichhaltig zu behaupten, dass der Kranke Angst ist. Gleichzeitig gehört zum Kern dieses Phänomens das bedrohliche Gefühl, sich selbst in und durch die Angst aufzulösen.

Auch Goldsteins Ausführungen zum Verhältnis von Angst und Objektwahrnehmung sind bemerkenswert. Die Unruhe der Angst, die sich leiblich in den sprunghaften Augenbewegungen, den Störungen des Atmens usw. zeigt, ermöglicht keine kohärente Gegenstandskonstitution. In diesem Kontext könnte man auch weniger dramatische Beispiele als die hirngeschädigten Patienten von Goldstein in Betracht ziehen. Auch in nicht-pathologischen Erfahrungen können analoge Tendenzen – selbstverständlich mit unterschiedlicher Intensität – festgestellt werden. Man denke nur an die unruhigen Blicke, mit denen man sich an die Geliebte wendet. Ist es wirklich möglich, das Gesicht der Geliebten zu ›sehen‹? Proust hat genau dieses Phänomen mit der ihm eigenen phänomenologischen Souveränität im zweiten Buch der *Recherche* beschrieben. Nach Proust ist es deshalb unmöglich, sich an das Gesicht der Geliebten zu erinnern, weil die Begegnung des Anderen hier immer in einer Beunruhigung geschieht:

Die suchende, die *ängstliche* und anspruchsvolle Spannung, mit der wir die Person, die wir lieben, betrachten, unser Warten auf ein Wort, das uns die Hoffnung auf ein Stelldichein für morgen gibt oder nimmt, Freude und Verzweiflung, die uns abwechselnd oder gleichzeitig erfüllen, bis dies Wort gesprochen ist, all das macht unsere Aufmerksamkeit angesichts des geliebten Wesens zu sehr zittern, als daß unsere Phantasie ein deutliches Bild von ihm aufnehmen könnte. Vielleicht macht uns auch, wenn wir mit Blicken allein zu erfassen versuchen, was Blicke nicht fassen können, das Mitschwingen aller Sinne zu empfänglich für tausenderlei Formen, Reize und Bewegungen der lebenden Erscheinung, die wir gewöhnlich, wenn wir nicht verliebt sind, als etwas Unbewegtes gewahren. Das geliebte Modell hingegen bewegt sich; man bekommt von ihm nur mißglückte Photographien (Proust 1987, 65; Hervorh. von S. M.).

Proust insistiert hier darauf, dass die Angst ein inneres Moment desjenigen Blickes ist, mit dem der Liebende die Geliebte betrachtet. In diesem Anblick ist es unmöglich, dass eine kohärente Gegenstandskonstitution entsteht bzw. sich herausbildet.

Kommen wir auf die Hauptthese von Goldstein zu sprechen. Es ist von großer Bedeutung, zwischen einem Erleben der Angst einerseits und dem ökologischen Eingebettet-Sein des Organismus in einen veränderlichen Kontext andererseits zu unterscheiden. Denn genau in der Veränderung des Verhältnisses zwischen Organismus und Umwelt ist die Quelle der Angst zu finden:

Kommen wir so zu dem Ergebnis, dass der Angst kein Objekt entspricht, so bedarf dieses Resultat doch einer zwiefachen Ergänzung. Es ist nämlich zunächst nur richtig, sofern wir bei der Angst nur das Erlebnis im Auge haben; ein *erlebtes Objekt hat der sich Ängstigende nicht.* Der Organismus aber, der von der katastrophalen Erschütterung ergriffen ist, steht selbstverständlich in Auseinandersetzung mit einer bestimmten objektiven Wirklichkeit (Goldstein 1971, 239).

Die Angst entsteht, wenn man nicht imstande ist, sich auf kohärente Weise auf die Umwelt zu beziehen. Eine solche Position widersetzt sich damit einer ökologischen Betrachtung, die das Moment der lebendigen Erfahrung in einer Ersten-Person-Perspektive vernachlässigt. Zugleich stellt ein solcher Ansatz einen Vorrang des lebendigen Erlebens auf Kosten der ökologischen Aspekte in Frage. In Bezug auf das ökologische Moment ist es nach Goldstein legitim, von einem äußeren Gegenstand der Angst zu sprechen.

Es gibt so einen Sinn, von äußerem Objekt zu sprechen, das der erlebnissmässig objektlosen Angst *zugehört.* Und es ist dies insofern sogar wichtig, als die Beseitigung der Angst oft nur dann in rationaler Weise geschehen kann, wenn man sich um eine Veränderung des äußeren Objektes, des Milieus, bemüht und so den Organismus in eine Situation bringt, in der geordnete Reizverwertung möglich ist (Goldstein 1971, 241).

Eine solche Behauptung hat offenkundig einen polemischen Charakter. Sie möchte die an die Namen von Kierkegaard, Heidegger und Freud gebundene ehrenvolle Tradition in Frage stellen, die von einer objektlosen Angst ausgeht. Gleichzeitig aber hat ein solcher Ansatz ein therapeutisches Ziel. Im Kontext der Psychotherapie ist es keinesfalls gleichgültig, ob die Angst vor Nichts als eine paradigmatische Form des Angstphänomens angesetzt wird. Denn die Angst als Angst vor Nichts im existentiellen Sinn ermöglicht nur einen sehr begrenzten Spielraum für die therapeutische Intervention. Nach Goldsteins Angstauffassung gibt es dagegen immer einen Grund für die Entstehung von Angst, die jedoch hinter unserem Rücken geschieht. Um die Angst zu überwinden, ist es sodann notwendig, in die Gesamtkonstellation der Interaktion zwischen dem Selbst und der Umwelt einzugreifen. Aus dieser Perspektive enthält eine Angstauffassung, die sich ausschließlich auf das Erlebte konzentriert, ein großes Risiko: Sie könnte die Entwicklung einer adäquaten Responsivität auf Angstsituationen gefährden. Es besteht sogar die Gefahr, dass sie in bestimmten Fällen die Spirale der Angst verstärken könnte. Eine Mystik der Angst als Angst vor Nichts wäre aus therapeutischen Gesichtspunkten daher kontraproduktiv.

Selbst wenn man den polemischen Charakter vor Augen hat, so bleibt folgende Frage berechtigt: Ist es legitim von einem äußeren Objekt der Angst zu sprechen – wie Goldstein es in der zuvor zitierten Passage tut?

Das Wort ›Objekt‹ ist irreführend; es hängt letztlich vom pathologischen Kontext ab, in dem Goldstein seinen Ansatz entwickelt hat. Goldsteins Patienten sind nicht imstande, einfache Aufgaben zu identifizieren, die vom Arzt klar und problemlos wahrgenommen werden können. In diesen Fällen scheint es *prima facie* nachvollziehbar zu sagen, dass in Bezug auf die leiblich-ökologische Dimension ein konkreter Gegenstand – die überfordernde, vom Arzt leicht identifizierte Aufgabe – die Quelle der Angst (als gelebte Erfahrung) darstellt. Sie geht davon aus, dass der Gegenstand (die Aufgabe) in der lebensweltlichen Wahrnehmung im Sinne eines *common sense* unproblematisch ist. Dieser Gegenstand ist für jedermann leichthin zugänglich.

Die Verwendung des Wortes ›Objekt‹ ist in diesem Kontext allerdings nicht unproblematisch. Sie geht ein doppeltes Risiko ein. Zum einen besteht die Gefahr, eine »normative« Wahrnehmung vorauszusetzen und zu verabsolutieren. Zum anderen ist es höchst problematisch, die lebendige, ökologische Interaktion zwischen Subjektivität und Umwelt als Gegenstand zu bezeichnen oder auf eine gegenständliche und objektivierende Auffassung zurückzuführen. Anstatt von einem Gegenstand, wäre es besser von ›der Gesamtsituation‹ oder ›der Gesamtkonstellation‹ zu sprechen.

Trotz dieser kritischen Bemerkungen, finde ich Goldsteins Ansatz dennoch vielversprechend. Die Besonderheit seines Beitrags besteht darin, die zwei Dimensionen der Angst unterschieden zu haben: Angst als Erleben und Angst als ökologisches Verhältnis.

Schließlich möchte ich noch eine kurze Bemerkung zum Verhältnis zwischen Goldsteins komplexer Herangehensweise und Kierkegaards Angstauffassung machen. *Prima facie* könnte man glauben, dass die beiden Positionen miteinander inkompatibel sind: Während Goldsteins Angstauffassung eine komplexe, gespaltene Struktur hat, ist Kierkegaards Angstbegriff einfacher und zugleich allgemeiner: Angst ist Angst vor Nichts. Es ist beinahe ein Automatismus geworden (oft mit leicht dramatisierendem Gestus) zu wiederholen, dass sich seit Kierkegaard die Furcht auf etwas Konkretes bezieht, während die Angst grund- und objektlos ist. Zugegeben, da die Angst eine zweideutige Macht ist, bezieht sie sich doch immer auf das Nichts. Dies ist – ganz einfach ausgedrückt – die vorherrschende und gemeinläufige Interpretation von Kierkegaards Angstbegriff. Doch wenn man Kierkegaards Angstbegriff nur in dieser allgemeinen Form übernimmt, geht die ganze Komplexität seiner Auffassung verloren: Sie wird beinahe eine Karikatur. Auch bei Kierkegaard erhält der Angstbegriff in unterschiedlichen Kontexten verschiedene Konnotationen. Dabei beziehe ich mich nicht auf die quantitativen Bestimmungen, die sich aufgrund der mit der Angst zusammenhängenden Sündhaftigkeit im Geschlecht sedimentieren und dort anwachsen, ohne doch zugleich das qualitative Moment des »Sprunges« aufzuheben (Kierkegaard 1844/1983, 116–121). Es handelt sich um ein konstitutives Moment des Angstphänomens. Die Angst richtet sich sicherlich auf das Nichts, aber das Nichts hat in den verschiedenen Situationen eine ganz spezifische Bedeutung: Es gibt bei Kierkegaard eine Pluralität von Nichts. Dementsprechend zeigen sich unterschiedliche Formen der Angst. Die Angst, die in der Unschuld als Antizipation des Geistes das Selbst beunruhigt, ist anders als die Angst vor der Sünde im Christentum. Mit Verweis auf das Judentum möchte ich diese Pluralität von Ängsten vor dem Nichts kurz beleuchten. Während sich die Angst vor Nichts im Heidentum als Schicksal zeigt, ist im Judentum die Angst vor Nichts als Schuld vorherrschend. Wenn das Individuum (Kierkegaard spricht hier genauer vom »religiösen Genie«) sich unter diesen Umständen an sich selbst wendet, so entdeckt es sich selbst als Freiheit:

> Indem er sich also nach innen kehrt, entdeckt er die Freiheit. Das Schicksal fürchtet er nicht; denn er ergreift keine Aufgabe nach außen hin, und die Freiheit ist ihm seine Seligkeit, nicht Freiheit, dies und das in der Welt auszurichten, König und Kaiser zu werden oder Strohmann der die Gegenwart ausschellt, sondern Freiheit bei sich selbst zu wissen, daß er Freiheit ist. Indes, je höher das Individuum steigt, desto teurer muß alles erkauft werden, und um der Ordnung willen ersteht mit diesem »Ansich« der Freiheit eine andere Gestalt, die Schuld. Es ist, wie es das Schicksal war, das Einzige, das er fürchtet (Kierkegaard 1844/1983, 110 f.).

Diese Passage würde eine lange Analyse verdienen, weil sich in ihr bereits Kierkegaards vertikal-dialektische Herangehensweise erahnen lässt. *Der Begriff der Angst* kann man in gewisser Hinsicht als die Miniatur einer Phänomenologie des Geistes betrachten, bei der im christlichen Glauben die Gesundheit als Lösung der Widersprüche gilt. Im Judentum hat das Individuum primär die Angst vor der Schuld, die unsere Freiheit aufheben kann: »Im gleichen Maße wie er die Freiheit entdeckt, im gleichen Maße ist die Angst der Sünde über ihm im Stande der Möglichkeit. Nur die Schuld fürchtet er; denn sie ist das Einzige, das ihn der Freiheit berauben kann« (Kierkegaard 1844/1983, 111).

Mit seiner charakteristischen dramaturgischen Genialität ist Kierkegaard zudem imstande, die Angst selbst aus der Perspektive des Bösen aufzuspüren: Das Dämonische ist Angst vor Nichts als Gutes. Ich hoffe, dass es deutlich geworden ist, dass die Angst sich auf das Nichts richtet. Doch gleichzeitig ist es von größter Bedeutung hinzuzufügen, dass dieses Nichts immer ein qualifiziertes Nichts ist, das in den unterschiedlichen Situationen und kulturellen Kontexten eine eigentümliche Konnotation erhält. Im Lichte der vorherigen Ausführungen scheint es mir allerdings nicht angebracht, Kierkegaards Analyse gegen Goldsteins Angstbegriff in Stellung zu bringen. Vielmehr wäre es wichtig, sie beide produktiv in einem integrativen Ansatz miteinander zu kombinieren. Das Nichts der Angst ist einerseits ein Symptom von einer bereits eingetretenen Störung des ökologischen Gleichgewichts zwischen Selbst, Welt und dem Anderen. Andererseits aber ist das Nichts auf spezifische historisch-soziale, kulturelle und symbolische Bestimmungen ausgerichtet.

Im ersten Abschnitt haben wir die Vieldeutigkeit des Begriffs des Nichts im Rahmen der metaphysischen und theologischen Tradition hervorgehoben. In Bezug auf den Begriff des Nichts bei Heidegger hat Taubes geschrieben:

> Die zeitgenössische Resonanz der Frage nach dem Nichts ist freilich nicht zu überhören. Eine Generation, die geistig und materiell buchstäblich *vis á vis de rien* stand, verstand ohne weiteren Kommentar Heideggers Frage nach dem Nichts. Günter Grass hat den Klang der Grundworte Heideggers in der Umgangssprache des Dritten Reiches im Roman Hundejahre anklingen lassen (Taubes 1996, 172).

Meines Erachtens soll wohl die Frage gestellt werden: Sind Kommentare eigentlich nötig, um die Frage nach dem Nichts bei Heidegger zu verstehen? Es steht außer Frage, dass Heideggers Terminologie wegen ihrer schillernden Ambiguität, die mit den ontologischen Kategorien von Seiendem und Nichts zusammenhängt, geeignet ist, ganz heterogene Erfahrungen zum Vorschein zu bringen. Nichtsdestoweniger bietet m. E. Heideggers stilisierende Beschreibung der Angst mit ihrem gezähmten Begriff des Nichts, der nur funktionell zur Offenbarung des Seins dient, nicht das beste kategoriale Instrumentarium, um die Gewalt des Krieges, den menschlichen Abgrund des Dritten Reiches und, noch weniger, die Shoah zum Ausdruck zu bringen.

Literatur

Binswanger, L. (1960). *Melancholie und Manie.* Pfullingen: Neske.

Bourdieu, P. (1988). *L'ontologie politique de Martin Heidegger.* Paris: Minuit.

Carnap, R. (1931). Überwindung der Metaphysik durch logische Analyse der Sprache. *Erkenntnis, 2,* 219–241.

Derrida, J. (1987). *Feu la cendre.* Paris: Editions de Femmes.

Engel, S. W. (1957). Die depressiven Wellen des Tages. *Fortschritte der Neurologie, Psychiatrie und ihrer Grenzgebiete, 25,* 342–354.

Freud, S. (1917/1998). *Vorlesungen zur Einführung in die Psychoanalyse.* In ders., *Gesammelte Werke,* Bd. XI. Berlin: Fischer.

Freud, S. (1926/1991). *Hemmung, Symptom und Angst.* In ders., *Gesammelte Werke,* Bd. XIV. Berlin: Fischer.

Goldstein, K. (1934). *Der Aufbau des Organismus. Einführung in die Biologie unter besonderer Berücksichtigung der Erfahrungen am kranken Menschen.* Den Haag: Nijhoff.

Goldstein, K. (1971). *Selected Papers / Ausgewählte Schriften* (hrsg. v. A. Gurwitsch, E. M. Goldstein Haudek & W. E. Haudek). Den Haag: Nijhoff.

Heidegger, M. (1927/1986). *Sein und Zeit* (16. Auflage). Tübingen: Niemeyer.

Heidegger, M. (1976). Was ist Metaphysik? In ders., *Wegmarken*, GA vol. 9 (S. 103–122). Frankfurt am Main: Klostermann.

Henry M. (2002). *Inkarnation. Eine Philosophie des Fleisches.* Freiburg München: Alber.

Kierkegaard, S. (1844/1983). Der Begriff Angst. In ders., *Gesammelte Werke* (hrsg. u. übers. v. E. Hirsch). Gütersloh: Gütersloher Verlagshaus Mohn.

Lacan, J. (2010). *Die Angst. Das Seminar, Buch X. 1962–1963* (übers. von H.-D. Gondek). Wien Berlin: Turia + Kant.

Laplanche, J. (1980). *Problématiques I: L'angoisse.* Paris: PUF.

Mentzos, S. (2002). *Neurotische Konfliktverarbeitung.* Frankfurt am Main: Fischer.

Micali, S. (2011). Le néant comme incinération absolue du passé. In K. Novotny, A. Schnell & L. Tengelyi (Hrsg.), *La phénoménologie comme philosophie première* (Mémoires des Annales de Phénoménologie) (S. 125–140). Prag: Filosofia.

Micali, S. (2015). Die Macht der Angst. In M. Wehrle & M. Ubiali (Hrsg.), *Feeling and Value, Willing and Action* (S. 229–243). Heidelberg: Springer.

Proust, M. (1987). *Im Schatten der jungen Mädchen.* Frankfurt am Main: Suhrkamp.

Sartre, J.-P. (1943/1991). *Das Sein und das Nichts* (übers. v. T. König). Reinbek bei Hamburg: Rowohlt.

Schelling, F. W. J. (1984). *Über das Wesen der menschlichen Freiheit.* Frankfurt am Main: Suhrkamp.

Schmitz, H. (1964). *System der Philosophie: Die Gegenwart,* Band I. Bonn: Bouvier.

Schmitz, H. (2008). *Leib und Gefühl* (3. erw. Auflage). Bielefeld Locarno: Edition Sirius.

Scholem, G. (1970). Schöpfung aus Nichts und Selbstverschränkung Gottes. In ders., *Über einige Grundbegriffe des Judentums* (S. 53–89). Frankfurt am Main: Suhrkamp.

Taubes, J. (1996). Vom Adverb ›nichts‹ zum Namen Nichts. In ders., *Vom Kult zur Kultur. Bausteine zu einer Kritik der historischen Vernunft* (S. 160–171). München: Wilhelm Fink.

Tellenbach, H. (1956). Räumlichkeit der Melancholischen. *Nervenarzt, 27,* 12–18.

Tillich, P. (1969). Der Mut zum Sein. In ders., *Sein und Sinn. Gesammelte Werke* Band 11 (hrsg. v. R. Albrecht). Stuttgart: Evangelisches Verlagswerk.

Tugendhat, E. (1970). Das Sein und das Nichts. In V. Klostermann (Hrsg.) *Durchblicke. Martin Heidegger zum 80. Geburtstag* (S. 132–161). Frankfurt am Main: Klostermann.

Waldenfels, B. (2015). *Sozialität und Alterität – Modi sozialer Erfahrung.* Frankfurt am Main: Suhrkamp.

Zweideutigkeiten der Angst[1]

Arne Grøn

Warum schreibt Kierkegaard ein Buch über *Angst* – und zwar über *den Begriff* ›Angst‹? Wie verhält sich hier das Phänomen zum Begriff, und wie wird Angst hier – in der Angstanalyse – auf den Begriff gebracht? Um die letzte Frage zuerst zu beantworten: Zweideutigkeit ist ein (vielleicht *der*) Schlüsselbegriff in Kierkegaards Angstanalyse. Was liegt in diesem Begriff? Was ich im Folgenden zeigen möchte, ist, dass dieser Begriff an eine Theorie der Subjektivität gekoppelt ist, welche die Frage nach dem Subjekt wieder neu eröffnet. Dabei geht es mir darum, das philosophische Potential der Angstanalyse ans Licht zu bringen.

Zweideutigkeit

Dass die Angst durch Zweideutigkeit definiert ist, geht aus dem Paragraphen über den Begriff der Angst im ersten Kapitel des Buches *Der Begriff Angst* (1844) direkt hervor: »Wenn wir die dialektischen Bestimmungen von Angst betrachten wollen, so zeigt es sich, daß diese eben die dialektische Zweideutigkeit haben. Angst ist *eine sympathetische Antipathie und eine antipathetische Sympathie*« (BA, 40 / SKS 4, 348).[2] Was heißt das? Es klingt wie eine Antwort auf die Frage: Was ist Angst? Doch es ist nur eine Eingangsbestimmung, die das

---

[1] *Redaktionelle Anmerkung:* Der vorliegende Beitrag ist die revidierte Fassung von Arne Grøns gleichnamigem Vortrag, den er am 27. Februar 2014 auf dem Symposium »Das Phänomen Angst« an der Forschungsstätte der Evangelischen Studiengemeinschaft (FEST) in Heidelberg gehalten hatte. Aufgrund schwerer Krankheit konnte er den Text leider nicht selbst vollenden. Die Druckfassung wurde von Claudia Welz erstellt, die auch für sprachliche Korrekturen und die Fußnoten die Verantwortung übernimmt.

[2] Die Abkürzung BA steht für Kierkegaard (1995) und die Abkürzung SKS 4 für Kierkegaard (1997).

ins Blickfeld bringt, was genauer bestimmt werden muss: die Angst als das auf den Begriff zu Bringende. Schon hier spielt das Verhältnis von Phänomen und Begriff eine Rolle.

Wo liegt der Kern in dieser Eingangsbestimmung der Angst als sympathetische Antipathie und antipathetische Sympathie? Darin, dass ein Subjekt hier mitbestimmt wird: Wenn man sympathetisch antipathetisch bestimmt – oder gestimmt – ist, befindet man sich ›zwischen‹ Sympathie und Antipathie. Man wird dann zugleich angezogen und abgestoßen. In der Angst stößt man auf sich selbst – als gestimmt. Was aus der Eingangsbestimmung der Angst implizit hervorgeht, ist damit ein Subjekt, das sich nicht so hat, dass es sich einfach bestimmt, sondern je schon auf die eine oder andere Weise gestimmt ist, wenn es sich bestimmen soll. Es *hat* sich *zu* bestimmen, indem es bereits ge- und bestimmt *ist*. Kurz gesagt geht es in der Zweideutigkeit der Angst um die Zweideutigkeit der Subjektivität (vgl. Grøn 2011a).

Die Schlüsselstelle zur Bestimmung der Angst als Zweideutigkeit ist dem Anfang des IV. Kapitels des Buches über den Begriff Angst zu entnehmen. Zunächst müssen wir darüber im Klaren sein, dass die Angstanalyse auf zwei verschiedenen Ebenen stattfindet (dies wird leicht übersehen). Auf der ersten Ebene – Kapitel I bis III des Buches – wird Angst durch die Möglichkeit der Freiheit bestimmt (Angst *vor* dem Fall). Auf der zweiten Ebene – Kapitel IV – verhält sich ein Mensch in Angst zu der von ihm selbst verspielten Möglichkeit der Freiheit – oder genauer: zu sich als demjenigen, der selbst die Möglichkeit der Freiheit verspielt hat (Angst *nach* dem Fall). Die Möglichkeit der Freiheit ist hier anders bestimmt, und zwar durch die Erfahrung, dass wir uns (in Freiheit) unfrei machen können.

Am Anfang des vierten Kapitels heißt es dann: Sobald »der qualitative Sprung gesetzt ist, sollte man glauben, die Angst wäre behoben« (BA, 114 / SKS 4, 413). Warum dies? Weil jetzt der Gegenstand der Angst ein Bestimmtes ist, »da der Unterschied zwischen Gut und Böse im Konkreten gesetzt ist und die Angst daher ihre dialektische Zweideutigkeit verloren hat« (ibid.). Angst ist also durch dialektische Zweideutigkeit definiert. Dass diese nicht behoben wird, dass die Angstanalyse also auf einer zweiten Ebene weitergeht, liegt daran, dass die Zweideutigkeit wiederkehrt – und zwar in Bezug auf eine Wirklichkeit, die von dem bestimmt wird, was man selbst getan hat.

Die beiden Hauptformen der Angst im Kapitel IV – Angst vor dem Bösen und Angst vor dem Guten – stellen gesteigerte Formen der Zweideutigkeit dar. Die Angstanalyse geht also nicht nur von der Bestimmung der Angst als Zweideutigkeit aus, sondern ist eine immer intensiv werdende Analyse von Zweideutigkeit*en* der Angst (im Plural) – und zwar auf die Zuspitzung hin, dass das Subjekt zwei Willen hat: »einen untergeordneten, ohnmächtigen, der das Offenbarwerden will, und einen stärkeren, der die Verschlossenheit will« (BA, 133 / SKS 4, 430).

Die Zweideutigkeit der Angst wird insofern plastisch begriffen, als mit diesem Begriff eine Reihe von immer intensiveren Möglichkeiten auf eine bestimmte Pointe hin gedeutet wird, und zwar auf die Freiheit als Selbstbestimmung (vgl. Grøn 1989, 1999). Es geht um die Komplikation dieser Freiheit. Was entdeckt wird, ist die Möglichkeit, sich selbst unfrei machen zu können. Wie ist das möglich?

Die Angst vor dem Guten erscheint als ein Paradox: Sie ist Angst vor dem, was uns vor der Angst (vor dem Bösen) befreien würde. Sie – die Angst vor dem Guten – wird als »das Dämonische« bestimmt:

> Das Dämonische verschließt sich nicht in sich mit Etwas, sondern schließt sich selber ein, und darin liegt das Tiefsinnige am Dasein, daß die Unfreiheit eben sich selber zu einem Gefangenen macht. Die Freiheit ist immerfort »kommunizierend« (sogar wenn man auf die religiöse Bedeutung des Worts Rücksicht nehmen will, schadet es nichts), die Unfreiheit wird immer mehr verschlossen und will keine Kommunikation. Dies kann man auf allen Gebieten beobachten (BA, 128 / SKS 4, 425).

Entscheidend ist, wie ein Subjekt zu sich selber steht: Wie sieht sein Selbstverhältnis aus, wenn ein Subjekt, das sich selbst bestimmen soll, *sich selbst* verschließt und zu einem Gefangenen seiner selbst macht? In jener Unfreiheit, die nicht einfach von außen kommt, steckt Freiheit. Kierkegaard spricht explizit von der »der Unfreiheit zugrunde liegende[n] Freiheit« (BA, 127 / SKS 4, 425). Eine solche selbstverschuldete Unfreiheit ist nichtsdestotrotz rätselhaft. Man kann sich zwar vornehmen, sich frei zu machen, aber man kann sich nicht vornehmen, sich unfrei zu machen. Dass man sich selbst unfrei *macht*, ist eher etwas, was mit einem *geschieht*. Man kann sich nicht auf dieselbe Weise unfrei machen wie man einen anderen Menschen unfrei machen kann oder von einem anderen unfrei gemacht werden kann. Wie ist dies überhaupt möglich: sich selbst unfrei zu machen? An dieser Stelle wird der Begriff Angst zentral.

Worauf zielt die Angstanalyse Kierkegaards? Wie gesagt geht es mir hier um das philosophische Potential der Angstanalyse. Was in

Frage steht, ist, was es heißt, ein Subjekt zu sein: ein Subjekt der Angst. Sowohl die Eingangs- wie auch Schlussbestimmung werde ich auf genau diesen Punkt hin lesen. Wird die Angst als sympathetische Antipathie und als antipathetische Sympathie (so die Eingangsbestimmung) bestimmt, stellt sich die Frage, wie ein Subjekt – so gestimmt – mit sich selbst gestellt ist (zwischen Antipathie und Sympathie, oder genauer: als sowohl angezogen als auch abgestoßen). Dass die Angst vor dem Guten auf diese Zweideutigkeit hin bestimmt wird und dass der in sich Verschlossene zwei Willen hat (so die Schlussbestimmung), erlaubt uns, die Frage folgendermaßen weiterzuführen: Was heißt es, ein Subjekt zu sein, das sich ›zwischen‹ zwei Willen stellen kann? Das Selbstverhältnis wird in diesem Fall nicht vom Subjekt etabliert, sondern lediglich erfahren.

Kierkegaards Angstanalysen provozieren die Frage, was es bedeutet, dass die Unfreiheit – also dass man sich selbst unfrei *macht* – als etwas erfahren wird, das mit einem *geschieht*. Anders gesagt: Die Angstanalysen handeln von der Verwicklung von Subjektivität als Aktivität und Subjektivität als Passivität.

Was ein Mensch ist

Wenn wir Kierkegaards Buch über den Begriff der Angst als eine Abhandlung über das Wesen der menschlichen Freiheit lesen, wirkt es schon merkwürdig, dass Kierkegaards Anthropologie in einem Buch über Angst *(Der Begriff Angst)* und in einem Buch über Verzweiflung *(Die Krankheit zum Tode)* zu finden ist. Was am Phänomen der Angst verleiht ihm diese Bedeutung?

Kehren wir zur Eingangspassage über die Angst als sympathetische Antipathie und antipathetische Sympathie zurück. Der nächstfolgende Abschnitt beginnt mit den folgenden beiden Sätzen: »Daß die Angst sichtbar werde, das ist der Angelpunkt des Ganzen. Der Mensch ist eine Synthesis« (BA, 41 / SKS 4, 349). Was verbindet diese beiden Sätze? Wie kommen wir vom ersten zum zweiten und wieder zurück? Die Frage ist auch, was Angst über das Menschsein offenbart. Genauer: Was ist ein Mensch, dass er sich ängstigen *kann?* Die Antwort, die zwischen den beiden Sätzen steckt, lautet: Dass ein Mensch sich ängstigen kann, zeigt, dass er eine Synthese ist.

Wichtig ist wie Kierkegaard die Synthesebestimmung umformt. Als Synthese ist ein Mensch nicht nur ›zwischen‹ den heterogenen

Momenten, aus denen er zusammengesetzt ist. Er ist darin zwischen sich als Seele und als Leib, zwischen sich als endlich und als unendlich bestimmt. Er verhält sich *zu sich als* endlich und unendlich. Das bedeutet, dass er sich selbst aufgegeben ist. Seine Identität ist nicht vorgegeben, sondern eine Frage dessen, wie er sich verhält. Das heißt gerade nicht, dass der Mensch seine Identität selbst konstruieren kann. Wenn wir das tun könnten, stünde unsere Identität nicht auf dem Spiel (Wir könnten uns nicht ängstigen).

Wir sind uns selbst gegeben, indem wir uns verhalten. Dass wir eine Synthese sind, bedeutet, dass wir mit uns selbst gesetzt sind. Wir sind ein ›Selbstverhältnis‹: ein Verhältnis, das sich zu sich verhält – wie es später im Buch *Die Krankheit zum Tode* (1849) heißt. Dass es in diesem Selbstverhältnis nicht (oder jedenfalls nicht nur) um Reflexion geht, zeigt die Angstanalyse. Wenn wir die Angst ins Blickfeld bekommen, haben wir einen Blick dafür, dass uns unsere Identität sowohl gegeben als auch aufgegeben ist. Sie ist sowohl uneinholbar (d. h. nicht konstruierbar) als auch fragil.

Dennoch sind Kierkegaards Bestimmungen schwer nachvollziehbar: Angst als Zweideutigkeit, Angst als der Angelpunkt des Ganzen, der Mensch als Synthese. Zwischen den beiden Passagen – d. h. der Eingangsbestimmung (Angst als sympathetische Antipathie und antipathetische Sympathie) und der Synthesebestimmung – kommt ein Abschnitt über den qualitativen Sprung. Der zentrale Passus lautet wie folgt:

> Der qualitative Sprung steht außerhalb aller Zweideutigkeit, aber der, welcher durch Angst hindurch schuldig wird, er wird ja unschuldig; denn er ist es nicht selbst gewesen, sondern die Angst, eine fremde Macht, welche ihn packt, eine Macht, nein, vor der er sich ängstigte; – und doch ist er ja schuldig, denn er versank in der Angst, welche er dennoch liebte, indem er sie fürchtete. Es gibt in der Welt nichts Zweideutigeres als dies (BA, 41 / SKS 4, 349).

Zunächst: Auf welche Art und Weise steht der qualitative Sprung »außerhalb aller Zweideutigkeit«? *Dass* ein Mensch schuldig wird, ist nicht zweideutig. *Wie* er es wird, nämlich durch die Angst, ist es. Kierkegaard unterscheidet zwischen Sünde und Sündigkeit. In der Sünde tun wir selbst etwas, wodurch wir Böses in die Welt hineinbringen. ›Sünde‹ können wir auch so übersetzen, dass das, was wir tun, an uns haftet – als unser Tun. Wir werden von unserem eigenen Tun gezeichnet und können es nur so hinter uns lassen, dass wir noch etwas anderes, Weiteres tun. ›Sündigkeit‹ dagegen ist, dass sich Böses in der Welt anhäuft. Ein Mensch handelt in einer Umgebung, in einer Geschichte, die schon durch Böses geprägt ist. Er kann unter dem Druck – oder Eindruck – davon stehen und dazu geführt oder verführt werden, das Böse zu wiederholen. Was wir aber in die Welt einführen, ist vorher noch nicht dagewesen. Wir sind es, die es tun. In diesem Tun geht es auch um unser Selbstsein: Wir tun etwas, obwohl wir zugleich unter dem Einfluss und Eindruck von etwas anderem stehen, das wir nicht selbst herbeigeführt haben.

Warum spricht Kierkegaard hier vom »Sprung«? Wir können versuchen, das, was wir selbst tun, dadurch zu erklären, dass wir unter dem Einfluss oder Eindruck von etwas stehen, das uns bewegt oder in Bewegung setzt. Das erklärt aber nur, wie wir dazu kommen, das zu tun, was wir tun. Es erklärt nicht, *dass* wir es tun – oder dass *wir* es tun. »Der Sprung« ist meines Erachtens nichts Irrationales oder Mysteriöses, sondern hat mit den Grenzen der (Selbst)Erklärung zu tun: Indem wir uns selbst zu erklären versuchen, tun wir selbst etwas. Wir treten selbst hervor – als diejenigen, die sich selbst zu erklären versuchen. Außerhalb aller Zweideutigkeit steht aber, dass wir tun, was wir tun, und dass wir dadurch schuldig werden – als diejenigen, die dies tun. Es geht darin um unsere Selbstbeziehung. Warum steht dies »außerhalb aller Zweideutigkeit«, und warum ist Zweideutigkeit dennoch der Schlüsselbegriff der Angstanalyse?

Möglichkeit der Freiheit

Wie gesagt ist die Angst auf der ersten Ebene der Analyse die Möglichkeit der Freiheit, oder genauer: Angst ist, dass diese Möglichkeit sich zeigt (sie zeigt sich in der Angst). Fragen wir zunächst, welchen Charakter die Möglichkeit der Freiheit hat. Dies ist keine Möglichkeit, die wir vor uns haben – dies würde bereits ein Selbst voraussetzen, das für sich aber erst durch die Möglichkeit der Freiheit erscheinen soll –, sondern eine Möglichkeit, durch die wir, indem sie uns selbst hervorruft, allererst selbst bestimmt werden. Sie ist unsere eigene Möglichkeit in dem Sinne, dass wir selbst hervortreten können. Inwiefern ist diese Möglichkeit nun zweideutig?

Eine Möglichkeit scheint etwas Leichtes an sich zu haben. Wir können sie aufnehmen oder liegen lassen. Die Möglichkeit der Freiheit jedoch hat ihre Schwere und Schwierigkeit. Sie kann schwindelerregend sein, sofern sie die Möglichkeit ist, sich selbst zu bestimmen und dadurch gleichzeitig auch selbst bestimmt zu werden. Darin liegt: dass man sich selbst zu tragen hat. So hat man auch die eigenen verspielten Möglichkeiten zu tragen.

Ich zitiere nun die zentrale Passage zur Zweideutigkeit der Angst. Die Passage ist berühmt, nicht zuletzt aufgrund des in ihr auftretenden Bild des Schwindels: Vertigo. In diesem Bild steckt die Schwere der Möglichkeit:

> Angst kann man vergleichen mit Schwindel. Der, dessen Auge es widerfährt in eine gähnende Tiefe niederzuschauen, er wird schwindlig. Aber was ist der Grund? Es ist ebensosehr sein Auge wie der Abgrund; denn falls er nicht herniedergestarrt hätte. Solchermaßen ist die Angst der Schwindel der Freiheit, der aufsteigt, wenn der Geist die Synthesis setzen will, und die Freiheit nun niederschaut in ihre eigne Möglichkeit, und sodann die Endlichkeit packt sich daran zu halten. In diesem Schwindel sinkt die Freiheit zusammen. Weiter vermag die Psychologie nicht zu kommen, und will es auch nicht. Den gleichen Augenblick ist alles verändert, und indem die Freiheit sich wieder aufrichtet, sieht sie, daß sie schuldig ist. Zwischen diesen beiden Augenblicken liegt der Sprung, den keine Wissenschaft erklärt hat oder erklären kann. Wer in Angst schuldig wird, er wird so zweideutig schuldig wie nur möglich (BA, 60 f. / SKS 4, 365 f.).

Lesen wir diese Passage im Blick auf die Frage nach der Subjektivität als Verwicklung von Aktivität und Passivität: Es »widerfährt« uns (unserem Auge), in den Abgrund niederzuschauen, dadurch »wird« unserem Auge schwindlig. Es geschieht – passiert – mit uns, dass wir sowohl in den Abgrund niederschauen als auch dass uns dabei schwindelig wird. »Aber was ist der Grund?« Ist der Grund der Abgrund oder das Auge (d. h. wir selbst)? Der Abgrund *macht* uns schwindlig. Hätten wir jedoch nicht niedergestarrt, wäre uns auch nicht schwindelig geworden … Das heißt: Wir hätten in eine andere Richtung sehen können. Wir können erklären, warum wir dies und nicht das getan haben: Wir waren unter dem Eindruck dessen, was wir gesehen haben. Dennoch haben wir selbst, beeindruckt, niedergestarrt. Ist das Starren etwas, was wir selbst tun? Dies ist schwer zu entscheiden, es liegt aber eine Entscheidung darin. Wie kommen wir dazu, dass wir selbst etwas getan haben?

Diese Frage hat damit zu tun, dass das Bild vom Abgrund und dem Auge ein Bild der Angsterfahrung ist. Greifen wir auf die bereits zitierte Passage zurück:

Der qualitative Sprung steht außerhalb aller Zweideutigkeit, aber der, welcher durch Angst hindurch schuldig wird, er wird ja unschuldig; denn er ist es nicht selbst gewesen, sondern die Angst, eine fremde Macht, welche ihn packt, eine Macht, nein, vor der er sich ängstigte; – und doch ist er ja schuldig, denn er versank in der Angst, welche er dennoch liebte, indem er sie fürchtete (BA, 41 / SKS 4, 349).

Angst ist eine fremde Macht, die uns packt. Wir können uns zudem vor der Angst ängstigen. Darin tun wir etwas: Wir versinken in Angst – indem wir uns ängstigen.

Was begegnet uns beim Blick in den Abgrund? In den Abgrund niederzuschauen ist ein Bild. Es ist ein Bild für die Zeit, die sich uns eröffnet und die zu uns kommt. Wenn wir in die Zukunft ›hineinschauen‹, können wir uns in der Angst der Sorge oder Besorgnis verlieren. Wir haben in ihr mit unseren eigenen Vorstellungen zu tun, in die wir uns verstricken können. Die Möglichkeiten, die zu uns kommen, sind unsere eigenen in dem Sinne, dass wir uns selbst durch sie bestimmen sollen.

Worin besteht dann der Sprung? Der Sprung ist mit einer Entscheidung verbunden – sogar mit dem Augenblick der Entscheidung. Man beachte aber erstens, dass es in der zitierten Passage um *zwei* Augenblicke geht. Der Sprung *kommt dazwischen*. Die Entscheidung *geschieht* mit einem selbst. Man geht unter, verliert sich im Abgrund. Man steht nicht vor dem Abgrund, um hinunterzuspringen. Eher gleitet man in den Abgrund. Der Sprung passiert mit einem. Man *wird* schuldig.

Man beachte zweitens, welche Rolle das Sehen in diesem Prozess spielt: Man *sieht*, dass man schuldig ist. Schuldigwerden ist keine Entscheidung. Man entscheidet sich nicht dafür, schuldig zu werden, sondern lediglich, sich selbst als schuldig zu übernehmen. Diese Entscheidung setzt voraus, dass man schuldig geworden ist. Schuldigwerden hat jedoch mit einer anderen, früheren Entscheidung zu tun: Man hat etwas getan, das an einem haftet. Man wird als derjenige identifiziert, der sich dafür zu verantworten hat. Man entdeckt sich selbst im Akkusativ. Dann geht es darum, was es heißt, sich dafür entscheiden, die Konsequenzen jener früheren Entscheidung zu tragen.

Was außerhalb aller Zweideutigkeit steht, ist der Sprung: *dass* man schuldig ist. Mit Zweideutigkeit verbunden ist dagegen, *wie* man schuldig wird. Das hängt damit zusammen, dass ein Mensch nicht etwa ein Subjekt für sich allein ist, sondern relational bestimmt wird durch die Art seines Verhaltens zu sich und zu anderen. Wir sind Menschen, die ›unter Einfluss stehen‹. Wir sind es aber auch, die tun, was wir – unter Einfluss stehend – tun. Angst als Phänomen der Zweideutigkeit *par excellence* kommt als eine Erklärung ins Spiel, die nur bis zu einem gewissen Punkt (er)klärend wirkt: dem Punkt, wo die Grenze der (Selbst)Erklärung liegt.

Wenn wir versagen und Böses tun, können wir versuchen zu verstehen, warum wir es getan haben. Was hat uns dazu geführt? Vielleicht wollen wir auch versuchen, uns selbst zu verstehen, indem wir uns das, was wir getan haben, durch das erklären, was uns bei unserer Tat beeinflusst hat. Zurück bleibt in jedem Fall die Tatsache, dass wir es getan haben und schuldig geworden sind. Wenn wir versuchen wollen, *dies* zu erklären, wechseln wir die Perspektive. Dass hier von einem Sprung die Rede ist, bedeutet nur, dass es dabei um eine Grenze der (Selbst)Erklärung geht. Dass »keine Wissenschaft« den Sprung erklärt hat oder erklären kann, liegt wie schon gesagt nicht daran, dass es sich um etwas Mysteriöses handelt. Ich habe dafür argumentiert, dass wir – wenn wir versuchen, uns (und unser Schuldigwerden) wissenschaftlich zu erklären – selbst etwas tun: In diesem Fall nehmen wir die falsche Haltung zu uns selbst ein.

Obwohl wir versuchen, uns dadurch zu verstehen, dass wir uns selbst erklären (Wie sind wir dazu gekommen, dies zu tun?), setzt dieser Erklärungs- und Verstehensversuch voraus, dass wir selbst diejenigen sind, die getan haben, was wir zu erklären versuchen. Indem wir dies getan haben, haben wir etwas in die Welt hineingebracht, das die Welt ethisch verändert hat. Das heißt: Wir sind dadurch schuldig *geworden*. *Wie* wir schuldig wurden, darin liegt die Zweideutigkeit. Die Ambiguität von ›schuldig – unschuldig‹ betrifft dieses ›Wie‹, nicht das ›Dass‹. Man hatte nicht vor, schuldig zu werden – man *wird* schuldig.

Das Buch über den Begriff der Angst kann man als Kierkegaards Abhandlung über das Wesen der menschlichen Freiheit lesen. Frei zu sein bedeutet auch, dass wir uns selbst verfehlen können. Wenn Kierkegaard ethische Selbstverfehlungen auf den Begriff der Sünde bringt, folgt daraus die Einsicht, dass wir nicht nur fehlbar, sondern auch davon gezeichnet sind, dass wir uns selbst verfehlen. Es geht in Kierkegaards radikaler Reformulierung des Sündenbegriffs weder um Freiheit (im Sinne von Wahlfreiheit, *liberum arbitrium*) noch um Natur (wir können uns selbst nicht mithilfe unserer Natur erklären). Wir können uns unsere Sünde nur dadurch erklären, dass es Grenzen der Selbsterklärung gibt. Sonst würden wir nicht im Ernst *uns selbst* zu erklären versuchen.[3]

Angst als Selbsterschließung

Die Kategorie der Entscheidung kann leicht missverstanden werden. ›Der entscheidende Punkt‹ ist, dass es in der Entscheidung um eine Verwicklung von Aktivität und Passivität geht. Indem man sich entscheidet, wird man selbst ›entschieden‹ oder bestimmt. Zugespitzt habe ich das so formuliert, dass die Entscheidung auch mit einem geschieht. Was liegt in dieser Passivität der Entscheidung? Sie besteht nicht darin, dass man passiv zusehen kann, wie die Entscheidung mit einem geschieht, sondern dass man selbst unter der Entscheidung und ihren Konsequenzen zu leiden hat: dass man sie ertragen muss, weil man selbst das Subjekt der Entscheidung ist. Man wird selbst durch die Entscheidung *gezeichnet* oder geprägt.

Im Blick auf eine Theorie der Subjektivität sollten wir weiterfragen: Warum diese Verschiebung, dass die Entscheidung mit einem geschieht? Das hängt mit der Frage zusammen: Warum eine Theorie der Subjektivität in der Form einer Angstanalyse?

Die Antwort liegt meines Erachtens darin, dass es in der Angst um eine grundlegende Selbsterschließung geht. Uns selbst als Selbst zu entdecken ist etwas, das wir tun, und doch können wir uns das nicht vornehmen oder es inszenieren. Wir kommen uns selbst zuvor. Sich selbst als Selbst zu entdecken, erfordert, ein Selbst zu sein. Was es heißt, ein Selbst zu sein, steht schon in der Selbstentdeckung auf dem Spiel. Darin, dass wir uns selbst entdecken, jeder sich selbst als ein Selbst, treten wir selbst erst hervor. Wir selbst sind darin impliziert.

Wie und weshalb ist Selbsterschließung grundlegend? Auf der einen Seite ist das Selbst nicht da, um entdeckt zu werden. Auf der anderen Seite sind wir in der Selbsterschließung schon da als das Selbst, als das wir uns entdecken. Anders gesagt: Selbsterschließung gehört zur Selbstwerdung.

Aber gilt das nicht nur auf der ersten Ebene der Angstanalyse?

[3] Dies kann ich hier leider nicht weiterentwickeln. Vgl. hierzu meine Ausführungen in Grøn (2011b) sowie Kap. 3 (»Negativitet«) und die Abschnitte zur Sünde in Kap. 7 (»Religiøst«), insbesondere die Seiten 97–169 und 320–341, in Grøn (1997).

Durch die Möglichkeit der Freiheit entdecken wir uns – jede(r) für sich – als ein Selbst. Ist das nicht die grundlegende Selbsterfahrung? Dass die Analyse der Zweideutigkeit der Angst aber auf einer zweiten Ebene weitergeführt wird, bedeutet, dass Selbsterfahrung mit Selbstsein einhergeht. Was es heißt, ein Subjekt – als Subjekt der Angst – zu sein, können wir erst auf der zweiten Ebene sehen. Auf der ersten Ebene heißt es, dass Angst eine fremde Macht ist, die einen packt, und doch ist man der- oder diejenige, welche(r) sich ängstigt. Der Selbstbezug in der Angst wird erst auf der zweiten Ebene deutlich. Man ist Opfer der Angst, die man selbst hegt. In der Angst ist man sich selbst unterworfen (als ›subjected subject‹). Man ist sich selbst derart unterworfen, dass man sich in der Angst gefangen nehmen kann.

Anders gesagt: Man entdeckt sich nicht nur in der und durch die Angst, sondern hat sich auch darin zu verstehen. Was in der Angstanalyse in Frage steht, ist Subjektivität: was es heißt, ein Subjekt zu sein, und zwar als Subjekt der Angst. Dies bedeutet umgekehrt, dass eine Theorie der Subjektivität genau die Verwicklung von Aktivität und Passivität im Blick haben muss, die wir in der Angst erfahren können.

Warum wird jedoch die grundlegende Selbstentdeckung an die Erfahrung von Gut und Böse gebunden? Es geht in dieser Erfahrung um Selbstbestimmtheit: Wir werden selbst in Bezug auf Gut und Böse bestimmt – sowohl als diejenigen, die selbst etwas tun, wofür wir uns verantworten müssen, wie auch als diejenigen, die unter dem Bösen leiden. Hier treten wir als Einzelne hervor.

Zweideutigkeit der Angst: Aktivität und Passivität

Wie genau stellt sich Angst als Selbsterfahrung auf der zweiten Ebene der Angstanalyse dar (also in Kapitel IV des Buches über den Begriff Angst)? Die Zweideutigkeit der Angst wird hier soweit intensiviert, dass auch fragwürdig wird, in welchem Sinne die Selbsterfahrung zur Erfahrung der Angst dazugehört. Die Angst nähert sich hier der Verzweiflung, wie sie in *Der Krankheit zum Tode* thematisiert wird: als ein Versuch, sich selbst zu entweichen. Darin steckt aber auch ein Selbstbezug. Erst hier wird nämlich deutlich, dass es in der Angstanalyse um Geschichte geht. Das Buch über den Begriff Angst verstehe ich als eine Untersuchung über unsere schwierige Freiheit, und zwar mit Blick auf die Frage nach der Geschichte der Freiheit.

Ich habe von der Eingangs- und Schlussbestimmung der Angst gesprochen. Greifen wir nun zurück auf Letztere, d.h. auf die Bestimmung, dass das Subjekt in der dämonischen Angst vor dem Guten zwei Willen hat: »einen untergeordneten, ohnmächtigen, der das Offenbarwerden will, und einen stärkeren, der die Verschlossenheit will« (BA, 133 / SKS 4, 430). Was heißt hier »Wille«? Wenn wir etwas wollen, das für uns Bedeutung hat, bestimmen wir uns durch dieses Wollen. Das bedeutet nicht, dass wir über unseren Willen bestimmen könnten, sondern eher, dass wir darin selbst bestimmt werden. Haben wir den Willen dazu, dasjenige wollen zu können, was wir wollen? Können wir unsere Entscheidungen tragen? Die Angst zeigt, dass wir mit uns so gestellt sind, dass wir uns selbst (und das Gewicht unserer Entscheidungen) zu tragen haben. Das gilt schon für die Möglichkeit der Freiheit – als Möglichkeit, uns selbst zu bestimmen. In der Angst vor dem Guten wird dies noch deutlicher.

Die Angst vor dem Guten wird von Kierkegaard als dämonische Verschlossenheit bestimmt. Der Selbstbezug ist wiederum entscheidend. Dämonische Verschlossenheit bedeutet, in sich verschlossen zu sein. Das ist nicht nur in sich gekehrte, sondern verdrehte Innerlichkeit, d.h. Selbstverschlossenheit. Recht verstandene Innerlichkeit wendet sich nach außen. Sie ist die Innerlichkeit, womit man versteht und handelt, d.h. eine bestimmte Modalität des Verstehens und Handelns. Die dämonische Verschlossenheit dagegen wendet sich derart nach innen, dass sie von der Außenwelt abgeschlossen ist.

Dass das Selbst relational bestimmt ist, zeigt sich gerade an der dämonischen Verschlossenheit: In sich gekehrt zu sein, ist nur möglich, wenn man unter dem Eindruck eines Anderen steht und dieses Andere bei sich hat, wogegen man sich verschließt. Dies ist das Gute, das (mit Heidegger gesprochen) ›formal angezeigt‹ bzw. gekennzeichnet wird: als Kommunikation, Wiederherstellung von Freiheit. Ich zitiere eine Passage aus dem vierten Kapitel (eine Dostojewski-Passage):

Beispiele hierfür [d.h. dafür, dass das Dämonische sich selbst einschließt] auf allen möglichen Gebieten und in allen möglichen Graden bietet das Leben reichlich. Ein verstockter Verbrecher sträubt sich wider das Geständnis (hierin liegt eben das Dämonische, daß er mit dem Guten nicht in Gemeinschaft treten [kommunizieren] will durch Erleiden der Strafe). Es gibt gegen so einen ein Verfahren, das vielleicht recht selten angewandt wird. Es ist Schweigen und des Auges Macht. Wofern ein Inquisitor leibliche Kraft und geistige Spannkraft hat, um auszuhalten, ohne daß sein Muskelspiel erschlafft, Kraft, um auszuhalten, und seien es sechzehn Stunden, es wird ihm zuletzt gelingen, daß das Geständnis unwillkürlich herausbricht. Kein Mensch, der ein böses Gewissen hat, vermag Schweigen auszuhalten. Setzt man ihn in einsame Haft, so stumpft er sich ab (BA, 129 / SKS 4, 426).

Zwei Willen zu haben, bedeutet nicht, dass man sich zwischen zwei Willen bewegt – dem Willen zur Kommunikation und dem Willen zur Verschlossenheit. In der Verschlossenheit hat man die Möglichkeit bei sich, gegen die man sich verschließt: die Möglichkeit der Kommunikation. Die Möglichkeit der Freiheit kehrt wieder – als Angst. Der Unterschied jedoch ist absolut: »denn die Möglichkeit der Freiheit zeigt sich hier im Verhältnis zur Unfreiheit« (BA, 127 / SKS 4, 424).

Dass der in sich Verschlossene das bei sich hat, wogegen er sich verschließt, die Möglichkeit der Kommunikation, setzt voraus, dass er berührt werden kann. Dieses Beispiel situiert uns in einer Welt des Sehens und Gesehenwerdens. Ohne es zu wollen, werden wir berührt von dem, was wir tun: sehen. In der Analyse der Angst vor dem Guten wird mehrmals auf die Bedeutung von Kommunikation und Berührung hingewiesen, jedoch ohne dass deren Verbindung thematisiert wird. Ich habe dies im Blick auf Subjektivität als Verwicklung von Passivität und Aktivität ausgelegt (vgl. Grøn 2011c). Daher stammt auch meine These, dass die Angstanalyse, mit der Zweideutigkeit als Schlüsselbegriff, eine Theorie der Subjektivität ist.

Literatur

Grøn, A. (1989). Frihed i religionsfilosofisk perspektiv. In ders. und H. C. Wind (Hrsg.), *Frihed – idé og virkelighed* (S. 9–30). Frederiksberg: Anis.

Grøn, A. (1997). *Subjektivitet og negativitet: Kierkegaard*. Kopenhagen: Gyldendal.

Grøn, A. (1999). Freiheit – und Unfreiheit. In ders., *Angst bei Søren Kierkegaard. Eine Einführung in sein Denken* (übers. v. U. Lincoln) (S. 80–104). Stuttgart: Klett-Cotta.

Grøn, A. (2011a). Homo subiectus. Zur zweideutigen Subjektivität des Menschen. In I. U. Dalferth & A. Hunziker (Hrsg.), *Seinkönnen: Der Mensch zwischen Möglichkeit und Wirklichkeit* (S. 19–33). Tübingen: Mohr Siebeck.

Grøn, A. (2011b). Krop og selv – om inkarneret fejlbarlighed. In K. Busch Nielsen & J. Stubbe Teglbjærg (Hrsg.), *Kroppens teologi – teologiens krop* (S. 63–93). Kopenhagen: Forlaget Anis.

Grøn, A. (2011c). Subjectivity, Passion and Passivity. In I. U. Dalferth & M. Rodgers (Hrsg.), *Passion and Passivity: Claremont Studies in the Philosophy of Religion, Conference 2009* (S. 143–155). Tübingen: Mohr Siebeck.

Kierkegaard, S. (1995). Der Begriff Angst. In *Sören Kierkegaard. Gesammelte Werke*, 11. und 12. Abt. (4. Aufl.) (hrsg. v. E. Hirsch und H. Gerdes). Gütersloh: Gütersloher Verlagshaus. [BA]

Kierkegaard, S. (1997). Begrebet Angest. In *Søren Kierkegaards Skrifter*, Bd. 4 (hrsg. v. Søren Kierkegaard Forskningscenteret). Kopenhagen: Gads Forlag. [SKS 4]

Angst als Preis der Freiheit

Sartres Heideggerkritik

Enno Rudolph

Vorbemerkung

Angst ist in der Philosophie ein junges Thema. Es drang gleichsam durch die Hintertür ein – über die Theologie; genauer über eine philosophische Theologie, deren Autor, Sören Kierkegaard, den Theologen ein Abtrünniger, den Philosophen ein religiöser Sonderling war. Beide sind ihn nie losgeworden – nicht allein, aber auch wegen seiner Reflexion über Angst, mit deren Thematisierung sich der Geltungsanspruch eines nicht rationalisierbaren Grundzustands im Imperium der Rationalität bis auf weiteres durchsetzte. Kierkegaards einschlägige Abhandlung *Der Begriff Angst* (1844) hat die Koordinaten geliefert, innerhalb derer es in der Philosophie des 20. Jahrhunderts zu Kontroversen maßgeblicher Autoren und ihrer Anhänger über dieses Thema kam. Martin Heidegger und Jean-Paul Sartre ragen heraus – und dies in Form einer Kontroverse, die bislang teils unbeachtet, teils unterschätzt blieb. Gerade an der unversöhnlich entgegengesetzten Weise der Behandlung des Themas lässt sich zeigen, dass Sartre alles andere war, als ein Heidegger-Adept: Er war vielmehr der konsequenteste Gegner Heideggers unter den eminenten Heidegger-Rezipienten im französischen Sprachraum; allenfalls hat er Heidegger überschätzt.

Sartre verband mit dem Thema »Angst« eine Philosophie der *Freiheit,* die in einer politisch motivierten Opposition zum existentiellen *Fatalismus* stand, wie Heidegger ihn mit seiner Ontologie des Geschicks vertrat. Ich will zeigen, dass beide Autoren zwar darin übereinkommen, Angst als ein Anthropologem, d. h. als eine Mitgift des menschlichen Lebens, betrachten, allerdings mit einem markanten Unterschied in der philosophischen Bewertung: Bei Heidegger ist die Angst ein Fatum, dessen Virulenz für das menschliche »Dasein« die Philosophie aufzudecken hat; bei Sartre ist die Angst der Preis einer Freiheit, die zwar nicht die Kompetenz hat, die Angst zu überwinden, aber die das Potential ist, die Angst zu bewältigen. Bei Sartre ist der freie Mensch der Souverän seiner Angst. Bei Heidegger ist der Tod der Souverän, der Mensch ist seinem »Geschick« ausgeliefert. Bei beiden Autoren hängt die Begründung ihrer Position an der Bewertung des Todes.

I. Haltlose Freiheit als Quelle der Angst: Sartre

Jean-Paul Sartre hat Heidegger 1943 im Rahmen der in diesem Jahr erschienenen Abhandlung *L'Être et le Néant* in der Sache zwar scharf und treffend, allerdings ohne Polemik, unspektakulär und wohl auch deshalb ohne nachhaltiges Aufsehen zu erregen, widersprochen: Daher – aber auch wegen des wenige Jahre später von französischen Kollegen vorbereiteten »Comeback« Heideggers nach dem Ende von Nazi-Deutschland – blieb dieser Befund wohl bislang nahezu unbeachtet. Sartre seinerseits beließ es dabei und setzte nicht nach – zum Vorteil für Heidegger. Der bezeichnet seinen wohl bedeutendsten Widersacher in den erst neuerdings erschienenen *Schwarzen Heften* mit herablassender Anerkennung als »sehr intelligent«, aber auch als Nachkommen Descartes', der in der Bewusstseinsphilosophie befangen geblieben sei: »Sartre – äußerst intelligent, noch grösser als die Intelligenz ist die schriftstellerische Gewandtheit [...] noch grösser ist das Missverstehen von ›Sein und Zeit‹ [...] Alles bleibt im cartesianischen Bewusstseinsstandpunkt stecken, trotz des Geschreis von ›Freiheit‹ und ›Konkretion‹ und ›Existenz‹« (Heidegger 2015, 166).

Sartres »Geschrei« scheint mir treffsicher; es steht in einem systematischen Zusammenhang, der sich in drei Schritten, die aufeinander bezogen sind, plausibel rekonstruieren lässt.

1. *Dasein und Bewusstsein*

Heidegger müsse – so die Behauptung Sartres – für die Plausibilität seiner These, das Verhältnis des Daseins zu seinem Sein resp. das Verhältnis des Daseins zu seinem »Wesen«, der »Existenz«, sei ein »verstehendes« Verhältnis, eine mentale Aktivität voraussetzen, die eine Kompetenz von Selbstwahrnehmung, eine Funktion von Bewusstsein einschließe, wenn es zu einem »Verstehen« seiner selbst kommen soll: »Aber was wäre ein Verständnis, das, an sich selbst, nicht Bewusstsein (von) Verständnis-sein wäre?« (Sartre 1943/2006, 164) Sartre bezeichnet diese Kompetenz als »präreflexives Cogito«, d.i. eine unhintergehbare Präsenz von Bewusstsein, ohne die Heidegger – entgegen seiner programmatischen Abkehr von der Bewusstseinsphilosophie – nicht auskomme. Verstehen ist reflexiv und Sartre beansprucht, gezeigt zu haben, »dass die erste Bedingung jeder Reflexivität ein präreflexives Cogito ist« (ibid., 165). Sartre hätte auch auf die Heidegger'sche Verwendung der Vokabel der »Je-Meinigkeit« verweisen können: *Der Gebrauch von Possessivpronomina impliziert ein Bewusstsein von dem, dem etwas gehört.*

2. *Der Tod ist keine »Möglichkeit«*

Der Tod kann für das auf dem »präreflexiven Cogito« gründende Bewusstsein keinesfalls als eine »Möglichkeit« – wie immer diese auch näher qualifiziert sei – des Daseins bezeichnet werden, also auch nicht als »äußerste« Möglichkeit. *Möglichkeit ist eine Modalität unserer Entscheidungs- und unserer Handlungsfreiheit;* als »möglich« bezeichnen wir sinnvoller Weise das, was unseren Erfahrungen nach auch anders, als es sich tatsächlich ergibt, sein könnte – und dies betrifft exemplarisch die Möglichkeitsspielräume unserer Entscheidungen. Es lässt sich weder semantisch noch bewusstseinstheoretisch vertreten, den Tod als in irgendeinem Sinne für disponibel zu betrachten – er ist nicht »äußerste Möglichkeit«, sondern er ist *»eine jederzeit mögliche Nichtung meiner Möglichkeiten, die ausserhalb meiner Möglichkeiten liegt«* (ibid., 923).

Dass ich *dynamei* jederzeit sterben kann, ist eine Aussage über den Kenntnisstand im Hinblick auf meinen Lebensverlauf, aber keine Aussage über die Potentialität meines Lebens – vergleichbar derjenigen, dass ein Stück Holz der Möglichkeit nach ein Tisch ist: Aristoteles hat hier eine Klarheit geschaffen, auf die sich Sartre gegen den Neo-Griechen aus Deutschland hätte berufen können. Bei Heidegger ist menschliches Existieren ein Sein *zum* Tode, weil er den Existenzvollzug im Tod als Finale aller existentiellen Möglichkeiten kulminieren lässt. Keiner hat so früh und so deutlich auf diese *semantische Absurdität* in der Verwendung der Modalität der Möglichkeit hingewiesen wie Sartre; bei Sartre ist menschliches Existieren konsequent ein Sein *diesseits* des Todes.

3. *Ethik wider Willen*

Diese Differenz in der Bewertung der Funktion des Todes macht deutlich, dass Heideggers Todesanalyse zu einer fundamentalen Ambivalenz führt: Der Tod ist bei Heidegger *ein Jenseits im Diesseits;* er transzendiert die Immanenz des Daseins permanent. Wer dieses Faktum ignoriert, lebt Heidegger zufolge nicht authentisch: Diese These markiert die *implizite Moral der Daseinsanalyse* und macht am Ende verständlich, warum Heidegger im Brief *Über den Humanismus* ausdrücklich erklärt, die existentiale Analytik aus *Sein und Zeit* enthalte nicht nur eine Ethik, sondern sie sei vielmehr »die ursprüngliche Ethik« (Heidegger 1967, 187). Allenfalls als spezieller Fall von »negativer Theologie« wäre dieses Konzept leicht zu charakterisieren: Der Tod als Bedrohung und Erlösung zugleich, seine Ultimativität löst Angst aus; seine Deutung als Fall von »Möglichkeit« – eben »äußerster« – vermittelt ihm scheinbar einen Charakter von Verfügbarkeit. Dieser Semantik entspricht der Möglichkeitsbegriff im Übrigen auch bei Heidegger, was der These Heideggers jegliche Plausibilität abspricht: Der Tod ist nicht Möglichkeit, er ist deren endgültige »Nichtung« (Sartre 1943/2006, 918). Heidegger begeht eine *semantische Täuschung,* auf die ganze Generationen bis heute hereingefallen sind. Diese Täuschung erklärt u. a. den nachhaltigen Erfolg von Heideggers *Sein und Zeit* als Bibel des Existentialismus und die Faszination, die von der Haltung souveräner Gelassenheit gegenüber dem jeweils eigenen Tod ausging. Heideggers Angst ist wesentlich eine Angst *um* uns, die zu »verstehen« die Vorbedingung dafür ist, sich der Unausweichlichkeit dieses »Geschicks« zu stellen: Die Angst hat das letzte Wort, nicht ihre Bewältigung. Sartre setzt dagegen – der Form nach eher *en passant,* in der Sache schlagend –, wobei er gemeinsam mit Heidegger und Kierkegaard die geläufige Unterscheidung zwischen Furcht und Angst akzeptiert; der zufolge haben wir »Angst« weder »vor« unserem Tod – ihn kennen wir nicht – noch angesichts des Todes um uns, sondern *Angst haben wir – vor uns,* und erst in diesem Sinne – allerdings nur »auch« – »um« uns: »Das Bewusstsein, seine eigene Zukunft nach dem Modus des Nicht-seins zu sein, ist genau das, was wir Angst nennen« (ibid., 96).

Sartres Argumentarium zeigt also,

– (1) dass Heideggers Versuch, der Tätigkeit des Selbstbewusstseins eine *Ontologie der Angst* in Form eines existentialen Aprioris vorzulagern, *gescheitert* ist; es zeigt darauf aufbauend,

- (2) dass der Tod nicht als ein Ereignis verstanden werden kann, dem der Mensch gegenübersteht wie einer Wahlofferte, die zur Entscheidung steht. Der Tod steht nicht nur nicht zur Entscheidung wie andere Möglichkeiten – hier operiert Heidegger mit jener semantischen Täuschung –, sondern ich weiß von ihm nichts. *Nicht der Tod verendlicht mein Leben,* sondern: »Endlich sein ist nämlich sich wählen, das heisst, sich das, was man ist, anzeigen lassen, indem man sich auf eine Möglichkeit hin unter Ausschluss anderer entwirft. Der Freiheitsakt selbst ist also Übernahme und Schaffung der Endlichkeit« (ibid., 938). Daraus folgt schließlich:
- (3) *Nicht der Tod ist es, der eine Angst generiert,* die – einmal entstanden – ihrerseits mein Dasein so ursprünglich und grundlegend (fundamental) prägt wie der Tod selbst – so dass der Tod und die Angst die fatalen Konditionen meiner Authentizität ausmachen würden, mit denen uns die *zur impliziten Ethik gewordene Philosophie* zu konfrontieren hätte –, *sondern es ist die Freiheit, die ängstigt. Freiheit – nicht konditionierte, uneingeschränkte Freiheit – ist unvertretbar meine Freiheit:* Das ergibt sich aus der Logik des Begriffs, und dieser sich nur dem jeweiligen Individuum eröffnende Abgrund seiner authentischen Freiheit lässt erschauern.

Als »Teilhabe« an einer kollektiven Freiheit – etwa der Freiheit eines Volkes – wäre diese abgründige *sensu stricto* keine Freiheit. Als bezöge er sich auf Heideggers Beschwörung des völkischen (statt des individuellen) Daseins, wie es sich mit messianischem Pathos in der Rektoratsrede findet, markiert Sartre die Position Heideggers mit ironischer Schärfe:

> Das empirische Bild, das die Heideggersche Intuition [scil. vom »Mitsein«] am besten symbolisieren würde, ist nicht das des Kampfes, sondern das der *Mannschaft.* Der ursprüngliche Bezug des andern zu meinem Bewusstsein ist nicht das *Du und Ich,* […] sondern die dumpfe Gemeinschaftsexistenz des Mitspielers in einer *Mannschaft* (ibid., 447; Hervorh. i. Orig.).

Es ist die Freiheit, die vereinzelt, und nicht, wie Heidegger behauptet, der Tod. Die Angst resultiert aus der *Unentrinnbarkeit der Dialektik* zwischen stimulierender *Herausforderung* einerseits – denn ich will *meine* Freiheit – und *Überforderung* andererseits – denn ich kann sie nicht halten, ich verendliche mich zunehmend durch ihren Gebrauch.

II. Politik statt Ethik

Hier lässt sich die tiefgreifende Differenz zwischen den Philosophien Sartres und Heideggers auch politisch markieren – dies gerade auch im Blick auf die Frage, welche »therapeutischen Maßnahmen« philosophischer Art auf der Grundlage der jeweiligen »Diagnosen« der Angst möglich sind: Sartre ist der Philosoph, der den Menschen so vorbehaltlos seiner Freiheit aussetzt wie kaum einer vor ihm: Die politische Philosophie der Moderne findet zwar in der emanzipativen Entdeckung der Freiheit des Einzelnen ihren gemeinsamen Nenner und ihre ursprüngliche Legitimation, aber sie stellt das hohe Gut der Freiheit umgehend unter Vorbehalte:

- etwa den des staatlichen Souveräns als Sicherheitsgaranten in der Nachfolge von Thomas Hobbes;
- oder den der Sittlichkeit des moralischen Anspruchs auf einen geregelten Gebrauch der Freiheit, wie ihn Kant im Namen der Autorität der Vernunft erhebt;
- oder den des *volonté générale* im Sinne des Gesellschaftsvertrags Rousseaus, in dessen Tradition Hegel steht, der wie Rousseau den disziplinären Zwang der Gesellschaft der Willensfreiheit des Einzelnen überordnet. Bei Rousseau »zwingt« die Gesellschaft den Einzelnen zu einer Freiheit, die *primo actu* in der Anerkennung des Gleichheitsprinzips besteht; bei Hegel »ist« der Staat die reale Organisation sozialer Asymmetrie, verstanden als vernunftgemäßer Status quo, in dem diese Asymmetrie durch die wechselseitige Anerkennung kompensiert wird: »Das Wirkliche ist vernünftig« – dieser Satz Hegels ist das Grundgesetz einer auf Dauer festgeschriebenen sozialen Ungerechtigkeit, für deren Abschaffung die Freiheitskämpfer von Marx bis Sartre (und darüber hinaus) sich eingesetzt haben. Sartre unterscheidet sich von dem Erbe Hegels ebenso grundsätzlich wie von der Position Heideggers: Seine *Freiheitkonzeption richtet sich gegen den ontologisch legitimierten Schicksalsfatalismus ebenso wie gegen die Fatalität des Staatskonformismus bei Hegel. Sartres Freiheit steht unter keinem Vorbehalt* – weder demjenigen des Todes, wie in Heideggers Version der »Freiheit zum Tode« (ohnehin die einzige Freiheit, die Heidegger kennt), noch demjenigen irgendeiner der anderen zuvor aufgezählten traditionellen Versionen. Eben das ist der Grund dafür, dass die Freiheit als Quelle der Angst fungiert: Durch jeden Freiheitsakt

riskiert der Mensch sich uneingeschränkt, durch jeden Freiheitsakt riskiert er, sich zu verlieren, anstatt sich als denjenigen wiederzufinden (»selbst zu verwirklichen«), der mit sich selbst eine »Verabredung« für die nahe oder ferne Zukunft getroffen hat: »Die Angst ist die Besorgnis, mich bei dieser Verabredung nicht anzutreffen« (ibid., 102).

Exkurs: Zeit und Freiheit

Diese Differenz zwischen Sartre und Heidegger in der Auffassung der Relation zwischen Freiheit und Angst ließe sich unschwer zeitphilosophisch analogisieren: Beide, Heidegger und Sartre, strukturieren die Zeit anhand des klassischen Modells ihrer Modi. Jedoch wo Heideggers Transformation der Zeitmodi in »Ekstasen der Zeitlichkeit« – »Schon sein ...«, »Sein bei ...«, »Sich-vorweg-sein ...« – den trennenden Charakter der Zeitlichkeit zu untermauern scheint, mildert er diesen Aspekt umgehend durch sein Postulat von der »Einheit der Ekstasen«, die er – geradezu formelhaft – als »Gewesend-gewärtigende-Zukunft« (Heidegger 1963, 350) fasst. Wie immer diese Formel im Einzelnen zu erklären ist: Sie denkt Zeitlichkeit nicht als Zersplitterung des Daseins, wie Augustin, sondern als synthetische Leistung des Existenzvollzugs eines »eigentlich«, das heißt eines authentisch existierenden Daseins, »das wir je sind«. Anders Sartre: Weder der Gott des heiligen Augustinus noch eine existentiell hergestellte Einheit der Ekstasen erlösen von der Negativität der Zeit – »ich *bin* nicht der, der ich sein werde« (Sartre 1943/2006, 95; Hervorh. i. Orig.): Meine Authentizität steht permanent auf dem Spiel, der Selbstverlust ist das Risiko der Zukunft und der Preis der Freiheit. Die Angst hat das letzte Wort. Sartres Angst ist nicht therapierbar; sie ist aber ein Härtetest von politischer Relevanz, wie Sartre es an seinem Orest demonstriert.

III. Abschluss: Orest

Wenn man die Figur Orests in *Die Fliegen* als das in poetischer Fiktion vorgestellte Paradigma des Freiheitskämpfers bei Sartre ansieht, dann lässt sich schließen: Freiheit ist eine Synthese aus Befreiung von und Freiheit für: *von* den Göttern, *für* die Zukunft. Die schicksalslenkende Macht der Götter ist relativ leicht als Täuschungsmanöver, als »Bluff« zu überführen, denn die Macht der Götter erlischt in dem Augenblick, in dem der Mensch weiß, was die Götter längst wissen: Dass er frei ist. Die Geschichte erinnert an das Märchen *Des Kaisers neue Kleider* – nur in Umkehrung: Im Märchen sehen alle, dass der Kaiser nackt ist, nur er selbst nicht. In Sartres Version des alten Stoffes wissen die Götter, dass sie ohnmächtig sind, aber die Menschen nicht – bis einer kommt und den Schwindel aufdeckt: »Ein Mensch musste kommen, meinen Untergang anzuzeigen« (Sartre 1976, 72), ruft Jupiter, und den eigentlichen Grund dafür hat der Text kurz zuvor ausdrücklich angegeben: Jupiter hat Orest frei erschaffen. »Du hättest mich nicht frei erschaffen sollen« (ibid., 70), ruft er triumphierend aus – Jupiter ist überführt.

Bei dem Vorgang, der sich in dem betreffenden Individuum – hier exemplarisch durch Orest vertreten – abspielt, handelt es sich offensichtlich um einen Prozess, durch den die vormalige Furcht *vor* den Göttern in eine Angst *vor sich selbst* umschlägt: Freiheit ist zwar hier geradezu als ein Resultat von Aufklärung im klassischen Sinn zu bezeichnen – ein »Ausgang aus selbstverschuldeter Unmündigkeit« (Kant) –, da man hätte wissen können, dass man »frei geboren« wurde; aber Freiheit hat ihren Preis, und der ist höher als der, den die Aufklärer von ihren Anhängern verlangten: Die Aufklärer forderten, Freiheit moralisch zu lenken und dadurch zu sichern. Sartre liefert das autonomisierte Individuum – »Ich bin dazu verurteilt, kein anderes Gesetz zu haben als mein eigenes« (ibid., 71) – seiner Angst aus. »Ich bin weder Herr noch Knecht, Jupiter, ich bin meine Freiheit!« (ibid., 70); das klingt ebenfalls triumphal, um im selben Augenblick ins Grauen umzuschlagen: »Du bist bleich, und die Angst weitet Deine Augen« (ibid., 71), ruft Jupiter Orest zu, nachdem er seine Macht über ihn verloren hat. Der aber weiß, wie es um ihn steht: »Mir selber fremd, ich weiss. Ausserhalb der Natur, gegen die Natur […] Der Natur graut vor den Menschen, und dir, dir, Herr der Götter, dir graut auch vor den Menschen« (ibid.), erwidert Orest.

Interpretiert Sartres Orest hier nicht sogar das zweite Chorlied aus der *Antigone* des Sophokles »Nichts ist unheimlicher als der Mensch« (Vers 332) – unheimlich den anderen wie sich selbst? Sartres Freiheit jedenfalls ist vergleichbar einem Prozess permanenter Emanzipation: Darin liegt ihre politische Bedeutung; es ist eine Freiheit, die ihn zwar von Unterwerfung und Knechtschaft erlöst, aber zugleich ist sie ein Zustand permanenter Verunsicherung. Sie wird verursacht durch die mit jeder Entscheidung unausweichlich verbundene Erfahrung der eigenen Endlichkeit, die nicht vom Ende des Lebens her gedacht wird, sondern vom Ende jeder Möglichkeit, die zur Wirklichkeit wird. Offenbar sieht Sartre im politischen Kampf um die Herstellung und Erhaltung dieser Freiheit einen größeren Sinn als in einer Erlösung von der Angst, die ein Gott zu bieten hätte: *Lieber die Unrast der Politik als die trügerische Erlösung der Religion.*

Coda

Sartres *Fliegen* sind seine *Orestie*. Über die Differenz resp. die Distanz, die Sartre vom ursprünglichen Stoff und seinen unterschiedlichen Versionen bei Aischylos oder Sophokles trennt – historisch, sprachlich, kulturell, literarisch –, muss nicht räsoniert werden: Sartre markiert seine souveräne Verwendung der Vorlage allenthalben – nicht zuletzt durch die mit fast typisch modernen Mitteln des rationalen Diskurses vorgenommene Dialoggestaltung zwischen Gott und Mensch, oder auch symbolisch durch das Austauschen des Götterkönigs Zeus gegen Jupiter. Erhellend aber ist ein kurzer Blick auf den politischen Hintergrund im Griechenland des Autors Aischylos, soweit er sich in seiner Dramaturgie und in seiner Stoffverarbeitung spiegelt. Dazu verdanken wir der einschlägigen Analyse von Christian Meier (1983) vieles – vor allem was die politische Entwicklung im damaligen Athen nach dem Trojanischen Krieg und den Grad der Orientierung der Akteure am Willen der Götter betrifft. Meier zeigt, dass sich in der »klassischen« *Orestie* ein dramatisches Zurückdrängen der archaischen Logik der Rache durch ein rationales Recht nachvollziehen lässt, wie die Göttin Athene im Bündnis mit Apollon durch Umsicht und Beharrlichkeit den Helden – Orest – vor den Erinyen schützt, bis am Ende diese selbst verwandelt werden: von Rachegöttinnen in Rechtsstifterinnen – »Eumeniden« –, die Recht als Praxis des rationalen und die Polis erhaltenden Ausgleichs verstehen. Es geht um eine Entwicklung von der Selbstjustiz in ihrer grausamsten und zugleich fatalistischsten Art hin zum Polis-Bürgertum (Meier 1983, 162): Die Erinyen, die eigentlich den knapp zugunsten von Orest ausgefallenen Schiedsspruch des Areopag durch dauerhaften Terror über Athen rächen wollen, werden von einer Göttin entmachtet, die sich ihrerseits durch demonstrative Beteiligung am Rechtsverfahren bereits unzweideutig zur neuen Autonomie des Polis-Rechts bekennt.

Von Angst ist zwar nicht explizit die Rede – implizit dafür umso mehr: Die Erinyen sind Panikstifter. Sie verkörpern den schicksalsbestimmenden Ursprung von Angst in ihrer unabwendbaren Macht. Hat Sartre etwa in dem gleichen Jahr, in dem er *L'Être et le Néant* publizierte, seine *Orestie* hinzugefügt, um zu demonstrieren, dass Angst zwar solange nicht zu beseitigen ist, solange wir frei bleiben wollen, dass aber eine angemessene Politik der Freiheit der geeignete Weg ist, *mit* der Angst zu leben, ohne *in* Angst zugrunde zu gehen? Es könnte dieses Fazit keinesfalls zu einer »Ethik« der Ergebenheit oder der Unterwerfung führen, wie Heidegger sie der authentischen Existenz abverlangt, sondern immer nur zu einer Politik des Widerstands von der Art, wie Orest sie gegen Jupiter inszenierte. Heideggers Dasein ängstigt sich im Idealfall unentwegt unter der Kuratel des Todes; Sartres Individuum ängstigt sich ebenfalls unentwegt, aber es kompensiert diese Angst durch dieselbe Freiheit, deren Spiegel sie ist und für deren Erhaltung sich der politische Einsatz lohnt. Sartres Philosophie der autonomen Angstbewältigung steht in erklärter Opposition zu Heideggers Philosophie der passiven Schicksalsergebenheit.

Literatur

Heidegger, M. (1963). *Sein und Zeit*, Tübingen: Niemeyer.

Heidegger, M. (1967). Brief über den Humanismus. In ders., *Wegmarken*, Gesamtausgabe Bd. 9. Frankfurt: Klostermann.

Heidegger, M. (2015). *Anmerkungen I–V (Schwarze Hefte 1942–1948)*. Gesamtausgabe Bd. 97 (hrsg. v. P. Trawny). Frankfurt: Klostermann.

Meier, C. (1983). *Die Entstehung des Politischen bei den Griechen*. Frankfurt: Suhrkamp.

Sartre, J.-P. (1976). *Die Fliegen/Die schmutzigen Hände. Zwei Dramen*. Hamburg: Rowohlt.

Sartre, J.-P. (1943/2006). *Das Sein und das Nichts. Versuch einer phänomenologischen Ontologie*. Hamburg: Rowohlt.

Das Nichts, das uns unbedingt angeht

Ein Versuch, der Angst auf die Spur zu kommen

Michael Bongardt

Dem »Nichts« kommt in philosophischen und theologischen Analysen menschlicher Angst eine zentrale Bedeutung zu. Deshalb sind die folgenden Überlegungen darauf gerichtet, genauer zu erfassen, was es mit diesem »Nichts« auf sich hat, um so auch das Phänomen der Angst besser verstehen zu können.

Ausgangspunkt ist dabei das Werk Sören Kierkegaards, das von der Beschäftigung mit der Angst durchzogen ist. Er betont, dass ein angemessenes Verständnis der Angst und damit des Nichts nur im interdisziplinären Gespräch zu gewinnen ist. Die Theologie, die Philosophie und die Psychologie benennt er als unverzichtbare Gesprächspartner (Kierkegaard 1844b/11, 19–21). So empfiehlt er sich als Partner im interdisziplinären Gespräch, das im vorliegenden Band dokumentiert ist.[1] Die folgenden Überlegungen stellen zunächst die zentralen Texte und Thesen Kierkegaards[2] vor und geben einen Überblick über deren gängige Deutungen. Ihr Fokus liegt aber darauf, einen Aspekt jenes ängstigenden Nichts herauszustellen, der von Kierkegaard nur am Rande behandelt wird. Es soll um die spezifische Form des Nichts gehen, die zwischenmenschliche Beziehungen zum Anlass und Ort der Angst werden lässt.

Gut hundert Jahre nach Kierkegaard hat sich Paul Tillich ausführlich mit dem Verhältnis der Angst zum Nichts befasst (Tillich

---

[1] Zur interdisziplinären Angstforschung, vgl. neben diesem Band besonders Koch (2013).

[2] Eine verschiedene seiner Werke einbeziehende Interpretation Kierkegaards muss stets Rücksicht nehmen auf das besondere Stilmittel der »pseudonymen Schriftstellerei«: Kierkegaard veröffentlichte viele seiner Schriften unter pseudonymen Autoren- und Herausgebernamen. Diese repräsentieren eine je eigene Existenzform, die sie in ihren Werken zum Ausdruck bringen. Dabei kommt es immer wieder zu unterschiedlichen Verwendungen gleicher Begriffe. Die deshalb notwendigen Differenzierungen in der Interpretation werden im Folgenden lediglich implizit vorgenommen, um die Darstellung nicht übermäßig zu belasten. Zur Bedeutung der Pseudonyme vgl. Bongardt (1995, 21–29).

1953/1991). Bei ihm tritt die stets soziale Verfasstheit der menschlichen Existenz in den Mittelpunkt des Interesses. Deshalb können mit seiner Hilfe die in der Interpretation Kierkegaards gewonnenen Einsichten über die Angst in intersubjektiven Zusammenhängen geprüft und erweitert werden.

Beide Autoren, auf die hier vorrangig Bezug genommen wird, waren Grenzgänger zwischen der philosophischen und theologischen Reflexion auf die menschliche Existenz. Auch wenn ich in erster Linie ihre philosophischen Argumentationen aufnehme, kann und soll der jeweilige theologische Hintergrund, ohne den auch die philosophischen Analysen nur unzureichend verstanden werden können, nicht vollständig ausgeblendet werden.

Kierkegaards Abgrund

Der Begriff Angst (Kierkegaard 1844b/11), Kierkegaards einschlägiges Hauptwerk, hat als Anlass und Hintergrund das christliche Erbsündendogma. Dessen Grundaussage, dass aufgrund der Sünde Adams jeder Mensch als Sünder geboren wird, also notwendig Sünder ist, weist Kierkegaard strikt zurück. Der Begriff der Sünde – wie auch der Begriff der Schuld – setze voraus, dass ein Mensch willentlich, also frei, das Böse wählt. Der Begriff einer »notwendigen Sünde« sei deshalb selbstwidersprüchlich (Kierkegaard 1844b/11, 10f.). »Allein durch Schuld geht die Unschuld verloren« (Kierkegaard 1844b/11, 34). Die christliche Überzeugung von der Universalität des Sünderseins will Kierkegaard gleichwohl nicht aufgeben. Um sie mit der unverzichtbaren Freiheit des Sündigens vereinbaren zu können, führt er die Angst als »Zwischenbestimmung« (Kierkegaard 1844b/11, 48) ein, die verständlich macht, warum jeder Mensch zum Sünder wird.

Weil Kierkegaards Untersuchung der Angst auf eine anthropologische Grundbestimmung des Menschen zielt, ist sie weit über ihre ursprünglich theologische Situierung hinaus von Interesse. Sie kann helfen, die Existenz und existentielle Not des mit Freiheit begabten Menschen zu erhellen.

Grundlegend für Kierkegaards Anthropologie ist seine These von der polaren Struktur des Menschen. Diese Polarität von Leib und Seele, Notwendigkeit und Freiheit, Endlichkeit und Unendlichkeit[3] aber

[3] Die hier aufgeführte Zusammenstellung der dialektischen Pole menschlicher Exis-

versteht er nicht im Sinne des klassischen Dualismus, der etwa auf die Dominanz der Seele gegenüber dem Leib drängt.[4] Kierkegaard sieht vielmehr den Menschen in der Lage und deshalb in der Pflicht, sich als dieses polare Verhältnis zu sich selbst ins Verhältnis zu setzen.[5] Kraft seiner Freiheit kann der Mensch die Spannung, als die er sich erfährt, gestalten und so Verantwortung für sein Leben und Handeln übernehmen.

Auf das bereits in seinem ersten Hauptwerk, der zweibändigen Untersuchung *Entweder / Oder* (Kierkegaard 1843a/b 1/2), eingeführte Konzept der Selbstwahl[6], in der der Mensch sich zu seiner Freiheit entschließt, greift Kierkegaard zurück, wenn er die Grundbestimmung der Angst formuliert:

> In der Unschuld ist der Mensch nicht als Geist bestimmt, sondern seelisch bestimmt in unmittelbarer Einheit mit seiner Natürlichkeit. Der Geist ist träumend im Menschen. […] In diesem Zustand ist Frieden und Ruhe; aber da ist zu gleicher Zeit noch etwas Anderes, welches nicht Unfriede und Streit ist; denn es ist ja nichts da, damit zu streiten. Was ist es denn? Nichts. Aber welche Wirkung hat Nichts? Es gebiert Angst. Das ist die tiefe Heimlichkeit der Unschuld: sie ist zugleich Angst (1844b/11, 39).

Des Geistes Wirklichkeit zeigt sich fort und fort als eine Gestalt, die seine Möglichkeit lockt, ist jedoch entschwebt, sobald diese danach greift und ist ein Nichts, das nichts als ängsten kann. Mehr vermag sie nicht, solange sie sich bloß zeigt. Man sieht den Begriff Angst nahezu niemals in der Psychologie behandelt, ich muss daher darauf aufmerksam machen, daß er ganz und gar verschieden ist von Furcht und ähnlichen Begriffen, die sich auf

---

tenz ist der späten Schrift *Die Krankheit zum Tode* (Kierkegaard 1849/24) entnommen. Die grundlegende Polarität wird aber im gesamten Werk immer wieder, gelegentlich mit bedeutsamen begrifflichen Abweichungen, thematisiert (vgl. Theunissen 1979).

[4] Der biblischen Anthropologie ist der Dualismus von Leib und Seele ebenso fremd wie die Abwertung des Leiblichen gegenüber dem Seelischen. Schon die frühchristliche Theologie aber übernahm aus der hellenistischen Philosophie diesen wertenden Dualismus (vgl. Pröpper 2011, 137–142).

[5] »Das Selbst ist ein Verhältnis, das sich zu sich selbst verhält, oder ist das am Verhältnisse, daß das Verhältnis sich zu sich selbst verhält; das Selbst ist nicht das Verhältnis, sondern daß das Verhältnis sich zu sich selbst verhält« (Kierkegaard 1849/24, 8; dazu Theunissen 1991, 11–34).

[6] Schon im Konzept der Selbstwahl, die in der *Krankheit zum Tode* als »Setzung« des Selbst bezeichnet wird, macht Kierkegaard auf die dialektische Struktur des Selbst aufmerksam: »Was ich wähle, das setze ich nicht, denn wo es nicht gesetzt wäre, könnte ich es nicht wählen, und doch, wo ich es nicht dadurch setzte, daß ich es wähle, wählte ich es nicht« (Kierkegaard 1843b/2, 227; dazu Greve 1990, 81–100).

etwas Bestimmtes beziehen, wohingegen Angst die Wirklichkeit der Freiheit als Möglichkeit für die Möglichkeit ist (Kierkegaard 1844b/11, 40).

Im Bild vom »träumenden Geist« beschreibt Kierkegaard die Situation des Menschen, der sich noch nicht selbst bestimmt, nicht in seiner Freiheit ergriffen hat. Insofern kann Kierkegaard vom Zustand der Unschuld sprechen – denn wenn noch keine Wahl stattfand, hat der Mensch auch das Böse noch nicht gewählt. Dieser Zustand aber ist labil, denn es gibt ein Jenseits dieser unmittelbaren Existenz, das ebenso ungreifbar wie unleugbar ist. Gerade deshalb macht es Angst, denn Angst ist nach Kierkegaard gerade dadurch definiert, dass sie, anders als die Furcht, ihren Gegenstand nicht kennt. Der träumende Geist kann diesen Gegenstand nicht kennen, denn es gibt diesen noch nicht – er ist nichts Wirkliches, nur reine »Möglichkeit für die Möglichkeit«. Erst der Geist, der sich selbst als Freiheit wählt, setzt die Wirklichkeit der Freiheit. Das ängstigende Nichts der Freiheit ist deshalb das Noch-Nicht der in der Selbstbestimmung zur Wirklichkeit gewordenen Freiheit.

Damit ist der Kern von Kierkegaards Verständnis der Angst bereits erreicht: Freiheit und Angst gehören für ihn – in »psychologischer« Perspektive – untrennbar zusammen. Es gibt, so Kierkegaard, keine Freiheit ohne Angst und keine Angst ohne Freiheit. So wird es für ihn zur entscheidenden Frage, wie diese beiden sich gegenseitig beeinflussen können und beeinflussen sollten.

Die primäre und für jede weitere individuelle Freiheitsgeschichte prägende Entscheidung fällt, wenn der träumende Geist erwacht, ein Mensch sich selbst bestimmt:

Angst kann man vergleichen mit Schwindel. Der, dessen Auge es widerfährt in eine gähnende Tiefe niederzuschauen, er wird schwindlig. Aber was ist der Grund? Es ist ebensosehr sein Auge wie der Abgrund; denn falls er nicht herniedergestarrt hätte. Solchermaßen ist die Angst der Schwindel der Freiheit, der aufsteigt, wenn der Geist die Synthesis setzen will, und die Freiheit nun niederschaut in ihre eigne Möglichkeit, und sodann die Endlichkeit packt sich daran zu halten. In diesem Schwindel sinkt die Freiheit zusammen (Kierkegaard 1844b/11, 60 f.).

Die Selbstbestimmung des Geistes zur Freiheit scheitert, wenn der Mensch sich an der Endlichkeit festklammern will. Denn so verfehlt er die Aufgabe, die Polarität seiner Existenz auszuhalten und zu gestalten. Künftig lässt er sich von der Endlichkeit bestimmen – sei es in der Gestalt reiner Triebsteuerung, sei es in der phantasie- und energielosen Ergebung in das vermeintlich Notwendige. Die Macht der Angst hat den Menschen überwältigt, ihm aber nicht die Freiheit genommen – sondern er hat sich in seiner Freiheit gegen die Freiheit entschieden. Er ist aus eigener Schuld schuldig geworden. Mit dem Begriff des Schwindels entwirft Kierkegaard das Bild einer der Angst gehorchenden Freiheit, das verständlich macht, dass Menschen zwar nicht notwendig schuldig werden, faktisch aber jeder Mensch zum Sünder wird.[7]

Das von Kierkegaard gewählte Bild lässt verschiedene Aspekte der Angst deutlich werden: Dem Schwindel eignet jene merkwürdige Ambivalenz, dass er den erschreckenden Abgrund zwar fürchtet, aber gleichwohl nicht von ihm lassen kann.[8] Mehr noch: Die merkwürdige Unvollständigkeit des Satzes »denn falls er nicht herniedergestarrt hätte«, lässt erkennen, dass es sich hier um keine reale Alternative handelt. Das Auge kann nicht anders, als in den Abgrund zu schauen. Diese Aspekte sind für die menschliche Existenz entscheidend: Menschen werden notwendig ihrer Freiheit ansichtig. Der Blick auf die »Möglichkeit für die Möglichkeit« setzt sofort die changierende Ambivalenz der lockenden wie schreckenden Angst in Gang. Der von Angst getriebene Griff nach der Endlichkeit verspricht Sicherheit. In anderen seiner Schriften macht Kierkegaard auch auf einen anderen vermeintlichen Ausweg aus der Angst aufmerksam: auf die Flucht in die Unendlichkeit. Der Phantast versucht sich alle Möglichkeiten offenzuhalten und verweigert auf seine Weise den Schritt zu einem konkreten, frei sich bestimmenden Selbst.[9]

---

[7] Die von Kierkegaard vorgelegte Verhältnisbestimmung von Angst und Sünde wird in der theologischen Diskussion gegensätzlich interpretiert: Für Pannenberg (1983, 93–100), Axt-Piscalar (1996, 159–173) und andere, vornehmlich protestantische Theologinnen und Theologen ist die Angst selbst schon Zeichen einer in sich selbst gefangenen, also sündigen Freiheit. Dagegen betont Pröpper (2001, 153–179) die Funktion der Angst als mit der Freiheit verbundene »Zwischenbestimmung«, die es verständlich macht, dass der Mensch erst zum Sünder wird. Im Hintergrund dieser Kontroverse steht die Auseinandersetzung um die Theologie des Augustinus, der in dem von ihm entwickelten Konzept der Erbsünde eine ihrer selbst mächtige Freiheit des Menschen leugnete (vgl. Menke 2003, 24–75).

[8] Schwindel und Angst verbindet eine merkwürdige emotionale Ambivalenz: »Angst ist *eine sympathetische Antipathie und eine antipathetische Sympathie*« (Kierkegaard 1844b/11, 40; Herv. i. Orig.).

[9] »Das Phantastische ist überhaupt dasjenige, was einen Menschen dergestalt ins Unendliche hinausführt, daß es ihn lediglich von ihm selber fortführt und ihn dadurch abhält zu sich selbst zurückzukehren« (Kierkegaard 1849/24, 27; vgl. dort auch 32–34).

Doch der Plan – wenn man beim verzweifelten Griff nach einem scheinbaren Halt überhaupt von einem Plan sprechen kann – geht nicht auf: Der Mensch, der aus der Offenheit der Freiheit zu fliehen suchte, wird die Angst nicht los (Kierkegaard 1844b/11, 52). Doch diese hat sich mit einem Mal verändert: Sie wird, so Kierkegaard, zur dämonischen Angst der Verschlossenheit (Kierkegaard 1844b/11, 127; dazu Cattepoel 1992). Nachdem der Mensch die freie Existenz verfehlt hat, die ihm möglich und deshalb Pflicht ist, treibt ihn die Angst um, dass diese Schuld offenbar wird. Diese Angst drängt ihn, sich mit allen Mitteln zu verstecken, zu entschuldigen oder prahlerisch seiner angeblich glänzenden Existenz zu brüsten. Der Hinweis auf die zwar veränderte, aber bleibende Angst ist interessant: Denn gemäß der zuvor festgestellten wechselseitig notwendigen Verbindung von Angst und Freiheit verweist die dämonische Angst auf ein noch vorhandenes Freiheitspotential. Mag diese Freiheit unter dem Diktat der bleibenden Angst auch nur eine »Freiheit in der Unfreiheit Dienst« (Kierkegaard 1844a/10, 15) sein – sie lässt auch die Frage laut werden nach der möglichen Alternative, nach der Form einer gelingenden Freiheit. Um deren erneutem Scheitern vorzubeugen, wäre eine genauere Bestimmung jenes Nichts, das die Angst auslöst, von Nutzen.

Gebrochene Herrschaft

Es ist im hier gegebenen Zusammenhang weder möglich noch nötig, die komplexen Wege nachzuzeichnen, auf denen Kierkegaard zu seinem Ziel kommt, die gelingende menschliche Existenz vorzustellen. Stattdessen geht der folgende Versuch, dem ängstigenden Nichts genauer auf die Spur zu kommen, von jener Zielgestalt gelingender Existenz aus, um von dort aus mögliche Hindernisse auf dem Weg zum Ziel erkennen zu können.

> Folgendes ist nämlich die Formel, welche den Zustand des Selbst beschreibt, wenn die Verzweiflung ganz und gar ausgetilgt ist: indem es sich zu sich selbst verhält, und indem es es selbst sein will, gründet sich das Selbst durchsichtig in der Macht, welche es gesetzt hat (Kierkegaard 1849/24, 10).

Es ist für Kierkegaard der Glaube an Gott, der es dem Menschen ermöglicht, sich zu wählen und selbstbestimmt zu leben. Der Glaube ist für ihn das Vertrauen auf den tragenden Grund der menschlichen

Existenz, auf einen Gott, der den Menschen in dessen Existenz gewollt hat und trägt.[10] Die Freiheit bleibt aber auch für den Glaubenden ein ängstigendes Wagnis. Der von Gott mit Freiheit begabte Mensch soll und muss sich zu sich, zur Welt und damit auch zu Gott verhalten – in einer von ihm zu wählenden und zu übernehmenden Weise. Vor dem und im Augenblick solcher Wahl ist jedes so zu wählende Verhältnis noch nicht wirklich, also ein ängstigendes Nichts. Auch der Glaube ist ein Freiheitsakt und deshalb mit Angst verbunden (Bongardt 1995, 251–256). Doch in der Hoffnung auf den tragenden und setzenden Grund seines Daseins kann der Mensch sich in und zu dieser Offenheit entschließen. Die Angst wird damit nicht beseitigt, aber entmachtet (Kierkegaard 1844b/11, 52): Sie muss und wird den Menschen und seinen Entschluss zu sich selbst nicht mehr bestimmen und scheitern lassen. Sein Anerkanntsein durch Gott ermöglicht dem Menschen, so Kierkegaard, ein freies, nicht von Angst getriebenes Leben. In diesem Entwurf einer im Glauben gelingenden menschlichen Existenz wird allenfalls am Rande deutlich, dass diese sich nicht allein im Selbstverhältnis des einzelnen Menschen entscheidet.

Doch was Kierkegaard für das Gottesverhältnis des Menschen ausgeführt hat, gilt in analoger Weise für zwischenmenschliche Intersubjektivität. Nur als wechselseitiges Freiheitsgeschehen wird sie dem mit Freiheit begabten Menschen gerecht.[11] Wo aber Freiheit ist und gefordert ist, kann die Angst nicht fehlen. Angesichts der möglichen und geforderten Intersubjektivität hat sie es mit einem spezifischen »Nichts« zu tun. Es ist die noch ausstehende Anerkennung, die andere Menschen mir schenken. Sie aber wird mich nur dann wirklich erreichen und tragen, wenn sie in Freiheit geschenkt wird.

---

[10] »Wofern nämlich das, was ich wähle, nicht da wäre, sondern durch die Wahl schlechthin entstünde, würde ich nicht wählen, sondern würde erschaffen; aber ich erschaffe mich nicht, ich wähle mich« (Kierkegaard 1843b/2, 229; vgl. auch 1849/24, 9). Ob Kierkegaards Schluss von der Tatsache, dass sich der Mensch in der Reflexion auf sich selbst immer schon vorfindet, auf eine ihn setzende Macht, also einen göttlichen Schöpfer philosophisch zwingend ist oder die Inanspruchnahme der christlichen Dogmatik erfordert, ist unter den Interpreten umstritten. Besonders überzeugend ist Theunissens Nachweis, dass Kierkegaard aus der Analyse gerade der scheiternden Selbstwahl auf Gott als die Bedingung der gelingenden Wahl schließt (1991, 35–38).

[11] Den folgenden Überlegungen liegt die These zugrunde, dass die menschliche Freiheit auf die Anerkennung anderer Freiheit und durch andere Freiheit angelegt ist. Vgl. dazu ausführlich Krings (1980, 40–68, 161–184) und Pröpper (2011, 494–583).

Den Anderen eine solche Freiheit zuzugestehen, sie frei in ihrer Freiheit anzuerkennen, ist deshalb eine notwendige Voraussetzung dafür, dass eine von Achtung geprägte Intersubjektivität aus einer reinen Möglichkeit zur Wirklichkeit wird. Doch angesichts der Unverfügbarkeit der Freiheit der Anderen, angesichts ihrer Möglichkeit, mir jede Anerkennung zu verweigern, wächst die Angst. Sie ist von anderer Qualität als die Angst vor einem falschen Selbstverhältnis oder den unbeeinflussbaren Gefahren, die in der natürlichen Umwelt des Menschen lauern. Denn die Anerkennung oder gar Liebe von Seiten der Anderen betreffen einen Menschen weit tiefer als die zufällig glücklichen oder unglücklichen Umstände seines Lebens. Die Angst, dass die gesuchte Anerkennung explizit verweigert wird, kann Menschen so sehr bestimmen, dass sie ihrerseits die Anerkennung der Anderen verweigern – sei es, dass sie deren Freiheit mit Macht und Gewalt zu zwingen suchen,[12] sei es, dass sie jeden ernsthaften Kontakt zu anderen vermeiden.

Es ist also davon auszugehen, so meine These, dass nicht nur die eigene Freiheit, sondern auch die wechselseitig gewährte Freiheit im Status der reinen Möglichkeit zu jenem »Nichts« zählt, das nichts als ängstigt und sich des Menschen zu bemächtigen droht. Zur Unterstützung dieser These sei auf drei von Kierkegaard selbst entworfene Beispiele verwiesen, die diese Angst vor der Freiheit der Anderen erkennen lassen.

Der Verführer: Das einzige Buch, mit dem Kierkegaard je Geld verdiente, trägt den Titel *Tagebuch des Verführers* (Kierkegaard 1843a/1, 325–484). Dessen fiktiver Autor hält aufs Genaueste fest, wie er über Monate die Verführung einer jungen Frau inszeniert. Noch in der Nacht, in der er sein Ziel erreicht, verstößt er sie: »Ich habe sie geliebt, von jetzt ab aber vermag sie meine Seele nicht mehr zu beschäftigen« (Kierkegaard 1843a/1, 483). Das Tagebuch offenbart, dass der Verführer seine Verführungskünste weit mehr genießt

---

[12] Notwendig vergebliche Versuche, andere Menschen zu Anerkennung und Liebe zu zwingen, finden sich vielfach in Kierkegaards Werk – z. B. in seiner Schilderung des römischen Kaisers Nero (1843b/2, 198–200). Besondere Aufmerksamkeit aber schenkt er dieser Frage im Blick auf die Beziehung Gottes zum Menschen. Wie kann, so Kierkegaards Frage, Gott den Menschen begegnen, ohne sie allein durch seine Offenbarung zu überwältigen? Dies kann, so Kierkegaard, nur gelingen, wenn Gott machtlos, inkognito erscheint. So besonders eindrücklich in Kierkegaards Gleichniserzählung vom König, der die Liebe eines Bettelmädchens gewinnen will und deshalb ihre Freiheit nicht zerstören darf (1844a/10, 24–26).

als die Schönheit seines Opfers oder das sexuelle Vergnügen. Gezeichnet wird das Zerrbild einer in Freiheit geschenkten Anerkennung. Der Verführer geht das Risiko einer in Freiheit gründenden Begegnung gar nicht erst ein. Seine – nie eingestandene – Angst vor der Unverfügbarkeit fremder Freiheit sucht er zu bewältigen, indem er seine Macht genießt, sich die Frau gefügig zu machen. In Anlehnung an Kierkegaards Bild des Schwindels: Der Verführer packt die Endlichkeit, seine Sucht, das ihm Erreich- und Verfügbare zu genießen, um sich daran zu halten.

Der verhinderte Ehemann: Ob dieses von Kierkegaard mehrfach variierte Thema[13] autobiographische Elemente enthält, sei dahingestellt.[14] Die Grundkonstellation: Ein junger Dichter verliebt sich in ein Mädchen. Doch bald merkt er, dass seine Dichterexistenz und seine Liebe einander ausschließen. Er meint, seiner Geliebten nicht gerecht werden zu können. Denn als der Phantasie und reinen Möglichkeit verpflichteter Dichter kann er sich auf die Konkretheit dieser Beziehung nicht einlassen. Mehr noch: Er kann über dieses Dilemma, das er als Schuld empfindet, mit ihr nicht sprechen. »Wer sich aber nicht zu offenbaren vermag, der kann nicht lieben, und wer nicht lieben kann, er ist der Unglücklichste von allen« (Kierkegaard 1843b/2, 171). In einer groß angelegten Täuschung versucht der junge Mann sich als so unausstehlich zu präsentieren, dass die Geliebte ihrerseits die Beziehung beendet. Ganz anders als beim Verführer scheint hier die Freiheit der Geliebten gerade das Ziel des ganzen Dramas zu sein. Doch abgesehen von der dahinter stehenden Täuschung verfehlt der Dichter auf andere Weise die Verwirklichung seiner Freiheit. Statt die Konkretheit einer wechselseitigen Beziehung zu wagen, klammert er sich an die Unendlichkeit der phantastischen Dichter-Existenz.

---

[13] Das Thema durchzieht die Tagebücher Kierkegaards, literarische Ausformungen finden sich vor allem in dem jungen Dichter in *Die Wiederholung* (Kierkegaard 1843c/5; dazu vor allem Glöckner 1998, 49–95), und der Gestalt des Quidam in *Stadien auf des Lebens Weg* (Kierkegaard 1845/15, 205–422; dazu vor allem Greve 1990, 189–218).

[14] Die Tatsache, dass Kierkegaard seine Verlobung mit Regine Olsen nach knapp einem Jahr gelöst hat, ohne dafür einen Grund nennen zu wollen oder zu können, lässt viele Interpreten in den gescheiterten Liebesgeschichten der Protagonisten in Kierkegaards Werken einen Reflex dieses biographischen Geschehens erkennen (so vor allem die Biographie von Mendelssohn 1995, 111–118). Doch ungeachtet der Unmöglichkeit, diese Verbindung zu beweisen, ist ihr Bestehen oder Nicht-Bestehen für die Richtigkeit der von Kierkegaard vorgelegten Untersuchungen ohne Belang.

Der Ungläubige: Das Thema der dämonischen Verschlossenheit einer schuldig gewordenen Existenz ist für die Kierkegaard die Brücke zur Darstellung der Bedeutung des Christentums für den Menschen. In seiner späten *Einübung im Christentum* schildert er fiktiv die Reaktion der Zeitgenossen Jesu auf dessen Einladung: »Kommet her zu mir alle, die ihr mühselig seid, ich will Euch Ruhe geben« (Matthäus 11, 28–30; zitiert in Kierkegaard 1848/26, 11). Zieht diese Einladung zunächst die Massen an, ändert sich die Haltung der Menschen schlagartig, als Jesus die Form seiner Heilung benennt. Er will den Menschen ihre Sünden vergeben. »Ei sieh, das schafft Platz« (Kierkegaard 1848/26, 68). Die Menschen fliehen vor dieser doppelten Zumutung: Sie wollen diese Einladung nicht annehmen, weil dies ihr Eingeständnis implizieren würde, Sünder zu sein. Sie müssten ihre dämonische Verschlossenheit überwinden. Dazu kommt die intellektuelle Zumutung zu glauben, dass in diesem Menschen Gott selbst begegnet – der Ewige in der Zeit. Statt zu glauben, nehmen die Menschen doppeltes Ärgernis. Erneut gewinnt die Angst Macht: Lieber die Begegnung in Freiheit verweigern als die Freiheit des Anderen, diesmal die Freiheit des in der Gestalt Jesu erscheinenden Gottes, anzuerkennen.[15]

Diese »Phänomenologie der Ängstlichen« stützt meine These: Das Nichts, das den Menschen, der seine Freiheit als Möglichkeit für die Möglichkeit ahnt, ängstigt, ist nicht nur das Noch-Nicht der eigenen Freiheit, sondern auch das Noch-Nicht der freien Anerkennung durch andere. Damit ist zugleich der Kern der menschlichen Freiheit aufgedeckt: Die höchste Möglichkeit, die größte Erfüllung von Freiheit ist die wechselseitige Anerkennung freier Menschen. Dass ausgerechnet das Wichtigste auch das Gefährdetste ist, weil es vollkommen unverfügbar ist, macht Angst.

Tillichs Offenbarung

Die in der Interpretation von Kierkegaards Angstanalysen entwickelte These von der Bedeutung des ängstigenden Nichts in intersub-

---

[15] Das in der *Einübung im Christentum* aufgenommene Motiv vom Ärgernis, das der den Menschen in der Zeit begegnende Gott für sie bedeutet (Kierkegaard 1848/26, 64–69), hat Kierkegaard unter dem Titel »Das Paradox« bereits in den *Philosophischen Brocken* entfaltet (1844a/10, 34–51).

jektiven Zusammenhängen soll im Folgenden im Gespräch mit Paul Tillich bewährt und entfaltet werden. Von den bohrenden, schwermutsbeladenen Analysen Kierkegaards unterscheidet sich Tillich mit seinen kulturphilosophischen und theologischen Untersuchungen deutlich. So gibt auch der Mut, nicht die Angst seinem für das Thema einschlägigen Buch den Titel (Tillich 1953/1991). Und doch sind beide Autoren eng verbunden: nicht nur durch implizite und explizite Bezüge Tillichs auf Kierkegaard, sondern vor allem durch die komplementäre Zusammengehörigkeit der Begriffe »Mut« und »Angst« sowie die mit ihnen bezeichneten Phänomene.

Sein, so Tillich, ist nur, wenn und solange das Sein, sich selbst bejahend, sein Sein dem stets möglichen und drohenden Nichtsein abtrotzt.

> Die Angst ist der Zustand, in dem ein Seiendes der Möglichkeit seines Nichtseins gewahr wird, oder kürzer gesagt: Angst ist das existentielle Gewahrwerden des Nichtseins (Tillich 1953/1991, 35).

Schon in der antiken Philosophie ist der »conatus essendi«, der Trieb zur Selbsterhaltung des Seins, vor allem des Lebens ein zentrales Thema.[16] Die philosophischen Versuche, das diesem Sein entgegenstehende Nichts begrifflich und gedanklich zu fassen, werden von Tillich in ihrer Vielfalt und Widersprüchlichkeit als weiteres Indiz für das Ausmaß des Mutes gedeutet, dessen das Sein bedarf. Aus den sehr verschiedenen Bestimmungen des »Nichts« destilliert Tillich drei »Typen der Angst«, gegen die der Mut zum Sein aufzubringen ist (Tillich 1953/1991, 38–48). Der Rückgriff auf Kierkegaard ist auch hier bis in die Terminologie unübersehbar (Kierkegaard 1844b/11, 82–113). Dies mag verwundern, sieht Kierkegaard doch den wesentlichen Unterschied zwischen Furcht und Angst in der vollkommenen Gegenstandslosigkeit der Angst, die der Unmöglichkeit korrespondiert, dem Nichts Attribute zuzuschreiben. Doch gilt es zu berücksichtigen, dass die vollkommene Leere der noch nicht ergriffenen Freiheit sich für Kierkegaard verändert, sobald der Sprung vollzogen, eine Entscheidung – und sei sie noch so falsch – gefallen ist. In diesem Moment werden dem Menschen die kulturell geformten und

[16] Die Selbstbejahung des Lebens, die er schon in der so freien wie notwendigen Tatsache des Stoffwechsels gegeben sieht, ist für den Philosophen Hans Jonas einer der wichtigsten Anknüpfungspunkte seiner Zukunftsethik im *Prinzip Verantwortung* (Jonas 1979, 156–158; grundlegend Jonas 2014).

vermittelten Bilder der Angst zugänglich und verständlich.[17] Der Mensch, dessen Geist »erwacht« ist, steht zwar immer neu vor der Wahl und der Aufforderung, sich frei zu sich und seiner Welt zu verhalten, und diese Wahl stellt ihn je neu vor einen Abgrund, der nun aber nicht mehr bild- und vorstellungslos ist. Die kulturelle Prägung und Vermitteltheit solch ängstigender Vorstellungen wird von Kierkegaard nicht weniger als von Tillich vorausgesetzt – und erlaubt die angekündigte Typisierung.

Die so genannte *Angst vor dem Schicksal* kulminiert in der *Angst vor dem Tod* (Tillich 1953/1991, 39–42). Denn es ist das Schicksal jedes Menschen, sterben zu müssen. Doch diese Angst findet sich in jeder Situation, in der die Unverfügbarkeit der eigenen Lebensumstände drängend bewusst wird. »Schicksal bedeutet die Herrschaft der Zufälligkeit, und die Angst vor dem Schicksal wurzelt in dem Bewußtsein des endlichen Wesens, daß es in jeder Beziehung zufällig ist und keine letzte Notwendigkeit hat« (41).

Kierkegaard schreibt diese Form der Angst einer bestimmten Religionsform zu. Denn die von ihm »Heidentum« genannte Mythologie kennt nur willkürlich herrschende Götter, ihm fehlt die Möglichkeit, die Angst vor dem Schicksal im Glauben an die Vorsehung eines gütigen Gottes zu entmachten (Kierkegaard 1844b/11, 98–105).

Einen zweiten Typ der Angst bezeichnet Tillich als *Angst vor Leere und Sinnlosigkeit* (Tillich 1953/1991, 42–46). Der Mut zum Sein setzt voraus, dass dieses Sein einen Sinn hat, oder er muss einen solchen Sinn zumindest selbst setzen. Denn ohne die Orientierung an einem Ziel des je konkreten Handelns und einem Sinn des dem Nichts abgerungenen Seins wird dem Mut jede Kraft fehlen. Tillich verweist auf verschiedene mögliche Ebenen solch ängstigenden Sinnverlusts: Den Einzelnen können die kulturellen Sinnhorizonte, in denen sie bislang Orientierung fanden, fragwürdig und bedeutungslos werden – sei es aufgrund intellektueller Skepsis oder durch Erfahrungen, die sich in diesem überkommenen Horizont nicht mehr deuten lassen. Doch solche Horizonte können auch für ganze Gesellschaften ihre Glaubwürdigkeit verlieren, wie es etwa im Niedergang von großen kulturellen Deutungssystemen zu beobachten ist. Was für die Einzelnen wie für kulturelle Systeme bleibt, wenn der Sinn nicht mehr

[17] Kierkegaard thematisiert diese Veränderung der Angst, indem er auf die Einbindung jedes Einzelnen in das »Geschlecht«, in die Menschheitsgeschichte hinweist (1844b/11, 51–74).

trägt, ist die Leere, in der sich neue Sinnentwürfe erst entwickeln müssen.

Bei Kierkegaard begegnet diese Angst als »Angst der Geistlosigkeit«: Sie prägt den Menschen, der sich weigert, sein Verhältnis zur Welt selbst zu bestimmen und ihr so einen Sinn – und sei es einen wiederum kulturell vorgeprägten Sinn – zu geben. Denn die Hoffnung, dass die stets kontingente Welt ihrerseits dem Menschen einen Sinn gäbe, wird zwangsläufig enttäuscht werden. Mit dieser Enttäuschung wird deshalb jeder, der allein im Genuss vergänglicher Güter Sinn zu finden sucht, früher oder später konfrontiert werden. Eindrucksvoll schildert Kierkegaard Menschen, die sich trotzig darin gefallen, die Sinnlosigkeit des Daseins entdeckt zu haben und gerade so die Möglichkeit eines vom Geist bestimmten Lebens verfehlen (Kierkegaard 1844b/11, 95–98).[18]

In einem nochmals anderen Kontext erleben Menschen die *Angst vor Schuld und Verdammung* (Tillich 1953/1991, 46–48). An welchem Maßstab gemessen wird, was Schuld ist; welche Instanz den Schuldigen verdammt – das eigene Gewissen, die Gesellschaft, in der er lebt, oder die göttliche Verurteilung zu ewiger Verdammnis: All das ist zunächst gleichgültig. Entscheidend für Tillich ist die Beobachtung, dass es für Menschen eine moralische Welt gibt, in der zu bestehen sie sich verpflichtet fühlen und in der sie zum »Nichts« werden, wenn sie das gesetzte Ziel verfehlen.

Kierkegaard, ganz dem christlichen Zerrbild des Judentums als Gesetzesreligion verhaftet, sieht die Angst »in Richtung auf Schuld« als Charakteristikum der jüdischen Tradition, die erst durch den christlichen Erlösungsglauben überwunden wird (Kierkegaard 1844b/11, 105–123).

Nachdem er den unauflöslichen Antagonismus zwischen dem Sein und dem Nichts, das in so vielfältigen Formen sichtbar wird und ängstigt, beschrieben und analysiert hat, stellt sich für Tillich zwangsläufig die Frage, wie und wo Menschen, die sich in dieser Situation vorfinden, den »Mut zum Sein« finden und fassen können. Auf diese Frage antwortete Kierkegaard mit der Aufforderung, der Mensch solle

---

[18] »Geistlosigkeit« eignet dem Menschen, der sich noch nicht selbst gewählt hat und dem von Kierkegaard so genannten »ästhetischen Stadium« der Existenz zuzuordnen ist. Im ersten Teil seines Werks *Entweder/Oder* lässt Kierkegaard verschiedene Vertreter dieser Haltung literarisch zu Wort kommen. Die reflektierende Durchdringung dieser Existenzform findet sich dann im zweiten Teil des Werks (1843b/2, 167–221).

in der Wahl seiner selbst zum einzig angemessenen Selbstverhältnis finden; und er verband diese Aufforderung mit dem Hinweis, dass eine solche Selbstwahl nur gelingen könne, wenn sie im Vertrauen auf den sie tragenden Gott gewagt würde. Tillich dagegen legt an dieser Stelle besonderen Wert auf die soziale Grundverfassung des Menschen. Sie wurde bereits darin sichtbar, dass sowohl die ängstigende Frage nach einem Sinn wie die Belastung mit Schuld nur in einem kulturell-sozialen Raum entstehen können. Ein Mensch wird diesen Ängsten seinen Mut nur entgegensetzen können, so Tillich, wenn er sowohl seine Individualität gegenüber der Gemeinschaft der Menschen wie seine Eingebundenheit in die Gemeinschaft als konstitutive Elemente seines Selbst erkennt und anerkennt. Wenn er sich durch die Angst vor dem Nichts in ihren verschiedenen Formen nicht bestimmen lassen will, bedarf es des Mutes, er oder sie selbst zu sein, und ebenso des Mutes, Teil eines Ganzen zu sein (Tillich 1953/1991, 89–116).

In der Aufgabe, als Individuum Teil eines umfassenden Ganzen und zugleich als Teil eines umfassenden Ganzen ein Individuum zu sein, verschränken sich spezifische Formen von Angst und Mut. Die von Tillich hier als grundlegende Bestimmung des Menschseins herausgestellte Polarität entspricht strukturell den Polaritäten, die Kierkegaard benannte, die dieser aber nahezu ausschließlich als Herausforderung im Verhältnis des Menschen zu sich selbst sah. Auch dort galt es, den Mut aufzubringen, sich von keiner der widerstreitenden Ängste bestimmen zu lassen.

Wie sich die Polarität des Menschseins im sozialen Kontext zeigt, stellt Tillich eindrücklich dar: Der Mut, sich als Teil eines Ganzen zu verstehen, sich in soziale wie natürliche Zusammenhänge einzubinden, muss der Angst abgerungen werden, durch solche Partizipation seine Individualität und das eigene Selbst zu verlieren. Wenn diese Angst bestimmend wird, verweigert ein Mensch jede Form von Teilhabe. Dieser Angst, so Tillich, ist etwa der radikale Existentialismus erlegen:

> Was ist dieses Selbst, das sich selbst bejaht? Der radikale Existentialismus antwortet: es ist das, was es aus sich selbst macht. Das ist alles, was er sagen kann, weil alles weitere die absolute Freiheit des Selbst beschränken würde. Das Selbst, das von der Partizipation an seiner Welt abgeschnitten ist, ist eine leere Hülle, ein bloße Möglichkeit (Tillich 1991, 114 f.).

Nur im Mut, ein Teil zu sein, gelingt es einem Menschen, die Möglichkeiten, die er hat, zu verwirklichen. Erst in der Anerkennung durch andere wird das Selbst ein konkretes Selbst; erst in der Übernahme der Verantwortung für Andere wird die Freiheit des Einzelnen real.

Diesem geforderten Mut, ein Teil zu sein, entspricht der ebenfalls notwendige Mut, man selbst zu sein. Auch dieser muss einer ihm entgegenstehenden Angst abgerungen werden. Sie fürchtet, dass jede Abweichung vom allgemein Geforderten ins Nichts führt: in die soziale Isolation eines von allen verachteten Menschen. Wenn diese Angst ihn überwältigt, wird ein Mensch in die Selbstaufgabe fliehen, wie sie Tillich nicht nur im Kommunismus, sondern auch im Konformismus der amerikanischen Demokratie seiner Zeit erkennt:

> Wenn er [der kommunistische Kämpfer, M. B.] sich bejaht, indem er das Kollektiv, an dem er partizipiert, bejaht, empfängt er sich von dem Kollektiv zurück, von ihm ausgefüllt und erfüllt. Er gibt viel von dem auf, was zu seinem individuellen Selbst gehört, vielleicht seine Existenz als partikulares Sein in Raum und Zeit, aber er empfängt mehr zurück, weil sein wahres Sein im Sein der Gruppe eingeschlossen ist (Tillich 1953/1991, 79).

Doch nur wenn ein Mensch auch den Mut aufbringt, er selbst zu sein, wird er am Ganzen partizipieren können, ohne unterscheidungslos in diesem Ganzen aufzugehen.

Vor der dunklen Folie eines radikalen Solipsismus auf der einen und eines unbeschränkten Konformismus auf der anderen Seite zeichnet Tillich die ideale Gestalt eines Menschen, der beide Formen des Mutes aufbringt, der in einer je neu auszutarierenden Balance zwischen Partizipation und Individuation zur Bejahung seines Seins und zur Akzeptanz von dessen Bedingungen findet.

Interessanter als die Hinweise, die Tillich für einen Weg zu einer dergestalt gelingenden Existenz gibt, ist im hier gegebenen Zusammenhang die Tatsache, dass auch Tillich an seine Analysen eine theologische Reflexion anschließt (Tillich 1953/1991, 117–139). Wie bei Kierkegaard ist auch bei Tillich zu erkennen, wie stark sein theologischer Entwurf von seinen anthropologischen Einsichten geprägt ist. Sein Blick geht dabei aber weit über eine spezifisch christliche Theologie hinaus. Anknüpfend an die dialektische Zuordnung der beiden Formen des Mutes zu Selbstbejahung unterscheidet Tillich zwei grundlegend unterschiedene Formen der Religiosität und Gottesbeziehung.

Der Mut zur Individuation findet seine Entsprechung in theistischen, vor allem in monotheistischen Gottesvorstellungen (Tillich

1953/1991, 118–120). Gemäß diesen religiösen Traditionen stehen das Göttliche und die Welt, stehen Gott bzw. Götter und Menschen einander gegenüber – schon durch die grundlegende Differenz zwischen Schöpfer und Geschöpf getrennt. Menschen, deren Glaube durch solche Vorstellungen geprägt ist, verstehen ihre Beziehung zu Gott als die zu einem personalen Gegenüber: Sie vertrauen auf einen Gott, dem sie sich verantwortlich fühlen, von dem sie sich aber auch ihrerseits gewollt und angenommen wissen. Kierkegaards Entfaltung des christlichen Glaubens an einen transzendenten Gott, der in Gestalt eines Menschen den Menschen begegnet, kann als eindrucksvoller Entwurf einer Religiosität gelten, die Menschen befähigt, jenseits von übermächtiger Angst ein freies Selbst zu sein (vgl. Kierkegaard 1846/16, 300–330).

Ein komplementäres Gegenbild findet sich in so genannten monistischen Traditionen, die nicht nur außerhalb des Christentums anzutreffen sind (Tillich 1953/1991, 120–122). In ihnen wird die Welt vorgestellt als eine umfassende, in sich vielgestaltige Einheit, die insgesamt als göttlich gilt. Die entsprechende religiöse Erfahrung, die häufig als »mystisch« charakterisiert wird, ist hier vorrangig die Erfahrung eines umfassenden Eingebundenseins in diese Einheit. Der Mut, Teil eines Ganzen zu sein, wird von solchen Erfahrungen gestärkt, aber auch vorausgesetzt.

In beiden Formen religiöser Erfahrung kann der Mensch sein Sein bejahen, weil er sich selbst als bejaht glaubt und erfährt.[19]

So wie Tillich die Notwendigkeit betont, dass der Mut, ein Teil zu sein, und der Mut, man selbst zu sein, einander ergänzen, will er auch die beiden Grundformen der Religiosität miteinander verbinden. Dazu entwirft er die Idee eines »absoluten Glaubens« (Tillich 1953/1991, 127–132), der sich auf einen »Gott über Gott« (ebd., 137–139) richtet. Denn, so Tillich, die Wirklichkeit Gottes muss gedacht werden als eine Wirklichkeit, die über die menschlichen Konzeptionen von Gott hinausgeht, indem sie Theismus und Monismus in sich aufnimmt und vereint. Nun ist aber eine Vorstellung von einer göttlichen Wirklichkeit jenseits aller Vorstellungen zwangsläufig nicht mehr vorstellbar. Ebenso kann ein Glaube ohne Vorstellungen nicht mehr konkret werden. Dennoch müssen sich Glaube und

[19] Eine bemerkenswerte Parallele zu dieser polaren Bestimmung des menschlichen Selbstbewusstseins und deren Zusammenhang mit unterschiedlichen Gottesvorstellungen findet sich bei Henrich (1982, 116–122).

theologische Reflexion auf ein solches Jenseits ihrer selbst richten, wenn sie sich auf Gott richten wollen. Der Begriff »Gott über Gott« ist – so gesteht auch Tillich ein – nicht mehr als ein hilfloser Versuch, dieses Jenseits zu benennen, vor und von dem sich Glaubende als bejaht glauben können.

Die Formen, in denen die göttliche Wirklichkeit Menschen begegnet, in denen es sich erschließt, sind denkbar vielfältig – dafür steht nicht zuletzt die Vielfalt der Religionen ein. Und doch haben solche »Offenbarungen« eine Gemeinsamkeit. Tillich definiert Offenbarung als die Erscheinung dessen, »was mich unbedingt angeht« (Tillich 1927, 408).

Diese – rein formale, nicht inhaltliche – Bestimmung erlaubt eine bemerkenswerte Verbindung zu den hier vorgelegten Analysen der Angst. Wenn und weil zum einen die Angst notwendig mit der menschlichen Freiheit verbunden ist und zum anderen der Gegenstand der Angst das Nichts ist, kann auch diesem Nichts die Eigenschaft zugeschrieben werden, Menschen unbedingt anzugehen. Unter der Voraussetzung, dass die Möglichkeit zur Freiheit ein ebenso notwendiges wie einzigartiges Merkmal des Menschseins ist, sind Menschen ebenso notwendig und einzigartig mit dem Nichts konfrontiert. Das ängstigende Nichts »offenbart« Menschen ihr mögliches Menschsein. Zu dieser Offenbarung können sie sich sehr unterschiedlich, aber sie können sich zu ihr nicht nicht verhalten. Es spricht viel dafür, sich in diesem Verhalten nicht von der Angst bestimmen zu lassen, sondern den Mut zur Freiheit zu fassen.

Literatur

Axt-Piscalar, C. (1996). *Ohnmächtige Freiheit. Studien zum Verhältnis von Subjektivität und Sünde bei August Tholuck, Julius Müller, Sören Kierkegaard und Friedrich Schleiermacher.* Tübingen: Mohr.

Bongardt, M. (1995). *Der Widerstand der Freiheit. Eine transzendentaldialogische Aneignung der Angstanalysen Kierkegaards.* Frankfurt: Knecht.

Cattepoel, J. (1992). *Dämonie und Gesellschaft. Sören Kierkegaard als Sozialkritiker und Kommunikationstheoretiker.* Freiburg: Alber.

Glöckner, D. (1998). *Kierkegaards Begriff der Wiederholung. Eine Studie zu seinem Freiheitsverständnis.* Berlin New York: de Gruyter.

Greve, W. (1990). *Kierkegaards maieutische Ethik. Von »Entweder/Oder II« zu den »Stadien«.* Frankfurt: Suhrkamp.

Henrich, D. (1982). Das Selbstbewußtsein und seine Selbstdeutungen. In: ders. *Fluchtlinien. Philosophische Essays* (S. 99–124). Frankfurt: Suhrkamp.

Jonas, H. (1979). *Das Prinzip Verantwortung. Versuch einer Ethik für das technologische Zeitalter.* Frankfurt: Suhrkamp.

Jonas, H. (2014). Evolution und Freiheit. In ders., *Kritische Gesamtausgabe* III/1 (hrsg. v. M. Bongardt u. a.) (S. 209–226). Freiburg: Rombach.

Kierkegaard, S. (1979–1986). *Gesammelte Werke in 36 Abteilungen.* Übers. u. hrsg. v. E. Hirsch und H. Gerdes. Gütersloh: Mohn. [In der Zitation folgt die Angabe der Abteilung dem Datum der Erstveröffentlichung]

Kierkegaard, S. (1843a/b). *Entweder/Oder.* 2 Bde. Kopenhagen. [Abt. 1 und 2]

Kierkegaard, S. (1843c). *Die Wiederholung. Ein Versuch in experimentierender Psychologie.* Kopenhagen. [Abt. 5]

Kierkegaard, S. (1844a). *Philosophische Brocken oder ein Bröckchen Philosophie. Von Johannes Climacus.* Kopenhagen. [Abt. 10]

Kierkegaard, S. (1844b). *Der Begriff Angst. Eine schlichte psychologisch-andeutende Überlegung in Richtung auf das dogmatische Problem der Erbsünde. Von Vigilius Haufniensis.* Kopenhagen. [Abt. 11]

Kierkegaard, S. (1845). *Stadien auf des Lebens Weg. Studien zu Verschiedenem. Hgg. von Hilarius Buchbinder.* Kopenhagen. [Abt. 15]

Kierkegaard, S. (1846). *Abschließende Unwissenschaftliche Nachschrift zu den Philosophischen Brocken. Von Johannes Climacus.* Kopenhagen. [Abt. 16]

Kierkegaard, S. (1848). *Einübung im Christentum. Von Anti-Climacus.* Kopenhagen. [Abt. 26]

Kierkegaard, S. (1849). *Die Krankheit zum Tode. Eine christlich-psychologische Erörterung zur Erbauung und Erweckung von Anti-Climacus.* Kopenhagen. [Abt. 24]

Koch, L. (Hrsg.). (2013). *Angst. Ein interdisziplinäres Handbuch.* Stuttgart: J. B. Metzler.

Krings, H. (1980). *System und Freiheit. Gesammelte Aufsätze.* Freiburg: Alber.

Mendelssohn, H. v. (1995). *Sören Kierkegaard. Ein Genie in einer Kleinstadt.* Stuttgart: Klett-Cotta.

Menke, K.-H. (2003). *Das Kriterium des Christseins. Grundriss der Gnadenlehre.* Regensburg: Pustet.

Pannenberg, W. (1983). *Theologie in anthropologischer Perspektive.* Göttingen: Vandenhoeck & Ruprecht.

Pröpper, T. (2001). *Evangelium und freie Vernunft. Konturen einer theologischen Hermeneutik.* Freiburg: Herder.

Pröpper, T. (2011). *Theologische Anthropologie.* Freiburg: Herder.

Theunissen, M. (1979). Das Menschenbild in der »Krankheit zum Tode«. In ders. und W. Greve (Hrsg.). *Materialien zur Philosophie Sören Kierkegaards* (S. 496–510). Frankfurt am Main: Suhrkamp.

Theunissen, M. (1991). *Das Selbst auf dem Grund der Verzweiflung. Kierkegaards negativistische Methode.* Frankfurt am Main: Hain.

Tillich, P. (1927). Die Idee der Offenbarung. *Zeitschrift für Theologie und Kirche, NF 8,* 403–412.

Tillich, P. (1953/1991). *Der Mut zum Sein.* Berlin: de Gruyter.

Die Enge des Lebens

Zur Phänomenologie und Typologie der Angst[1]

Thomas Fuchs, Stefano Micali

Einführung

Die Erfahrung der Angst, der »Enge des Lebens«, ist nicht nur ein Grundphänomen der menschlichen Existenz, sondern auch wiederkehrendes Thema einer philosophischen Psychologie und Psychopathologie. Als komplexes, vielschichtiges Gefühl erscheint die Angst in verschiedenen Formen, die von der vitalen, leibnahen Angst über die objektgerichtete Furcht bis zur diffusen Ängstlichkeit und Bangnis reichen. Zwischen der Angst als elementarem Leibzustand der Beklemmung, als intentional gerichteter Emotion und als Stimmung der Unheimlichkeit lassen sich dabei keine scharfen Grenzen ziehen; die verschiedenen Formen gehen häufig ineinander über. Zugleich nimmt Angst alle Grade an, von unterschwelliger Ängstlichkeit bis zu unerträglicher Panik oder Todesangst. Sie kann sich auf die elementare Gegenwart einengen oder Gefahren weit in der Zukunft antizipieren, ja noch über den eigenen Tod hinaus. Ihre Gegenstände schließen die unmittelbare Todesgefahr ebenso ein wie das mögliche Scheitern des eigenen Lebensentwurfs.

Die folgende Darstellung der Phänomenologie der Angst berücksichtigt diese variable Struktur und unternimmt nicht den Versuch, das Phänomen etwa durch Abgrenzung von Angst und Furcht oder von Gefühl und Stimmung definitorisch einzuschränken. Sie geht vielmehr davon aus, dass die Grundstruktur der Angst, nämlich *die Hemmung eines Fluchtimpulses angesichts einer Bedrohung,* in den verschiedenen Formen und auf den verschiedenen Stufen in ähnlicher Weise wiederkehrt. Die basale leibliche Einengung und Abschnürung vom umgebenden Raum charakterisiert die Angst als ein *leibliches Existenzial,* das heißt als eine Grunderfahrung des leiblich

[1] Überarbeitete Fassung eines unter dem Titel »Phänomenologie der Angst« erschienenen Aufsatzes, siehe Fuchs u. Micali (2013).

verfassten und situierten Subjekts, die sich gleichermaßen im primären Leib- und Bewegungsraum, im sozialen Raum und schließlich im symbolischen Raum der Existenz manifestiert (Fuchs 2000, 202 f.). Ob die Gefährdung nun die vitale Selbsterhaltung, die persönlichen Beziehungen oder das Gelingen des eigenen Lebens betrifft, die Person reagiert auf diese Bedrohungen immer einheitlich als leibliches, das heißt zwischen die Pole von Enge und Weite, Nähe und Ferne, Verbindung und Trennung eingespanntes Wesen. Die Phänomenologie der Angst beginnt daher im Folgenden bei ihrer leiblichen Struktur und Grundsituation, untersucht dann ihre biologischen und anthropologischen Voraussetzungen, um sich schließlich einzelnen prägnanten Formen des Angsterlebens zuzuwenden.

Grundstruktur der Angst

Die phänomenale Grundstruktur der Angst lässt sich als ein Konflikt zwischen einer leiblichen Einengung und einem gegen sie gerichteten Fluchtimpuls beschreiben, oder in der Formel von Schmitz (1981a, 169 ff.) als »gehindertes ›Weg!‹«. Auf der einen Seite steht also eine in Hals, Brust oder Bauch gespürte Einschnürung und Beklemmung (vgl. die Etymologie von »Angst«: griech. *anchein* = drosseln, würgen; lat. *angor* = Beklemmung), auf der anderen Seite der Versuch, dieser bedrohlichen Enge zu entkommen. Die Ausweglosigkeit der angstauslösenden Situation lässt jedoch zumindest die sofortige Flucht nicht zu, und es bleibt bei ziellosem Bewegungsdrang, diffuser Unruhe und zunehmender innerer Spannung. Der vergeblich gegen die Restriktion sich aufbäumende Fluchtimpuls steigert die Beengung und damit die Angst nur immer weiter bis ins Unerträgliche. Der nicht aufhebbare Antagonismus der beiden Tendenzen erzeugt die lähmende Wirkung der Angst: Der Geängstigte ist förmlich an die Stelle gebannt, in die Enge seines eigenen Leibes getrieben. Damit entsteht eine für die Angst charakteristische Spirale: Ohnmächtig sieht sich der Betroffene einer drohenden Gefahr ausgeliefert; zugleich lässt die empfundene Lähmung und Ohnmacht seine Angst immer noch weiter anwachsen.

Der leiblichen Konstriktion entspricht ein charakteristisches Verhältnis zum umgebenden Raum: Angst trennt den Geängstigten von den vertrauten Umweltbeziehungen und wirft ihn auf sich selbst zurück. Es fehlen die vermittelnden, vor allem zentrifugalen Richtungen, die aus der leiblichen Enge in die Weite führen und über die sich der Leib sonst an den Umraum mit seinen Blick- und Bewegungszielen anzuschließen vermag. Darauf beruhen insbesondere die raumbezogenen Ängste wie die *Akrophobie* (Höhenangst), *Agoraphobie* und *Klaustrophobie*, in denen der umgebende Raum gleichsam selbst zur Bedrohung wird (s. u.). Eine Unterbrechung der leiblichen Einrichtung und Orientierung im Umraum erklärt auch die häufige Verknüpfung von *Angst und Schwindel*: In beiden Fällen kommt es zu einer Labilisierung und Verwirrung der vom Leib ausstrahlenden Richtungen von Blick, Motorik und Gleichgewichtssinn, und damit schwindet zugleich »das stützende Gerüst, das die Dinge der anschaulichen Umgebung an ihren Plätzen hält« (Schmitz 1988, 222). So können sich Angst und Schwindel namentlich bei der Höhenangst wechselseitig emportreiben.

Die zentripetal gerichtete Bedrohung, die der leiblichen Einengung entspricht, verändert auch die Physiognomie des umgebenden Raums. Zumal wenn sich der Angst kein definierter Gegenstand als ›Wovor‹ der Flucht anbietet, generalisiert sich die Bedrohlichkeit auf die gesamte Umwelt. Die Relevanzstruktur des psychischen Feldes ist aufs Äußerste verengt: Einzig das Drohende oder Schreckliche bietet sich der Wahrnehmung an und beansprucht alle Aufmerksamkeit. Daher tendiert der Ängstliche zur Eigenbeziehung oder zum »Subjektzentrismus« (Bilz 1965): Er deutet alle Vorkommnisse der Situation als feindlich gegen sich selbst gerichtet und wittert gerade im Verborgenen die Gefahr. Es entsteht eine *Atmosphäre* des Unheimlichen und Unheilvollen, die sich zu keiner umschriebenen, gegenständlichen Gefahr konkretisieren will (Fuchs 2010). Zu ihrer Beschreibung hat Schmitz den Begriff der *Bangnis* eingeführt: In ihr nimmt die Umgebung – wie etwa der nächtliche Wald für das Kind – einen feindseligen, verfremdeten und hintergründigen Charakter an. Der Ängstliche sieht sich im Mittelpunkt einer ebenso unbestimmten wie ubiquitären Bedrohung: »*Tua res agitur*« (Schmitz 1981b, 283). Bangnis wird ihrerseits zum *Grauen*, wenn sich die unheimliche Atmosphäre um bestimmte Gegenstände verdichtet und zugleich dem Subjekt gefährlich zu Leibe rückt, sich also mit Angst verbindet. »Das Grauen ist demnach eine […] zwiespältige Erregung, bei der atmosphärisch zerfließende […] Bangnis mit isolierender, fixierender, ins Enge treibender Angst gleichrangig zusammenwirkt« (ebd., 288).

Im Subjektzentrismus der Angst ist nun auch ein individuierendes Moment enthalten: Die zentripetale Gefährdung, die Trennung von Leib und Umraum ebenso wie die Aussichtslosigkeit der Flucht konfrontieren den Sich-Ängstigenden auf radikale Weise mit sich selbst – eine Erfahrung, an die auch die existenzphilosophischen Deutungen der Angst anknüpfen. Das Subjekt sieht sich von allen rettenden Auswegen oder Personen isoliert und zugleich in eine Situation geworfen, in der es um das eigene vitale oder psychische Überleben geht, um ›Sein oder Nichtsein‹. Der leibliche Konflikt des ›gehemmten Weg!‹ erweist sich so im Kern als Konflikt zwischen der Bedrohung und der Behauptung des Selbst. Dadurch drängt die Angst das Subjekt in ein elementares ›ich-jetzt-hier‹. Sie lässt sich insofern nach Schmitz – ähnlich wie jäher Schreck, heftiger Schmerz oder peinlichste Scham – als eine Urerfahrung von *Gegenwart* charakterisieren (vgl. Schmitz 1981a).

So sehr die Konfrontation mit dem möglichen Nichtsein den Sich-Ängstigenden auf sich selbst zurückwirft, so wenig lässt sie ihm andererseits eine Distanz zur Situation, die er zur Selbstbesinnung nützen könnte. Das gilt vor allem für die panische, ›blinde‹ Angst, die den Betroffenen geradezu in eine »primitive Gegenwart« einschließt (ebd.) und in der kein Spielraum für Überlegung und Reflexion mehr bleibt. Abgesehen von diesen Extremformen enthält die Angst zwar meist noch einen eingeengten Zukunftsbezug, nämlich die Antizipation eines Unheils; insofern lassen sich Angst und mehr noch die spezifisch objektgerichtete Furcht auch als *negative Erwartungsaffekte* bezeichnen. Gleichwohl erschweren oder verunmöglichen sie die Objektivierung der Situation, die Einnahme einer Außenperspektive ebenso wie das besonnene Handeln. Angst ist ein ›schlechter Ratgeber‹, insofern sie die Zeitperspektive auf die nächste Zukunft verengt und zugleich die wahrgenommenen Möglichkeiten aufs Äußerste reduziert (›Flucht oder Untergang‹). Auch die erwähnte Atmosphäre des Unheimlichen bevölkert die Umwelt mit bedrohlichen Gestalten und Physiognomien, die dem Geängstigten zu Leibe rücken, und ist insofern mit dem Verlust des Objektivierungsvermögens verknüpft; im Zuge dessen werden die sachlich-neutralen Bedeutungen der Dinge von ihren affektiven Ausdrucksvalenzen verdrängt (Fuchs 2000, 200, 204 f.).

Gegenstände der Angst – Angst und Furcht

Betrachten wir nun die Situationen näher, auf die sich die Angst richtet. Elementare Angst besteht in einer Affektion, die uns plötzlich zustößt und die Kontinuität der Zeit unterbricht. Waldenfels hat daher die Grunderfahrungen von Angst und Staunen als paradigmatisch für die zeitliche Vorgängigkeit des *Widerfahrnisses* beschrieben: Das ›Wovor‹ der Angst hat uns bereits überwältigt, ehe es sich deutlicher bestimmen lässt. Damit erhält die Angst den Charakter eines Einbruchs des Fremden, das von der Gegenwärtigkeit des Subjekts durch eine Schwelle getrennt ist. »In der Angst entzieht sich das Fremde der bestimmenden Einordnung« (Waldenfels 1997, 44), das Subjekt verliert für den Augenblick die Orientierung. »Wüsste ich, worüber ich staune oder wovor ich mich ängstige, so würden Staunen und Angst verschwinden wie ein Phantom« (ebd.). Der Orientierungsverlust kulminiert in der buchstäblich »kopflosen« Panik, die dem Geängstigten keine geordneten Reaktionen mehr erlaubt.

Für die primäre Angst gilt daher, dass ihr Anlass sich zwar unter Umständen aus der Außenperspektive feststellen lässt, dem Subjekt selbst aber gar nicht gegeben ist. Die auf Kierkegaard zurückgehende und von Heidegger noch einmal betonte Unterscheidung der Angst von der Furcht schreibt nur dieser den intentionalen Bezug auf einen bestimmten, »innerweltlichen« Gegenstand zu, während die Angst es letztlich mit dem »Nichts« zu tun habe, nämlich mit dem »nackten Dass« des Daseins (Heidegger 1927/1986, 134) oder mit dem In-der-Welt-Sein als solchem: »Dass das Bedrohende *nirgends* ist, charakterisiert das Wovor der Angst« (ebd., 186). In der neueren philosophischen Diskussion wird diese Unterscheidung wieder kritischer gesehen: Sowohl Angst als auch Furcht antizipieren eine mehr oder minder bestimmte Bedrohung *(wovor)*, sie enthalten gleichermaßen den Antrieb zur Flucht oder Vermeidung *(wozu)*, und sie gelten reflexiv dem eigenen Selbst, dem es um sein Wohl, sein Leben oder sein Sein geht *(worum)*. Daher erscheint es angemessener, die Angst als graduelles Phänomen zwischen den Polen von reiner Angst bzw. diffuser Bangnis einerseits und konkretisierter, objektgerichteter Furcht andererseits einzuordnen (vgl. Fink-Eitel 1993; Demmerling & Landweer 2007, 80 ff.).

Dafür spricht, dass auch die Angst die intentionale und produktive Funktion der *Phantasie* in Anspruch nimmt, um sich einen möglichen Gegenstand vorzustellen. Der Verängstigte neigt dazu, sich die zunächst nur unbestimmt antizipierte Katastrophe auszumalen oder die Umgebung mit den bedrohlichen Agenzien zu bevölkern, die gerade seiner größten Angst entsprechen. Nicht zu Unrecht wies Kierkegaard (1844/1981, 161) auf die Kreativität der Selbstqual hin, zu der die Angst – ähnlich wie die Eifersucht – neigt. Dabei kommt es zu einer bedeutsamen Änderung der »Neutralitätsmodifikation«, die nach Husserl sonst einen wesentlichen Aspekt der Phantasie ausmacht: Ihre Erscheinungen haben gewöhnlich eine so vage und schattenhafte Form, »dass uns nicht einfallen könnte, dergleichen in die Sphäre aktueller Wahrnehmung und Bildlichkeit hineinzusetzen« (Husserl 1980, 59). Diese strenge Unterscheidung zwischen Wahrnehmung und Phantasie ist in der Angst suspendiert; die Grenzen zwischen Möglichkeit und impressionaler Gegebenheit beginnen zu verschwimmen. Die Angst neigt zur Illusionsbildung; sie lässt uns, wie das Kind angesichts von Schatten im dunklen Wald, an die Wirklichkeit unserer Phantasien glauben. Damit erweist sie sich als eine zur Konkretisierung und damit zur Furcht tendierende Modifikation des Bewusstseins.

Auch die psychologische Analyse bestätigt einen engen Zusammenhang von Angst und Furcht. So erweist sich die objektlose neurotische Angst, wie sie etwa in der Panikstörung scheinbar ohne Anlass auftritt, bei näherer Analyse doch als Reaktion auf eine verdrängte Bedrohung zentraler seelischer Bedürfnisse oder auf einen unbewussten Triebkonflikt (Freud 1926/2000b). Zudem belegt die klinische Erfahrung, dass die Symptomatik von Angststörungen häufig zwischen den frei flottierenden Ängsten und objektbezogenen Phobien hin- und herwechselt (Lang 1996). Wie beschrieben, versucht die Angst zur Furcht zu werden, also ihren Gegenstand namhaft oder sichtbar zu machen. So lassen sich Phobien als rückverwandelte und dadurch abgeschwächte Formen der Angst auffassen; sie vermeiden den eigentlichen Konflikt, indem sie ihn durch das umschriebene Symptom etwa einer Agoraphobie ersetzen. Hinter der Störung des Verhältnisses von Leib und Umraum, dem »verhinderten Weg!«, verbirgt sich dann ein tieferer, existenzieller Konflikt zwischen verschiedenen Lebens- und Beziehungsmöglichkeiten (s. u.).

In jedem Fall sind Angst und Furcht wie alle Affekte Weisen des menschlichen Selbstverhältnisses. Sie lassen sich als Reaktionen auf die Bedrohung des Selbst in einem als essenziell erlebten Wert auffassen, sei dieser nun vitaler, sozialer oder existenzieller Natur. Mit anderen Worten: Sie gelten dem Einbruch eines Ereignisses, das uns vom Wertvollsten und damit zugleich von uns selbst zu trennen droht. Insofern geht es in der Angst immer um das Subjekt in seiner Totalität, in seiner leiblichen oder psychischen Integrität. Zur Bedrohungsangst vor dem gefährlichen Objekt, dem Feind oder der Natur tritt beim Menschen die Angst vor dem Verlust sozialer Zugehörigkeit, aber auch die Angst um das Gelingen des Lebens und schließlich die Angst, die aus dem Bewusstsein der eigenen Sterblichkeit erwächst. Daher gibt es für den Menschen nicht nur die Tendenz der Angst zur Furcht, sondern auch umgekehrt die Tendenz der Furcht, durch innerweltlichen Objekte hindurch auf eine immer schon gegenwärtige und ausweglose Bedrohung des Selbst in seiner Totalität zu verweisen und so zur existenziellen Angst zu werden.

Biologische und anthropologische Grundlagen

Gehen wir nun von der Struktur des Phänomens über zu seinen biologischen und anthropologischen Grundlagen, d.h. von der 1. zur 3. Person-Perspektive. Dem leiblichen Grundkonflikt der Angst entspricht physiologisch eine sympathikotone vegetative Erregung (Herzklopfen, Schweißausbruch, Hyperventilation), verbunden mit allgemeiner muskulärer Anspannung und gesteigerter sensorischer Aufmerksamkeit. Darin manifestiert sich die biologische Funktion der Angst im Sinne eines Warnsystems, das zur Feind- und Gefahrenvermeidung die Flucht- oder Abwehrbereitschaft des gesamten Organismus mobilisiert. Allerdings tritt diese primäre, überlebenssichernde Funktion der Angst im Laufe der Kulturentwicklung eher in den Hintergrund. Stattdessen übernimmt die Angst zunehmend die Rolle einer Reaktion des Individuums auf soziale und existenzielle Gefährdungen, für die jene ursprüngliche sensomotorische Alarmierung nur noch von begrenztem Nutzen ist. Dass die Angst gleichwohl den Menschen nicht verlässt, sondern in vielfältigen Formen und Verwandlungen eher noch gesteigert heimsucht, wirft die Frage nach den anthropologischen Ursachen der besonderen Angstbereitschaft des Menschen auf. Folgende Aspekte sind dabei von Bedeutung:

a) Zunächst bringt die biologisch bedingte *Ungesichertheit der menschlichen Existenz* bereits in der frühen Kindheit eine erhöhte Disposition zur Angst mit sich. Als »physiologische Frühgeburt« (Portmann 1944) ist der Mensch von Anfang an einer besonderen Gefährdung ausgesetzt; entsprechend sah Freud die primäre Wurzel der Angst in der »lang hingezogenen Hilflosigkeit und Abhängigkeit des kleinen Menschenkindes« (Freud 1926/2000b, 293). Die Angst erfüllt somit eine wichtige Funktion im biologisch angelegten Bindungssystem (Bowlby 1969/1975), indem sie den Verlust der Nähe und Zuwendung der Bezugspersonen und damit der für das Kleinkind vital notwendigen Geborgenheit anzeigt.

b) Hinzu kommt die Funktion von Ängsten zur internen *Regulation des Verhaltens im sozialen Verband*: Mit Angst reagieren Menschen auf Bedrohungen des Selbstwerts, des eigenen Status in der Rangordnung der Gruppe ebenso wie auf mögliche Bestrafung (Schuld-, Gewissensangst) bis hin zum drohenden Verlust des Schutzes der Gruppe durch die Ausstoßung (»Disgregationsangst«, Bilz 1971). Insoweit die Kulturentwicklung auf einem System von Triebkontrollen und -versagungen beruht, die vom Individuum internalisiert werden, geschieht auch dies, wie Freud in *Das Unbehagen in der Kultur* ausführt (Freud 1930/2000c), um den Preis der Angst, die gleichsam als innerer Wächter der Selbstkontrolle installiert wird. Da man sich inneren Triebkonflikten nicht durch Flucht entziehen kann, entsteht neurotische Angst, die ihrerseits eine Verdrängung des Bedrohlichen ins Unbewusste zur Folge hat. Insofern stellen Konflikte zwischen Individuum und Sozialität, seien sie nun äußerlich ausgetragen oder in das Subjekt verlagert, für den zivilisierten Menschen die häufigsten Anlässe für Ängste dar und liegen auch der Mehrzahl von klinischen Angststörungen zugrunde.

c) Die Angstbereitschaft des Menschen wird weiter gesteigert durch seine *Fähigkeit zur Imagination* und zur Antizipation der Zukunft, die ihn mögliche Gefahren – Krankheiten, Verluste, Trennungen, Not oder Krieg – in der Vorstellung vorwegnehmen lässt. Damit wird die *Sorge* um das eigene Leben zur grundlegenden Daseinsstruktur. Die Zeitperspektive der Angst erweitert sich über die Gegenwart und nächste Zukunft hinaus bis hin zur letzten Ausweglosigkeit des eigenen Todes, ja nicht selten noch darüber hinaus. Da die Möglichkeiten des Entkommens oder der Vorkehrungen begrenzt bzw. angesichts des Todes ganz aussichtslos sind, bleibt auch in der sichersten Gegenwart immer Anlass für Angst – und sei es die keineswegs seltene Angst vor der Angst selbst, also vor der Wiederkehr einmal erlebter Angstzustände oder Bedrohungen. Hier zeigt sich die antizipative Struktur der Angst als zusätzlich verflochten mit den traumatischen Erfahrungen des Individuums in der Vergangenheit.

d) Angst ist schließlich der Preis für die Offenheit des »nicht festgestellten Tiers« (Nietzsche 1886/1965, 623), also für den *Spielraum der Freiheit*, der den natürlichen Notwendigkeiten des tierischen Lebens gegenübersteht. Dass das eigene Leben dem Menschen nicht einfach vorgegeben, sondern aufgegeben ist (Blankenburg 1996), bedeutet zugleich eine höhere, nämlich existenzielle Gefährdung. Über die elementare Daseinsvorsorge hinaus wird dem Menschen das Leben zu einem Wagnis: Er kann durch eigene Entscheidungen seine Ziele oder Werte verfehlen, ein zu hohes oder auch zu geringes Risiko eingehen; nur dem Menschen kann das Leben selbst misslingen und scheitern. Damit eröffnet sich das Feld existenzieller Ängste, die sich auf das mögliche Verfehlen zentraler Aspekte der Selbstrealisierung richten.

Begünstigen somit die besondere Verletzlichkeit, die Instinkt- und Gegenwartsentbundenheit des Menschen die Entstehung von Angst auf unterschiedlichen Stufen, so eröffnen sich ihm doch andererseits Möglichkeiten der Angstbewältigung, die dem Tier nicht gegeben sind. Die Kulturentwicklung lässt sich nicht zuletzt als eine kollektive Anstrengung verstehen, die natürlichen Bedrohungen durch Feinde, Krankheit, Hunger und Tod immer weiter zurückzudrängen und damit Angst abzuwehren. Das Gleiche gilt für das Individuum und seine präventiven Möglichkeiten der Angstreduktion. Nicht zuletzt bleibt ihm aber auch in auswegloser Lage die rettende Fähigkeit, sich zu sich selbst und seiner Situation zu verhalten: Die Angst kann zwar in Verzweiflung übergehen, wenn die Situation keine Hoffnung auf Befreiung mehr lässt; sie verschwindet jedoch gerade dann, wenn es dem Subjekt gelingt, sich ins Unvermeidliche zu schicken, den Fluchtimpuls aufzugeben und so auch den leiblichen Konflikt als Kern der Angst aufzulösen. Eine solche Möglichkeit stellt nicht die Vorgängigkeit der Spirale der Angst in Frage, weist aber auf das menschliche Vermögen hin, selbst auf unentrinnbare Widerfahrnisse noch Antworten zu geben.

Einzelne Formen des Angsterlebens

Wie bereits mehrfach deutlich wurde, treten auf den verschiedenen Stufen des seelischen Lebens, entsprechend den jeweils dominierenden Motivationen und Wertorientierungen, auch unterschiedliche Formen von Angst auf, die im Folgenden exemplarisch beschrieben werden sollen. Sie reichen von der elementaren vitalen Angst vor tödlicher Bedrohung bis zur existenziellen Angst um das Gelingen des Lebens. Im konkreten Fall sind die verschiedenen Formen allerdings vielfach miteinander verflochten, obwohl meist ein bestimmtes Moment vorherrschend ist.

(1) Vitale Angst: Die akute Lebensbedrohung führt in der Regel zur *vitalen* oder *Todesangst*, etwa in Form der Erstickungsangst beim schweren Asthmaanfall, der stenokardischen Angst beim Herzinfarkt oder der ansteckenden Todesangst in der Massenpanik. Diese Formen elementarer, instinktiver Angst entsprechen am ehesten dem reinen leiblichen Konflikt des »gehinderten Weg!« und gehen meist einher mit dem vollständigen Verlust der Selbstdistanzierung und Situationsübersicht (»blinde« oder »kopflose Angst«). Eine andersartige, aber gleichfalls vitale und primär gegenstandslose Angst kennzeichnet auch die schwere, phasisch wiederkehrende Depression (Schneider 1920): Sie manifestiert sich weniger in Panikanfällen als vielmehr in einer konstanten, massiven Einengung des gespürten Leibes (Oppressions- oder Panzergefühl vor allem auf der Brust), der damit allen expansiven Richtungen Widerstand entgegensetzt und im äußersten Fall die Patienten in angstvollem Stupor regelrecht erstarren lässt.

(2) Raumängste: Die für die Angst charakteristische Trennung zwischen Leib und Umraum wird besonders an den raumbezogenen Phobien deutlich. So rückt in der *Agoraphobie* die Umgebung in eine abgründige Ferne, die eine bedrohliche Leere zurücklässt. Die Weite des Raumes gibt dem Blick keinen Halt mehr, der Bewegung kein Ziel in erreichbarer Nähe. Mit der Abspaltung des Raums wird der Leib auf sich zurückgeworfen und fällt in elementare Angst. Umgekehrt dringt in der *Klaustrophobie* der Umraum förmlich auf den Leib ein und treibt ihn in die Enge. Menschenansammlungen, Theatersäle, Aufzüge usw. lösen einen Fluchtimpuls aus, der aber durch räumliche Barrieren unterbunden wird. In der *Höhenangst* schließlich erzeugt die ungewohnte Ferne der Objekte beim Blick nach unten die ›gähnende Leere‹ des Abgrunds: Die Richtung des Blicks in die Tiefe zieht den Leib sogartig nach sich, wogegen sich wiederum ein massiver

Fluchtimpuls richtet. Beide Tendenzen halten sich dabei in Schach und erzeugen den leiblichen Konflikt der Angst (vgl. Schmitz 1988, 136 ff.).

In den Raumängsten ›dynamisiert‹ sich somit der umgebende Raum, er rückt in die Weite oder schrumpft zusammen. Das Übermaß des Affekts destabilisiert die vertraute geometrische Struktur des Raumgefüges, in der sich der Leib sonst einrichtet; die Angst schnürt ihn vom Umraum ab. Freilich lässt sich die Genese der Raumängste nicht mehr rein leibräumlich beschreiben. Dass die symbolischen Qualitäten des Raums dabei eine wesentliche Rolle spielen, zeigt sich zum einen am Charakter der *Öffentlichkeit,* den die von Agoraphobikern gefürchteten Räume haben: Die Patienten antizipieren auch die Exposition vor anderen, den eigenen Kontroll- und Gesichtsverlust. Zum anderen ist die Tiefe des Raumes als Möglichkeit von Bewegung zugleich eine Dimension der gelebten *Zukunft,* die verlockend oder aber bedrohlich erscheint. Die lähmende Angst des Agoraphobikers vor dem Offenen und Freien entspricht insofern einem existenziellen ›Nicht-von-der-Stelle-Kommen‹, einem Zurückweichen vor der Zukunft in die vertraute Nahwelt (von Gebsattel 1954, 66 f.). Im Hintergrund steht oft die Angst vor insgeheim gehegten Wünschen nach Selbstrealisierung, die aber eigenen Hemmungen oder Moralgeboten widersprechen und daher als gefährdend erlebt werden. Angst erfüllt dann die Funktion, mögliche Freiheit zugunsten von Sicherheit zu vermeiden. Auch der Klaustrophobie liegt oft eine latente Angst vor einem Verlust von Wahl- und Entfaltungsmöglichkeiten in einer einengenden Lebens- oder Beziehungssituation zugrunde (Fuchs 2000, 181 ff.). Im agoraphoben Gefühl der Verlassenheit in leerer Weite spiegelt sich schließlich die häufige Auslösung von Panikanfällen durch Trennungssituationen, Todesfälle oder Orientierungskrisen.

(3) Soziale Ängste: Bleiben die psychosozialen Ursachen von Raumängsten zumeist noch verdeckt, so zeigt sich die Angewiesenheit des Menschen auf den Schutz, die Geborgenheit und Wertschätzung der Gruppe in einer Vielzahl manifester sozialer Ängste. In der für die Angst charakteristischen Abspaltung von Leib und Umraum kommt hier nicht mehr eine vitale Bedrohung, sondern eine Gefährdung des Beziehungsraums der Person zum Ausdruck, in erster Linie eine drohende Trennung oder Verlassenheit. Dies beginnt mit der Angst des Kleinkindes vor Alleinsein oder Dunkelheit, lässt sich aber auch phylogenetisch zurückverfolgen: Die bereits erwähnte Disgre-

gationsangst des Frühmenschen galt dem Verlust des Kontakts zur Gruppe, der zum Überleben in einer feindlichen Umwelt erforderlich war. Verlassen, ausgesetzt, verstoßen zu werden kam einem Todesurteil gleich und löste massive Alarmreaktionen aus (Bilz 1971).

Diese elementaren Ängste transformieren sich allerdings in der weiteren psychischen Entwicklung, nämlich in Angst vor Zurückweisung, Liebesentzug, Entwertung oder Bestrafung, also vor subtileren Bedrohungen der sozialen Zugehörigkeit und Anerkennung. Zu solchen Ängsten gehören insbesondere Scham und Schuldgefühl, die bereits die Einnahme einer Außenperspektive auf das eigene Selbst voraussetzen: In ihnen reagiert das Kleinkind auf Erfahrungen von Bloßstellung, Missbilligung oder Strafe. Solche Erfahrungen sedimentieren sich zu Angstbereitschaften, die auch unabhängig von der konkreten sozialen Situation aktualisiert werden. So entwickelt sich das Schuldgefühl aus der Angst vor der antizipierten Bestrafung durch eine nunmehr internalisierte Autorität: »Gewissen ist […] in seinem Ursprung ›*soziale Angst*‹ und nichts anderes« (Freud 1916/2000a, 39). Zu den Ängsten, die die Stellung des Individuums im sozialen Verband regulieren, gehören weiter die Angst vor Versagen, Herabsetzung, Statusverlust, aber auch vor Hingabe, Selbstverlust und Unfreiheit in persönlichen Beziehungen. Sie können sich in dauerhaften Fehl- oder Vermeidungshaltungen wie übermäßiger Schüchternheit, Angepasstheit, Geltungsbedürftigkeit oder Bindungsscheu niederschlagen.

(4) Existenzielle Ängste: Aus dem reflexiven Selbstverhältnis des Menschen resultiert die Freiheit bzw. Notwendigkeit von Entscheidungen über das eigene Leben ebenso wie das Bewusstsein seiner Begrenztheit durch den Tod. Die damit verbundene Sorge um das eigene Sein ist die Quelle verschiedener Ängste, die sich gleichermaßen als existenzielle bezeichnen lassen: In Frage gestellt ist das ›Woraufhin‹ und ›Worumwillen‹ des Daseins als solchen. Folgende Formen lassen sich unterscheiden:

a) Eine existenzielle Beunruhigung liegt in der Offenheit und Ungewissheit von Lebensentscheidungen, in der Konfrontation mit einem prinzipiell grenzenlosen Möglichkeitsspielraum, der analog zur Höhenangst einen »Schwindel der Freiheit« (Kierkegaard) hervorrufen kann. Es geht um die grundlegende Angst vor dem Wagen oder Verfehlen des eigenen Lebens, die vor allem von hohen Selbstansprüchen und -idealen genährt wird – sie steigern gleichsam die Fallhöhe des Lebensentwurfs und können die freie Lebensbewegung lähmen.

b) Damit eng verknüpft ist die Angst vor der Selbstwerdung (Riemann 1961), also vor dem Ergreifen von eigenen Möglichkeiten, da die Individuation als Vereinzelung, ja als Vereinsamung wahrgenommen und gefürchtet wird. Die Freiheit der Selbstwahl ist darüber hinaus verknüpft mit der Erfahrung der Grundlosigkeit und damit »Ungerechtfertigtheit« der eigenen Existenz (Holzhey-Kunz 1994, 189), die nicht mehr in einer vorgegebenen, sichernden Bahn verläuft und, in Analogie zur Weiteangst des Agoraphobikers, zu einem existenziellen *horror vacui* führen kann. Hier zeigt sich erneut, wie auf den unterschiedlichen Ebenen der Angst analoge Schematismen wirksam sind.

c) Umgekehrt entspricht der Klaustrophobie, wie bereits angedeutet, auf existenzieller Ebene die wahrgenommene Abschnürung, Unerreichbarkeit oder Verfehlung von Möglichkeiten der Selbstentfaltung. Dies kann sich zunächst in der Angst vor Festlegung und Bindung manifestieren, die den Lebensentwurf so lange wie möglich in der Schwebe zu lassen versucht, denn jede Begrenzung wird bereits als Einschränkung oder gar als Gefängnis erfahren (Fuchs 2008, 102 f.). Zum gleichen Typus gehört die Angst angesichts des ungelebten Lebens und der versäumten Möglichkeiten, die vom Bewusstsein einer zu Ende gehenden Lebensphase oder des sich nähernden Todes hervorgerufen wird (›Torschlusspanik‹) (Fuchs 2012).

d) Als *Daseins-* oder *Weltangst* lässt sich die Angst davor bezeichnen, einer un-heimlichen, ihrer vertrauten Bezüge beraubten, in ihrer letztlichen Bedeutungslosigkeit sich offenbarenden Welt ausgesetzt zu sein. Es entsteht ein beklemmendes Gefühl der Leere und Entfremdung, das die Welt in abgründige Ferne rücken und zugleich den Sinn des Daseins fragwürdig werden lässt. Eine erste Formulierung für diese metaphysische Verlorenheit findet Pascal im »Schaudern vor dem ewigen Schweigen der unendlichen Räume« (Pascal 1670/1978, 115):

> Wenn […] ich bedenke, dass das ganze Weltall stumm und der Mensch ohne Einsicht sich selbst überlassen ist wie ein Verirrter in diesem Winkel des Weltalls, […] dann überkommt mich ein Grauen, wie es einen Menschen überkommen müsste, den man im Schlaf auf einer wüsten und schreckvollen Insel ausgesetzt und der erwachend weder weiß wo er ist, noch wie er entkommen kann (ebd., 318).

Für Heidegger tritt in der Angst die fundamentale Ungeborgenheit des Daseins zutage: »Das Wovor der Angst ist das In-der-Welt-Sein als solches«, insofern diese Welt den »Charakter völliger Unbedeutsamkeit« aufweist (Heidegger 1927/1986, 186). Andererseits wirft gerade diese existenziale Angst den Menschen in der Weise auf sich selbst zurück, dass er sich nicht mehr mit den alltäglichen Selbstverständlichkeiten des gewohnten Lebens beruhigt, sondern in der Vereinzelung auch auf seine eigentlichen Möglichkeiten besinnt. Ähnlich gerät das Dasein nach Jaspers in *Grenzsituationen*, die alle bisherigen Entwürfe und Sinngehäuse fragwürdig erscheinen lassen und den Menschen mit den unauflösbaren Antinomien der *conditio humana* konfrontieren. Das Zerbrechen der Gehäuse von Gewohnheit, Vermeidung, Verleugnung und Ideologie löst unweigerlich Angst aus, gibt aber zugleich die Möglichkeit zum »Aufschwung« oder »Sprung zur Existenz« (Jaspers 1932/1973, 207; Fuchs 2008).

e) Die *Todesangst* tritt nicht nur als vitale Angst bei unmittelbarer Lebensgefahr auf, sondern aufgrund des menschlichen Selbstverhältnisses auch in existenzieller Form. Hier zeigt sie sich als Angst vor der Auflösung oder dem Verlöschen des Selbst, vor dem Verlust aller Beziehungen und Gestalten des Lebens, vor der im Tod antizipierten »Unmöglichkeit aller Möglichkeiten« (Levinas 1961/1987, 73, 402). Für Heidegger erschließt sie als vorauslaufende Angst die grundlegende Struktur des Daseins als »Sein zum Tode« und damit gerade die Möglichkeit des eigenen Selbstseins. Doch wird die Angst vor der letzten Ausweglosigkeit in besonderer Weise verdrängt und verbirgt sich hinter dem zwar offensichtlichen, aber eben nur allgemeinen Wissen: »man stirbt am Ende auch einmal« (Heidegger 1927/1986, 253). Daher taucht sie eher in vielfältigen Verkleidungen auf, nicht zuletzt in den bereits erwähnten umschriebenen Phobien, in hypochondrischen Befürchtungen oder in gegenstandslosen Panikgefühlen.

f) Als spezifisch aus dem menschlichen Selbstverhältnis resultierende Angst ist schließlich auch die *psychotische Angst* vor der Auflösung und dem Untergang des Selbst anzusehen, die in der Überflutung des Bewusstseins mit entfremdeten Fragmenten von Gedanken, Bildern und Impulsen und in der Auflösung der Grenzen zwischen Ich und Welt (Ich-Störungen) erlebt wird. Sie tritt im Drogenrausch (etwa bei LSD), in deliranten Zuständen oder akuten schizophrenen Psychosen auf. Kann man sie aufgrund des drohenden Selbstverlusts zu den existenziellen Ängsten rechnen, so gleicht sie doch der vitalen Angst im meist vollständigen Verlust der Selbstbesinnung und Distanzierungsfähigkeit.

In den vielfältigen existenziellen Ängsten zeigt sich, dass das menschliche Dasein nicht nur im biologischen und sozialen Sinn gefährdet ist, sondern auch durch sein Selbstverhältnis, das heißt durch seine Freiheit, Offenheit und Ungesichertheit. Damit eröffnet sich ein schwindelnder Abgrund von Möglichkeiten, deren Wahl letztlich in grund- und kriterienloser Selbstbestimmung erfolgt, aber auch zum Scheitern führen kann – in Kierkegaards berühmter Formulierung:

> Angst kann man vergleichen mit Schwindel. Wessen Auge in eine gähnende Tiefe hinunterschaut, der wird schwindlig. Der Grund seines Schwindels aber ist ebensosehr sein Auge wie der Abgrund; denn gesetzt, er hätte nicht hinuntergestarrt! So ist die Angst der Schwindel der Freiheit, die aufsteigt, wenn […] die Freiheit nun hinunterschaut in ihre eigene Möglichkeit und dabei die Endlichkeit ergreift, um sich daran zu halten (Kierkegaard 1844/1981, 60).

Wie sich der von Höhenschwindel Erfasste am Fels über dem Abgrund festklammert, so ist, wer der Freiheit ausgesetzt ist, ebenso von ihr angezogen wie er vor ihr zurückschreckt. Der leibliche Konflikt der Angst, das »gehinderte Weg!«, kehrt auf der existenziellen Ebene wieder. Im Augenblick vor der Wahl wird alles möglich, und nichts könnte den Wählenden zwingen, das eine und damit nicht das andere zu wählen. Diese Situation der Freiheit ist ebenso faszinierend wie beängstigend; damit wird Angst aus existenzphilosophischer Sicht zur Grundbefindlichkeit des Daseins.

Die existenzielle Angst bei Sartre

Die Dialektik und Ambiguität der Angst hat auch Sartre in seinem Werk *Das Sein und das Nichts* (1943/1962) analysiert. In der Angst bezeugt sich, so Sartre, dass das Subjekt durch das Nichts seiner Freiheit von seinem Wesen im Sinne des Gewesenen und Gewordenen geschieden ist, also von den sedimentierten Gewohnheiten, Haltungen und Entschlüssen seiner Vergangenheit. In der Angst bin ich mir dessen bewusst, dass nichts mich hindert, mich wieder auf andere Wege zu begeben und die Entscheidungen zu ignorieren, die mein vergangenes Ich getroffen hat. Der Spieler, der ernstlich beschlossen hat, nicht mehr zu spielen, sieht, in die Nähe des Spieltisches gekommen, plötzlich alle seine Vorsätze ins Wanken geraten. Er will nicht spielen, »aber was er dann in der Angst erfasst, das ist gerade die Unwirksamkeit des vergangenen Entschlusses. Er ist da, zweifellos, aber erstarrt, unwirksam, *überschritten* gerade durch die Tatsache, dass ich Bewusstsein von ihm habe« (Sartre 1943/1962, 75). Angst ist der Preis dafür, sich nicht als von der Vergangenheit determiniertes, sondern als zu jedem Zeitpunkt freies Wesen zu erfahren.

Die gleiche Infragestellung richtet sich daher auch auf die Zukunft: In jedem Augenblick wird das Subjekt die Möglichkeit haben, seine eigenen Entscheidungen und Entwürfe wieder zu revidieren. Sartre verdeutlicht dies an der Höhenangst: Alle die Furcht vor dem Absturz bannenden Vorsätze (auf die Steine am Weg achten, sich vom Rand des Pfades entfernt halten usw.) sind doch nicht zwingend, sie bestimmen also nicht unumstößlich sicher mein künftiges Verhalten. »Wenn *nichts* mich zwingt, mein Leben zu bewahren, hindert mich *nichts*, mich in den Abgrund zu stürzen. Die endgültige Verhaltensweise wird aus einem Ich hervorgehen, das ich noch nicht bin« (ebd., 74). Aus diesem Bewusstsein des Könnens nährt sich der Schauder vor dem Abgrund: Schwindel ist die Angst vor einer Freiheit, die im wörtlichen Sinne absolut und grund-los ist.

An der Wurzel der Angst liegt also gleichsam ein ›Satz vom unzureichenden Grund‹, nämlich dafür, eine Möglichkeit statt einer anderen zu ergreifen. Meine Vergangenheit zwingt mich nicht dazu, etwas zu tun; in jedem Augenblick könnte ich mich von allen Bindungen, Verpflichtungen und Versprechen lösen, ja angesichts der Absolutheit der Freiheit scheinen alle Möglichkeiten gleich berechtigt oder gleich gültig zu sein. Das wird besonders deutlich in Sartres Analyse der Wertkonstitution: Danach gibt es weder objektive Erkenntnis noch objektives Sein der Werte. Sie konstituieren sich als solche ausschließlich durch meine Freiheit, »und nichts, absolut nichts rechtfertigt mich, diesen und nicht jenen Wert, diesen und nicht jenen Wertmaßstab mir zu eigen zu machen. Insoweit ich das Sein bin, durch das jene Werte bestehen, bin ich ohne Rechtfertigung« (ebd., 82). Die Freiheit ängstigt sich jedoch, die absolute, aber rechtfertigungslose

Grundlage der Werte zu sein, die sie zugleich mit ihrer Wahl wählt. In letzter Instanz ängstigt sie sich vor sich selbst (ebd., 78).

Die Angst vor meinem Sein-Können impliziert offensichtlich ein komplexes Verhältnis zwischen dem aktuellen und dem zukünftigen Ich. Einerseits besteht eine Identität zwischen beiden: Ich entwerfe mich in die Zukunft und bin in gewissem Sinn bereits dort; es geht um mich und mein eigenes Leben. Zugleich ist das zukünftige Ich aber von mir absolut getrennt: »In das Innere dieser Beziehung hat sich ein Nichts geschlichen: ich *bin* nicht der, der ich sein werde« (ebd., 74). Auf keine Weise kann ich mein zukünftiges Ich sicher bestimmen oder determinieren; seine Entschlüsse werden aus ihm hervorgehen. Es ist ein freies, autarkes Ich, das von mir unabhängig sein wird. Dieser Widerspruch im Selbstverhältnis zwischen Identität und Nicht-Identität ist wesentlicher Bestandteil des Phänomens der Angst: »Das Bewusstsein, seine eigene Zukunft zu sein in der Weise, sie nicht zu sein, das ist genau das, was wir *Angst* nennen« (ebd., 74). Mein Leben hängt von einem künftigen Ich ab, das ich noch nicht bin: Der Schwindel der Angst »erscheint als das Erfassen dieser Abhängigkeit« (ebd.).

Sartres Analyse der Angst steht im Kontext seiner Ontologie des menschlichen Bewusstseins oder Für-sich-Seins als Einheit von Identität und Nicht-Identität: Die Angst ist der Affekt, der aus der Freiheit aufsteigt, insofern sie einen Spalt, ein »Nichts« im Selbst erzeugt. Freilich wird damit nur *eine* Form existenzieller Angst erfasst, nämlich die, welche aus der Indeterminiertheit des Subjekts resultiert. Die fundamentale Ausgesetztheit der Existenz liegt aber nicht nur in ihrer Möglichkeit zur Freiheit begründet, sondern auch in ihrer Verletzlichkeit, ihrer Endlichkeit ebenso wie in der Fragwürdigkeit aller sie tragenden Sinnzusammenhänge. Hier resultiert die Angst des Subjekts nicht aus der Macht des willkürlichen eigenen Könnens, sondern eher aus der Ohnmacht gegenüber einer von außen her einbrechenden Möglichkeit, dem Ausgeliefertsein an eine unausweichliche Zukunft oder dem Erleiden eines absoluten Sinnverlusts. Mit anderen Worten: Die Analyse der existenziellen Angst muss auch die Passivität des Subjekts mit einbeziehen.

Die Angst um den Anderen bei Levinas

Abschließend sei eine Position kurz dargestellt, die bislang in der Angstforschung nicht die verdiente Aufmerksamkeit gefunden hat, nämlich Levinas' Analyse aus einer ethischen Perspektive. Sie stellt den Ansatz Heideggers in Frage, der von einer Koinzidenz zwischen dem ›Wovor‹ und dem ›Worum‹ der Angst ausgeht: »Das, *worum* die Angst sich ängstet, enthüllt sich als das, *wovor* sie sich ängstet: das In-der-Welt-Sein« (Heidegger 1927/1986, 189). Auch bei Sartre bezieht sich das ›Worum‹ der Angst ausschließlich auf das Subjekt und auf sein eigenes Sein-Können. Diese reine Selbstbezüglichkeit der Angst stellt Levinas in Frage. So beschreibt er in *La trace de l'autre* das »Werk der Güte« im Sinne einer Bewegung des Selben zum Anderen, die niemals zum Selben zurückkehrt. In der Güte zeigt sich eine Form der Selbstvergessenheit, nämlich ein Sein für eine Zeit des Anderen, die ohne mich sein wird. Ein solcher Aufbruch ohne Wiederkehr bedeutet, darauf zu verzichten, »die Ankunft am Ziel zu erleben« (Levinas 1963/1983, 215). Mit dieser Formulierung hebt Levinas ein radikales Sein-für-den-Anderen hervor, das meine Verantwortung für ihn jenseits der Angst vor dem eigenen Tod impliziert: »Sein für eine Zeit, die ohne mich wäre, Sein für eine Zeit nach meiner Zeit, für eine Zukunft jenseits des berühmten ›Seins-zum-Tode‹, ein Sein-für-nach-dem-Tode« (ebd., 217). Dem folgend, erscheint im späteren Text *Dieu, la mort et le temps* die Angst vor dem Nicht-Sein des Geliebten oder des Anderen als fundamentaler als die Angst vor dem eigenen In-der-Welt-Sein (Levinas 1993/1996; Micali 2004).

Levinas' Ansatz ergänzt somit eine lange Tradition der Angstforschung, die auf dem Moment der Vereinzelung des Subjekts insistiert hat: Meine Angst kann sich auch auf das Sein (und Nicht-Sein) des Anderen jenseits meines Todes richten. »›Dass die Zukunft und die entferntesten Dinge die Regel seien für alle gegenwärtigen Tage!‹ – dies ist kein banaler Gedanke, der die eigene Dauer erschließt, sondern der Übergang zur Zeit des Anderen« (Levinas 1963/1983, 217). In diesem ethischen Kontext modifizieren sich die Gefühle der Ohnmacht im Kern der Angst: Sie entstehen hier durch das Bewusstsein, dass ich nicht beim Anderen sein kann, als Angst vor den Widerfahrnissen, die ihm getrennt von mir zustoßen könnten. Eine solche Perspektive der Angst um den Anderen transzendiert meine eigene Zeitlichkeit und verwandelt das strukturelle Worumwillen der Angst.

Zusammenfassung

Aus phänomenologischer Sicht zeigt sich die Angst als komplexes Phänomen, das zunächst durch eine leibliche Antwort auf eine bedrohliche Situation charakterisiert ist. Diese Antwort besteht in einem Widerstreit zwischen einer leiblichen Einengung (Konstriktion) und einem gleichzeitigen Fluchtimpuls, der sich nicht realisieren lässt. Daraus lassen sich weitere Merkmale des Angsterlebens ableiten wie die Erfahrung von Ohnmacht, der Verlust der Situationsübersicht und Selbstbesinnung, der Subjektzentrismus und die invasive Atmosphäre der Unheimlichkeit. Immer geht es in der Angst um eine Erschütterung und Bedrohung des Selbst in seiner Totalität. Aus einer anthropologischen Perspektive liegen die Voraussetzungen der besonderen Angstbereitschaft des Menschen in seiner biologischen Gefährdung, seiner Angewiesenheit auf Sozialität, seiner Imaginationsfähigkeit, aber auch in der grundlegenden Offenheit und dem Möglichkeitsspielraum seiner Existenz.

In der Typologie einzelner Formen des Angsterlebens zeigte sich, dass die Grundstruktur der Angst, die Hemmung eines Fluchtimpulses angesichts einer Bedrohung, auf den verschiedenen Stufen in ähnlicher Weise wiederkehrt. Angst ist eine Grunderfahrung des leiblich verfassten und situierten Subjekts, die sich gleichermaßen im primären Leib- und Bewegungsraum, im sozialen Raum der Beziehungen und schließlich im symbolischen Raum der Existenz manifestiert. In ihr erweist sich das Subjekt als essenziell bedürftig, angewiesen auf die Verbindung zu seinen zentralen Beziehungen und Lebensmöglichkeiten, deren Gefährdung oder Trennung es als elementare Bedrohung erfährt. In der Angst wird sichtbar, dass die Autonomie des Individuums keine Autarkie impliziert, sondern immer nur als Autonomie in Bezogenheit zu denken ist.

Literatur

Bilz, R. (1965). Der Subjektzentrismus im Erleben der Angst. In H. von Ditfurth (Hrsg.), *Aspekte der Angst* (S. 109-123). Stuttgart: Georg Thieme Verlag.

Bilz, R. (1971). *Paläoanthropologie, Bd. 1. Wie frei ist der Mensch?* Frankfurt am Main: Suhrkamp.

Blankenburg, W. (1996). Vitale und existenzielle Angst. In H. Lang & H. Faller (Hrsg.), *Das Phänomen Angst. Pathologie, Genese und Therapie* (S. 43-73). Frankfurt am Main: Suhrkamp.

Bowlby, J. (1969/1975). *Bindung. Eine Analyse der Mutter-Kind-Beziehung.* München: Kindler.

Demmerling, C., Landweer, H. (2007). *Philosophie der Gefühle. Von Achtung bis Zorn.* Stuttgart: Metzler.

Fink-Eitel, H. (1993). Angst und Freiheit. Überlegungen zur philosophischen Anthropologie. In ders. & G. Lohmann (Hrsg.), *Affekte. Zur Philosophie der Gefühle* (S. 57-88). Frankfurt am Main: Suhrkamp.

Freud, S. (1916/2000a). Zeitgemäßes über Krieg und Tod. In ders., *Studienausgabe* Bd. IX (hrsg. v. A. Mitscherlich u.a.) (S. 33-60). Frankfurt am Main: Fischer.

Freud, S. (1926/2000b). Hemmung, Symptom und Angst. In ders., *Studienausgabe* Bd. VI (hrsg. v. A. Mitscherlich u.a.) (S. 227-308). Frankfurt am Main: Fischer.

Freud, S. (1930/2000c). Das Unbehagen in der Kultur. In ders., *Studienausgabe* Bd. IX (hrsg. v. A. Mitscherlich u.a.) (S. 191-270). Frankfurt am Main: Fischer.

Fuchs, T. (2000). *Leib, Raum, Person. Entwurf einer phänomenologischen Anthropologie.* Stuttgart: Klett-Cotta.

Fuchs, T. (2008). Existenzielle Vulnerabilität. Ansätze zu einer Psychopathologie der Grenzsituationen. In S. Rinofner-Kreidl & H. Wiltsche (Hrsg.), *Karl Jaspers' »Allgemeine Psychopathologie« zwischen Wissenschaft, Philosophie und Praxis* (S. 95-104). Würzburg: Königshausen & Neumann.

Fuchs, T. (2010). Das Unheimliche als Atmosphäre. In K. Andermann & U. Eberlein (Hrsg.), *Gefühle als Atmosphären. Neue Phänomenologie und philosophische Emotionstheorie* (S. 167-182). Berlin: De Gruyter.

Fuchs, T. (2012). Das ungelebte Leben. In M. Anderheiden & W. U. Eckart (Hrsg.), *Handbuch Sterben und Menschenwürde* (S. 495-510). Berlin: De Gruyter.

Fuchs, T., Micali, S. (2013). Phänomenologie der Angst. In L. Koch (Hrsg.), *Angst. Ein interdisziplinäres Handbuch* (S. 61-71). Stuttgart Weimar: Metzler.

Heidegger, M. (1927/1986). *Sein und Zeit* (16. Aufl.). Tübingen: Niemeyer.

Holzhey-Kunz, A. (1994). *Leiden am Dasein. Die Daseinsanalyse und die Aufgabe einer Hermeneutik psychopathologischer Phänomene.* Wien: Passagen.

Husserl, E. (1980). Phantasie und Bildbewusstsein (Vorlesung 1904/05). In ders., *Phantasie, Bildbewusstsein, Erinnerung. Zur Phänomenologie der anschaulichen Vergegenwärtigung. Texte aus dem Nachlass (1898-1925)* (hrsg. v. E. Marbach) (S. 15-50). Dordrecht Boston London: Springer.

Jaspers, K. (1932/1973). *Philosophie, Bd. II. Existenzerhellung.* Berlin Heidelberg New York: Springer.

Kierkegaard, S. (1844/1981). *Der Begriff Angst.* In ders., *Gesammelte Werke,* 11./12. Abteilung (hrsg. v. E. Hirsch). Gütersloh: Gütersloher Verlagshaus.

Lang, H. (1996). Zur Pathologie der Angst und Angstverarbeitung. In ders. & H. Faller (Hrsg.), *Das Phänomen Angst. Pathologie, Genese und Therapie* (S. 122-145). Frankfurt am Main: Suhrkamp.

Levinas, E. (1961/1987). *Totalität und Unendlichkeit. Versuch über die Exteriorität.* Freiburg München: Alber.

Levinas, E. (1963/1983). *Die Spur des Anderen* (übers. v. W. N. Krewani). Freiburg München: Alber.

Levinas, E. (1993/1996). *Gott, der Tod und die Zeit* (übers. v. A. Nettling & U. Wassel). Wien: Passagen.

Micali, S. (2004). Zeiterfahrungen. Eine phänomenologische Analyse der Zeitlichkeit als brüchige Erfahrung. *Phänomenologische Forschungen*, 11-36.

Nietzsche, F. (1886/1965). *Jenseits von Gut und Böse*. In ders., *Werke in drei Bänden* (hrsg. v. K. Schlechta), Bd. II (S. 563-759). Darmstadt: Wissenschaftliche Buchgesellschaft.

Pascal, B. (1670/1978). *Pensées. Über die Religion und über einige andere Gegenstände*. Heidelberg: Lambert Schneider.

Portmann, A. (1944). *Biologische Fragmente zu einer Lehre vom Menschen*. Basel: Schwabe.

Riemann, F. (1961). *Grundformen der Angst. Eine tiefenpsychologische Studie*. München: Reinhardt.

Sartre, J.-P. (1943/1962). *Das Sein und das Nichts. Versuch einer phänomenologischen Ontologie*. Reinbek bei Hamburg: Rowohlt.

Schmitz, H. (1981a). *System der Philosophie, 1. Band. Die Gegenwart* (2. Aufl.). Bonn: Bouvier.

Schmitz, H. (1981b). *System der Philosophie, 3. Band, 2. Teil. Der Gefühlsraum* (2. Aufl.). Bonn: Bouvier.

Schmitz, H. (1988). *System der Philosophie, 3. Band, 1. Teil. Der leibliche Raum* (2. Aufl.). Bonn: Bouvier.

Schneider, K. (1920). Die Schichtung des emotionalen Lebens und der Aufbau der Depressionszustände. In *Zeitschrift für die gesamte Neurologie und Psychiatrie*, 59, 281–286.

von Gebsattel, V. E. (1954). *Prolegomena einer medizinischen Anthropologie*. Berlin Göttingen Heidelberg: Springer.

Waldenfels, B. (1997). *Topographie des Fremden. Studien zur Phänomenologie des Fremden 1*. Frankfurt am Main: Suhrkamp.

Angst als philosophische Erfahrung und als pathologisches Symptom

Alice Holzhey-Kunz

Der Titel irritiert. Es ist schon ungewöhnlich, die Angst nicht nur zum Thema der Philosophie zu machen, sondern sie als eine philosophische Erfahrung zu definieren. Noch ungewöhnlicher ist es, die so definierte Angst in einen direkten Zusammenhang mit pathologischen Angstphänomenen zu bringen. Der Titel soll, gewiss unzulässig verkürzt, andeuten, worum es im Folgenden geht: Zuerst soll begründet werden, warum die »Angst« im Sinne Kierkegaards und Heideggers eine philosophische Erfahrung ist, die aufgrund ihrer philosophischen Qualität und nicht aufgrund ihrer Objektlosigkeit »grundverschieden ist von Furcht« (Kierkegaard 1844/2003, 50), um dann zu zeigen, dass sich diese philosophische Erfahrung oft in pathologischen Angstsymptomen manifestiert und warum.

1. Die Angst als philosophische Erfahrung

1.1 Angst und Furcht in der Umgangssprache und in der Psychiatrie

Es ist wichtig, sich zunächst bewusst zu machen, dass wir in der deutschen Umgangssprache nicht zwischen Angst und Furcht unterscheiden: Ob man sagt, man habe Angst vor einer kommenden Prüfung oder einem drohenden Unwetter oder ob man sagt, dass man sich vor dem einen oder dem anderen fürchte, macht inhaltlich keinen Unterschied. Freud sah das anders. Er erklärt nicht nur, dass zur Angst »der Charakter von Unbestimmtheit und Objektlosigkeit« gehöre, und die Angst dann, wenn sie »ein Objekt gefunden habe«, zur »Furcht« werde, sondern er glaubt sich für diese Unterscheidung auch auf den »korrekten Sprachgebrauch« berufen zu können, der »den Namen ändere« und statt von Angst von Furcht rede, sobald diese auf ein Objekt bezogen sei (Freud 1926/1999, 198). Ob es in Österreich eine solche Sprachgewohnheit gibt, sei dahingestellt, wichtiger ist, dass sich Freuds Unterscheidung von objektloser Angst und objektbezogener Furcht im psychiatrischen Sprachgebrauch eingebürgert hat. Das zeigt das Diagnostikmanual ICD-10, in dem die »Angststörungen« in »phobische Ängste«, die auf ein Objekt fixiert sind, und »generalisierte bzw. frei flottierende Angst« unterteilt werden (ICD-10 2008, 168, 175). Die Phobie wäre also gemäß Freuds Unterscheidung das pathologische Pendant der normalen objektbezogenen Furcht, die generalisierte Angststörung das pathologische Pendant der normalen objektlosen Angst.

Gewiss kennt jeder diesen Unterschied aus eigener Erfahrung und weiß also, was es heißt, sich entweder vor etwas Konkretem zu fürchten oder sich generell bedroht zu fühlen, ohne sagen zu können, wovor er sich eigentlich fürchtet bzw. ängstigt. Sobald man nun die phänomenologische Unterscheidung von intentionalem *Gefühl* und nichtintentionaler *Stimmung* bzw. *Befindlichkeit* einführt, kann man die »Furcht vor etwas« mit der »Freude über etwas«, der »Trauer über etwas«, dem »Zorn auf jemanden«, dem »Neid auf jemanden« usw. unter die *Gefühle* subsumieren, während man die objektlose »Angst« mit der »Fröhlichkeit«, der »Traurigkeit«, dem »Ressentiment«, der »Gelassenheit«, der »Verzweiflung« usw. den *Stimmungen* zuordnen kann. Das hat zum Beispiel Friedrich Bollnow in seinem Buch *Das Wesen der Stimmungen* getan (Bollnow 1956). Die Angst den Stimmungen zuzuordnen, ist aber eine terminologische Festlegung, da die Angst in der Umgangssprache immer auch ein »Wovor« haben kann, was sich durch die häufige Frage zeigt: Wovor hast du Angst? Die deutsche Umgangssprache unterscheidet zwischen Gefühl und Stimmung im Falle von Bedrohung so, dass sie der Furcht die *Furchtsamkeit* und der Angst die *Ängstlichkeit* zugesellt. Aber auch Furchtsamkeit und Ängstlichkeit verwenden wir synonym und nennen einen Menschen furchtsam oder ängstlich, der ständig potentielle Gefahren wittert und sich bei allem, was er tut und lässt, vor möglichen Gefahren zu schützen sucht.

1.2 Angst und Furcht in der Existenzphilosophie

Nicht selten beruft sich die heute weit verbreitete Unterscheidung von Angst als objektloser Stimmung und Furcht als objektbezogenem Gefühl auf Kierkegaard – meines Erachtens fälschlicherweise, auch wenn Kierkegaard einiges zu diesem Irrtum beigetragen hat. Die beiden diesbezüglich einschlägigen Stellen in Kierkegaards Werk *Der Begriff Angst* lauten: »Man findet den Begriff Angst kaum jemals in der Psychologie behandelt, ich muss deshalb darauf aufmerksam machen, dass er gänzlich verschieden ist von Furcht und ähnlichen Begriffen, *die sich auf etwas Bestimmtes beziehen*, während Angst die Wirklichkeit der Freiheit als Möglichkeit für die Möglichkeit ist« (Kierkegaard 1844/2003, 50, Hervorhebung v. Verf.), sowie: »doch dessen ungeachtet ist es von wesentlicher Bedeutung, dass der Gegenstand der Angst ein Nichts ist« (ibid., 91). Letztere Aussage darf man keinesfalls so lesen, als ob die Angst für Kierkegaard keinen Gegenstand habe. Der Unterschied liegt nur darin, dass die Angst »ein Nichts« zu ihrem Gegenstand hat, die Furcht hingegen immer ein konkretes »Etwas«.

Fragen wir also nach dem besonderen Gegenstand der Angst. Der Begriff des »Nichts« ist zuerst einmal prohibitiv aufzufassen und bringt zum Ausdruck, dass die Angst auf *nichts* von all dem bezogen ist, wovor die Furcht sich fürchtet. Während die Furcht auf ganz verschiedene konkrete Gefahren gerichtet sein kann, ängstigt sich die Angst immer nur vor demselben, nämlich der Möglichkeit der Freiheit. Darum schreibt Kierkegaard über Adam: »Das Verbot ängstigt ihn, weil es in ihm die Möglichkeit der Freiheit weckt [...] eine ängstigende Möglichkeit zu können« (ibid., 53). Warum diese Möglichkeit eine Bedrohung darstellt und deshalb Angst statt Freude oder Dankbarkeit weckt, muss noch offen bleiben. An dieser Stelle ist es wichtig festzuhalten, dass es sich dabei um einen philosophischen Tatbestand handelt, gehört die Freiheit doch zum Menschen als Menschen, das heißt zur *conditio humana*. Wenn der Mensch also in der Angst erfährt, dass er frei ist, dann macht er in der Angst eine philosophische Erfahrung hinsichtlich seines Menschseins.

Damit hat sich fürs erste geklärt, warum ich die Angst für eine »philosophische Erfahrung« halte. Die Furcht lässt sich nicht als philosophische Erfahrung apostrophieren, weil sie sich *per definitionem* auf konkrete Gefahren richtet und dann auftritt, wenn ich mich selber oder mir nahestehende Personen konkret in Gefahr weiß oder in Gefahr wähne. Daraus ergeben sich weitere wichtige Unterschiede zwischen der Angst im Sinne Kierkegaards und der Furcht:

– Die Furcht ist ein notwendiger Teil der konkreten Lebensbewältigungspraxis, die Angst nicht. Ohne die Fähigkeit, Furcht zu empfinden, wenn Gefahr droht, ist niemand überlebensfähig.

Die Furcht hat also eine biologische Funktion, die Angst nicht. Die Angst ist gleichsam überflüssig; sie erscheint als ein bloßes Nebenprodukt der Menschwerdung bzw. der Subjektwerdung des Menschen.

– Mit der Furcht geht immer noch Hoffnung einher, mit der Angst nicht. Weil man sich vor einer Gefahr fürchtet, die erst im Anzug ist, ist es im Prinzip immer möglich, dass sich die Gefahr noch auflöst, oder sich abwenden lässt, oder nur andere trifft, einen selbst aber verschont. Die Hoffnung hilft, die Furcht besser zu ertragen, darum hofft man oft auch dann noch, wenn es aller Voraussicht nach nichts mehr zu hoffen gibt, etwa im Falle einer terminalen Erkrankung. Die Angst, verstanden als philosophische Erfahrung, die einem sagt, was es heißt, ein Mensch zu sein, ist ohne Hoffnung, weil die *conditio humana* aller möglichen Einflussnahme zugrunde liegt. Das wollte Sartre hervorheben mit seinem berühmten Satz, wir seien »zur Freiheit verurteilt« (Sartre 1943/1997, 950).
– Die Furcht ist täuschungsanfällig, die Angst nicht. Das zeigt sich schon daran, dass wir alle ab und zu unversehens in Panik geraten, um nach einer Weile festzustellen, dass wir wieder einmal aus einer Maus einen Elefanten gemacht haben. Aber auch der umgekehrte Fall ist häufig: Wir bagatellisieren Gefahren, um die Furcht und auch die eigene Ohnmacht und Schwäche nicht spüren zu müssen. Die Angst hingegen kann, weil sie sich nicht auf konkrete Gefahren, sondern auf die *conditio humana* bezieht, gar nicht täuschen, sie sagt uns also immer die Wahrheit.
– Die Furcht braucht einen Anlass, sie tritt auf angesichts einer realen oder auch nur eingebildeten Gefahr, die Angst nicht. Weil die Möglichkeit der Freiheit immer besteht, kann sie auch immer zur Erfahrung werden, weshalb die Angst »in den harmlosesten Situationen aufsteigen« kann (Heidegger 1927/2001, 189). Daraus folgt, dass man zeitweise frei von Furcht sein kann, weil man sich zur Zeit sicher fühlt, während die Angst immer in uns sitzt, auch wenn sie faktisch selten als solche erfahren wird (ibid., 190). Doch hier meldet sich der Einwand, ob nicht auch die Furcht jederzeit aufsteigen kann, und zwar nicht nur deshalb, weil man sich Gefahren ohne realen Anlass immer einbilden kann, sondern weil wir Menschen für die Zukunft offen sind und uns deshalb auch zukünftige Gefahren, etwa den drohenden Tod, vorstellen und uns also vor ihm fürchten können, auch

wenn wir gegenwärtig kerngesund sind. In diesem berechtigten Einwand steckt bereits der Hinweis, dass es nicht genügt, nur zwischen Furcht und Angst zu unterscheiden. Eine weitere Differenzierung lässt sich aber erst nach der Unterscheidung von »Seinserfahrung« und »Seinsverständnis« treffen (siehe Abschnitt 1.3).

- Mit der Furcht lässt sich anders umgehen als mit der Angst. Wenn es im »Beresinalied«, das früher in der Schweiz oft gesungen wurde, heißt »Mutig mutig liebe Brüder, gebt die bangen Sorgen auf«, dann ist damit das enge Verhältnis von *Furcht* und *Mut* angesprochen, das sich nicht auf die Angst übertragen lässt. Wo man durch Gefahren bedroht ist, gegen die man etwas tun kann, braucht es den Mut, sich diesen Gefahren zu stellen, statt beispielsweise irgendwelche Drogen einzunehmen, um die Furcht nicht mehr spüren zu müssen, oder sich vor Furcht einfach zu verkriechen. Der Mutige ist hier derjenige, der sich durch seine Furcht nicht besiegen lässt, sondern die verspürte Furcht zum Anlass nimmt, sich der Gefahr willentlich auszusetzen, um sie bekämpfen zu können. Das ist ganz anders bei der Angst. Weil die Angst dem Menschen enthüllt, was zu seinem Menschsein gehört, kann hier der Mut nur darauf bezogen sein, sich diese unabänderliche Wahrheit zuzumuten und die Angst auszuhalten, statt sie zu verleugnen und die Angst zu unterdrücken. In diesem Sinne erklärt Kierkegaard: »Sollte es jener, der da redet, für etwas Großes halten, dass er sich niemals geängstigt hat, dann will ich ihn mit Freuden in meine Erklärung einweihen: dies beruht darauf, dass er sehr geistlos ist« (Kierkegaard 1844/2003, 184), und: »Wer sich richtig zu ängstigen gelernt hat, der hat das Höchste gelernt« (ibid., 181).

1.3 *Seinserfahrung und Seinsverständnis*

Kehren wir nun zu der Hypothese zurück, es handle sich bei der Angst, die Kierkegaard entdeckt hat, um eine philosophische Erfahrung. Sie kann nur plausibel werden, wenn zuerst die Eigenart dieser Erfahrung geklärt wird. Dies gelingt am ehesten, wenn man sie von jener Erfahrung abhebt, von der Kant am Anfang der Vorrede zur 1. Auflage der *Kritik der reinen Vernunft* spricht: »Die menschliche Vernunft hat das besondere Schicksal in einer Gattung ihrer Erkenntnisse: dass sie durch Fragen belästigt wird, die sie nicht abweisen kann, denn sie sind ihr durch die Natur der Vernunft selbst aufgegeben, die sie aber auch nicht beantworten kann; denn sie übersteigen alles Vermögen der menschlichen Vernunft« (Kant 1781/1963, 11). Kant spricht hier von einer philosophischen Erfahrung, die das Denken mit sich selber macht, indem es seine unaufhebbare Begrenztheit erfährt. Ist es diese philosophische Denkerfahrung, die Angst erzeugt? So verstanden wäre die Angst also zwar im Unterschied zur Furcht auf eine philosophische Wahrheit bezogen, aber sie würde doch nur das emotional erfahrbar machen, was das Denken zutage gebracht hat. Wir würden dann in der Angst lediglich emotional erfahren, dass uns das Denken keine unumstößlichen Antworten auf die letzten Fragen zu geben vermag und wir darum eine letzte Unsicherheit bezüglich dessen, was es heißt, ein Mensch zu sein, aushalten müssen.

Dagegen steht nun die existenzphilosophische Auffassung der Angst, welche die Angst als eine philosophische Erfahrung bestimmt, die primär ohne Bezug zum philosophischen Nachdenken ist. Diese klare Unterscheidung zwischen dem, was nur in der Angst erfahren werden kann, und all dem, was das Verstehen, in einem weiten, Denken und Anschauen umfassenden Sinne genommen, dem Menschen an philosophischen Einsichten über sich selbst zu vermitteln vermag, findet sich allerdings nicht schon bei Kierkegaard, sondern erst bei Heidegger in *Sein und Zeit*. Sie wurde möglich, weil Heidegger den Begriff des Erkennens durch den weiteren Begriff des »Erschließens« ersetzte und nun die Stimmungen daraufhin befragen konnte, ob auch sie dem Menschen etwas über sich selbst zu erschließen vermögen und wenn ja, was. In einem ersten Schritt wird der »Befindlichkeit« eine vom »Verstehen« unabhängige Erschließungskraft zuerkannt. Damit wird ihre Bedeutung enorm aufgewertet, sind doch nun unversehens Befindlichkeit und Verstehen »die beiden gleichursprünglichen konstitutiven Weisen, das Da zu sein« (Heidegger 1927/2001, 133). In diesem Sinne heißt es in Paragraph 29 über »Das Da-sein als Befindlichkeit«: »In der Befindlichkeit ist das Dasein immer schon vor es selbst gebracht, es hat sich immer schon gefunden, nicht als wahrnehmendes Sich-vorfinden, sondern als gestimmtes Sich-befinden« (ibid., 135).

Entscheidend ist nun, dass das, *was* die Stimmungen dem Menschen über sich selbst erschließen, dem Verstehen nicht zugänglich sein kann. Ich betone dies, weil die Inkommensurabilität der beiden

Erschließungsformen meist ignoriert wird zugunsten der These eines gleichsam harmonischen Zusammenspiels von Stimmung und Verstehen, das auch Heidegger am Anfang des Paragraphen 31 über »Das Da-sein als Verstehen« suggeriert mit der Aussage: »Befindlichkeit hat je ihr Verständnis, [...] Verstehen ist immer gestimmtes« (ibid., 142). Das ist zwar durchaus richtig und wir machen ständig die Erfahrung, dass ein Gedanke uns unversehens umstimmen kann in dem Sinne, dass wir nun nicht mehr bedrückt sind, sondern uns heiter und beschwingt fühlen, und uns umgekehrt aufgrund einer bedrückten Stimmung alles negativ vorkommt und uns kein positiver Gedanke mehr kommen will. Das Entscheidende und zugleich Revolutionäre von Heideggers Stimmungs-Analyse liegt aber darin, dass sie einen prinzipiellen *Vorrang* der Stimmungen gegenüber dem Verstehen nachweist. Das Dasein ist nämlich »ihm selbst« in den Stimmungen erstens »*vor* allem Erkennen und Wollen« erschlossen, und zweitens sogar »*über* deren Erschließungstragweite *hinaus*« (ibid., 136).

Will man also verstehen, was denn die *Angst* dem Menschen über sein Menschsein enthüllt, muss man sich zuerst darüber klar werden, was *nur* in den Stimmungen überhaupt erfahrbar werden kann, im Verstehen hingegen nicht. Heidegger nennt es das »nackte Dass« des »Dass es [das Dasein] ist und zu sein hat« (ibid., 134). Zu dieser puren »Faktizität« des eigenen Existierens kann das Verstehen deshalb nicht vordringen, weil es sich *per definitionem* immer im Bereich von Sinn und Bedeutung bewegt: Alles, was man versteht, hat irgendeinen Sinn. So ergibt sich denn, dass Stimmung und Verstehen auch dann, wenn sie auf dasselbe, nämlich das *Sein* des eigenen Daseins, gerichtet sind, etwas je ganz Anderes erschließen: »Man würde das, *was* Stimmung erschließt und *wie* sie erschließt, phänomenal völlig verkennen, wollte man mit dem [in der Stimmung] Erschlossenen das zusammenstellen, was das gestimmte Dasein ›zugleich‹ kennt, weiß und glaubt. Auch wenn Dasein im Glauben seines ›Wohin‹ ›sicher‹ ist oder um das ›Woher‹ zu wissen meint in rationaler Aufklärung, so verschlägt das alles nichts gegen den phänomenalen Tatbestand, dass die Stimmung das Dasein vor das *Dass seines Da* bringt, als welches es ihm in unerbittlicher Rätselhaftigkeit entgegenstarrt« (ibid., 135 f.; Hervorh. v. A. H.-K.).

Halten wir zunächst fest, dass sich das, was wir stimmungsmäßig über das eigene Sein erfahren, nicht mit dem »zusammenstellen« lässt, was wir verstehend darüber wissen oder zu wissen meinen. Die Stimmung macht nämlich etwas erfahrbar, was sich allem Verstehen widersetzt und darum unerbittlich rätselhaft bleiben muss: das eigene Menschsein und damit auch die eigene Freiheit als pures »Dass«, als nackte Faktizität bar jeder Bedeutung und bar jeden Sinns. Das Verstehen entspringt zwar dieser sinn-baren Erfahrung und will sie in Sinn aufheben, indem sie nach dem Was und Wie, Woher und Wohin, Warum und Wozu des eigenen Seins fragt und darauf Sinnantworten gibt. Doch alle diese Antworten vermögen jene Erfahrung des sinn-baren »Dass«, die wir in den Stimmungen machen, nicht zu dementieren. Dennoch ist ihre Bedeutung groß, denn sie vermögen diese Erfahrung mit einem Sinngewebe zu umgarnen, also in ein Kleid von Sinn *ein*zuhüllen und damit zu *ver*hüllen.

Erst jetzt wird deutlich, welche fundamentale Bedeutung es hat, den Stimmungen eine eigene, vom Verstehen unabhängige Erkenntniskraft zuzuerkennen. Wären die Stimmungen nur Begleiterscheinungen des Verstehens, dann wäre das eigene Sein als pures »Dass es ist und zu sein hat« (ibid., 134) lediglich ein abstrakter Grenzbegriff und keine für jeden von uns unmittelbar erfahrbare Realität. Dann gäbe es auch die Angst nicht, sondern nur Furcht und Furchtsamkeit, weil sich unsere Erfahrungen dann prinzipiell innerhalb der Sinndimension und damit auch innerhalb der Sprache bewegen würden. Nur weil die Stimmungen die Sinndimension zu transzendieren und das pure »Dass« des eigenen Seins erfahrbar zu machen vermögen, gibt es neben der sinnhaften Erfahrung, die sich verstehend einordnen lässt, auch die sinn-bare Erfahrung des puren »Dass«, die sich allem Verstehen entzieht.

1.4 Die traumatische Qualität der Angst

Als traumatisch gelten in der psychiatrischen Diagnostik Erfahrungen, die so belastend sind, dass sie »bei fast jedem eine tiefe Verzweiflung hervorrufen würden« (ICD-10 2008, 183). Damit sind konkrete Vorfälle wie das Erleiden eines besonders schweren Verlustes, eines besonders gravierenden Unrechts oder von absichtlich zugefügter, schwerer seelischer oder körperlicher Gewalt gemeint. Fragt man, wann eine Erfahrung zu einer traumatischen Erfahrung wird, dann stößt man auf das Kriterium der Integrierbarkeit oder Nicht-Integrierbarkeit einer Erfahrung in das bisher leitende Welt- und Selbstverständnis. Eine Erfahrung ist dann nicht integrierbar, wenn sie so fremd und anders ist, dass sie innerhalb des bisherigen Lebensentwurfes, der ja immer ein Sinnentwurf ist, keinen Platz findet und darum wie ein erratischer Block zwar da ist und doch niemals zu einem Teil des eigenen Selbst- und Welt-Konzeptes werden kann. Die Schwere einer Traumatisierung hängt davon ab, ob die traumatische Erfahrung lediglich ein Fremdkörper innerhalb des ansonsten intakten Lebensentwurfes bleibt oder ob sie diesen selber zu erschüttern oder gar zum Einsturz zu bringen vermag.

Wenn man eine Erfahrung dann als traumatisch bezeichnet, wenn sie sich einer Integration in das leitende Selbst- und Weltverständnis widersetzt, dann muss man auch der Erfahrung der Angst eine traumatische Qualität zugestehen. Das verlangt allerdings, sich mit dem Gedanken anzufreunden, dass wir Menschen nicht nur durch extrem leidvolle ontische Widerfahrnisse traumatisierbar sind, sondern auch durch die Angst, eben weil sie uns jene Wahrheit über uns selbst aufdrängt, die auf keine Weise ins eigene Seinsverständnis integriert werden kann. Erst vor dem Hintergrund der Erkenntnis, dass die Angst in eine Dimension vorzudringen vermag, die dem Verstehen notwendig verschlossen bleibt, lässt sich ausloten, was Kierkegaard eigentlich meint, wenn er die Angst mit einem »Schwindel« vergleicht und begründend hinzufügt: »Wer in eine gähnende Tiefe hinunterschauen muss, dem wird schwindlig« (Kierkegaard 1844/2003, 72). Die Angst zwingt uns deshalb, in den Abgrund zu schauen, weil in ihr alles, was für einen bisher bedeutsam war, »belanglos« wird. Dieser Prozess geht soweit, dass die Welt als »Bewandtnisganzheit« »in sich zusammensinkt« (Heidegger 1927/2001, 186), was bedeutet, dass der Angst alle Sinnbezüge verloren gehen. Wo aber die Welt keine Sinnwelt mehr ist, kann man sich auch nicht mehr in ihr orientieren und auch keinen Halt mehr finden. Die »gähnende Tiefe«, von der Kierkegaard spricht, ist nichts anderes als das von jeglichem Sinn entblößte »Nichts, das heißt die Welt als solche« (ibid., 187). Auch Kierkegaards These, wonach es sich beim Schwindel, der uns in der Angst ergreift, um den »Schwindel der Freiheit« handelt, wird daraus verständlich. Kierkegaard weiß sehr wohl zwischen der ontisch-konkreten Freiheit, sich eigene Wünsche zu erfüllen, und jener ontologischen Freiheit zu unterscheiden, die in jeder Entscheidung liegt und die er mit dem Begriff des »Sprungs« anvisiert. Der »Sprung« ist nach Kierkegaard jenes sinn-bare »Nichts« zwischen Motiv und Handlung, das verhindert, dass wir jemals zweifelsfrei wissen können, was wir eigentlich tun und warum wir etwas tun, und wofür wir doch die Verantwortung zu tragen haben (vgl. Kierkegaard 1844/2003, 59).

Heidegger findet die schwindelerregende Erfahrung, ins Nichts der Welt herausgesetzt zu sein, in der umgangssprachlichen Redewendung bestätigt, wonach es einem in der Angst »unheimlich« zumute sei. Konträr zu Freud, der im Unheimlichen das ausmacht, was uns in Wahrheit zutiefst vertraut (»heimisch«) ist und nur sekundär infolge der Verdrängung den Schein des Fremden angenommen hat (vgl. Freud 1919/1999, 236), geht Heidegger davon aus, dass uns die Erfahrung des Unheimlichen mit jener Fremdheit in uns selbst konfrontiert, die streng genommen nicht einmal benennbar und schon gar nicht inhaltlich beschreibbar ist, weshalb an ihr jede Integrationsbemühung letztlich scheitern muss. An ihre Stelle tritt das Bemühen, den Einbruch der Angst zu verhindern. Diese Funktion übernimmt die jeweilige Kultur, indem sie dem Einzelnen eine umfassende Sinndeutung der Welt und des eigenen Seins anbietet. Was Heidegger unter dem allzu negativ gefärbten Begriff des »Verfallens an das Man« beschreibt, ist nichts anderes als die Partizipation des Einzelnen an diesen kulturellen Vorgaben (Heidegger 1927/2001, §27; §§35–38). Wer imstande ist, an diesen zu partizipieren und also die kollektiv geltende Perspektive auf sich und die Welt zu übernehmen, der hat »gesunden Menschenverstand« und weiß also auch mit Ängsten »gesund« umzugehen.

Aus all dem folgt, dass man die Angst, welche Kierkegaard ins Spiel gebracht hat, gründlich verkennt, wenn man sie, wie dies Ludwig Binswanger getan hat, an der »Liebe« misst und behauptet, in der Liebe sei die Angst überwunden, weshalb nur von Angst ergriffen werden könne, wer der Liebe (noch) nicht fähig sei (Binswanger 1943/1993, 11, 581; vgl. dazu Holzhey-Kunz 2015). Der Angst lässt sich, wenn überhaupt, nur jenes Hintergrundgefühl einer fraglosen Vertrautheit mit sich und der Welt entgegensetzen, das mit einem naiven »Sinnglauben« zusammengeht – dem Glauben nämlich, dass die Welt im Ganzen von Sinn getragen sei, weshalb man gar nicht aus dem Sinn herausfallen könne, auch wenn er sich zeitweise zu entziehen scheint. Doch dieses Vertrautheitsgefühl steht in existenzphilosophischer Sicht nicht gleichrangig neben der Angst, sondern zeigt die gelingende Partizipation am kulturell vermittelten Sinnglauben, die immer gefährdet ist.

1.5 Furcht oder Angst vor Tod und Freiheit

Aus dem bisherigen ergibt sich nun das wichtigste Unterscheidungskriterium zwischen Angst und Furcht: Die Angst bleibt als sinn-bare Erfahrung des eigenen Seins »unerbittlich rätselhaft«, während die Furcht in die sinnhaft ausgelegte Welt hineingehört und darum prinzipiell verstehbar ist. Mit dieser Definition der Furcht wird es nun möglich und auch wichtig, zwischen einer »existenziellen« Furcht, die dem kulturell vorgegebenen »Seinsverständnis« zugehört, und der konkret-ontischen Furcht vor je aktuell drohenden Gefahren zu unterscheiden. Die existenzielle Furcht bzw. Furchtsamkeit ist, wie die Angst, auf das eigene Mensch-sein bezogen, nur dass sie, anders als die Angst, ihren Ort innerhalb der sprachlich vermittelten, kulturell tradierten Auslegung von Mensch und Welt hat.

Wenn also »Angst« und »existenzielle Furcht« je anders auf jene Gefahren bezogen sind, die dem Menschsein als solchem immanent sind, dann stellt sich als nächstes die Frage, wie sich beide zueinander verhalten. Heidegger schlägt vor, die Furcht generell als eine »an die ›Welt‹ verfallene, uneigentliche und ihr selbst als solche verborgene Angst« zu deuten (Heidegger, 1927/2001, 189). Kurz vorher erklärt er analog, dass erst »die Abkehr des Verfallens«, die »in der Angst gründe«, »Furcht möglich« mache (ibid., 186). Eine solche pauschale Herleitung der Furcht aus der Angst lässt sich jedoch meines Erachtens nicht aufrechterhalten. Wenn die Furcht auf eine ganz konkrete Gefahr bezogen ist, die aus aktuellem Anlass besteht, zum Beispiel auf eine drohende Invalidität nach einem schweren Unfall, dann entspringt sie der Wahrnehmung der aktuell bedrohlichen Situation und ist gleichsam »reine« Furcht, von keiner Angst kontaminiert und auch ohne Rekurs auf letztere verstehbar.

Heidegger hat den Unterschied zwischen Furcht und Angst am Beispiel des Todes herausgearbeitet, ohne allerdings zwischen jener direkten Todesfurcht, die sich angesichts einer akut bestehenden Lebensgefahr meldet, und einer existenziellen Todesfurcht zu unterscheiden. Hier soll nur letztere in Anlehnung an Heidegger von der Todesangst unterschieden werden, um dann zu prüfen, ob diese existenzielle Furcht vor dem Tod die Funktion hat, vor der Todesangst zu schützen.

Zunächst zum Unterschied zwischen Angst und existenzieller Furcht vor dem Tod:

- Gegenstand der existenziellen Furcht ist immer der Tod, den man irgendwie kennt, weil es darüber einen öffentlichen Diskurs gibt. Man spricht über den Tod, es gibt unzählige Bücher darüber, was er bedeutet, und unzählige Anleitungen dafür, wie man sich auf den Tod vorbereiten kann und soll. Meist hat man auch selber das Sterben eines nahe stehenden Menschen direkt miterlebt. Die existenzielle Todesfurcht bezieht sich also immer auf Vorstellungen vom Tode, die man für sich selber übernommen hat. Gegenstand der Angst ist hingegen der Tod in seiner puren Faktizität, der als solcher unvorstellbar ist – ein »Nichts«.
- Die existenzielle Furcht vor dem Tod richtet sich in der Regel auf das *Wann* und *Wie* und *Warum* des Todes. Solche Befürchtungen sind Teil der Todes*vorstellungen*, an denen man als Einzelner partizipiert: Wer glaubt, dass Gott über Leben und Tod entscheidet, wird einen zu frühen oder einen besonders schmerzhaften Tod als (gerechte) Strafe Gottes fürchten und aus dieser Furcht heraus auch versuchen, Gott irgendwie gnädig zu stimmen; wer hingegen nachreligiös glaubt, dass Art und Zeitpunkt des Todes durch die eigene Lebensführung beeinflusst werden können, der wird bemüht sein, durch gesunde Ernährung und Fitness-Training den Tod hinauszuschieben. Wovor man sich ängstigt, ist hingegen der Tod als die unfassbare Tatsache, *dass* das Kommen des Todes absolut gewiss und zugleich der Zeitpunkt unbestimmt ist. Heidegger umschreibt diesen Tod als »das Nichts der (jederzeit) möglichen Unmöglichkeit der Existenz« (ibid., 266).
- Die existenzielle Furcht vor dem Tod erstreckt sich häufig auch auf das antizipierte Leben *nach* dem Tode, weil die traditionellen Todesvorstellungen in der Regel den Tod nicht als wirkliches Ende, sondern als *Übergang* interpretieren. Diese Vorstellung vom Tod als Übergang in ein »ewiges« Leben ist einerseits beruhigend, andererseits generiert sie neue existenzielle Befürchtungen. Im jüdisch-christlichen Kulturkreis ist diesbezüglich die Furcht vorherrschend, im Jenseits für das diesseitige Leben zur Rechenschaft gezogen zu werden (Jüngstes Gericht, ewige Verdammnis, ewige Höllenqualen usw.). In der existenzialen Angst hingegen ist der Tod nichts als jenes unwiderrufliche und zugleich radikale Ende des eigenen Existierens.

Aus unseren Ausführungen zu Seins*erfahrung* und Seins*verständnis* folgt, dass Heidegger Recht hat mit seiner Deutung der existenziellen Furcht als »an die Welt verfallener Angst«, nur muss man sich vor dem häufigen Missverständnis hüten, das »Verfallen« psychologisch als eine Form individueller Unfreiheit zu lesen. Heidegger will diesen Ausdruck strikt ontologisch verstanden wissen, um jene primäre Bewegung der »Abkehr« von der Angst als (traumatische) Seinserfahrung zu charakterisieren – hin zum »Man« als dem jeweils vorherrschenden Welt- und Selbstverständnis (ibid., 179). Das »Verfallen« hat die Funktion, im Menschen eine »Seinsberuhigung« (ibid., 177) zu erzeugen. Auch diesen Ausdruck darf man nicht psychologisch missverstehen, als ob durch die Umdeutung der Angst in existenzielle Furcht der Mensch nun ruhig und gelassen würde. Die Ruhe ist vielmehr strikt auf die traumatisierende Erfahrung des radikalen Sinnentzuges in der Angst zu beziehen: Nur vor ihr hat, wer sich vor dem Tod fürchtet statt sich vor ihm zu ängstigen, Ruhe. Die existenzielle Furcht nimmt dem Tod den unheimlichen Charakter des sinn-baren und zugleich absoluten Endes und ist darum leichter zu ertragen als die Angst vor dem Tod. In der existenziellen Furcht ist der Tod nicht einfach vergessen bzw. verdrängt, sondern er ist als sinnhafter Teil des Lebens gedeutet und damit entschärft. Anders als die Angst bewirkt die existenzielle Furcht keine Störung des »normalen« alltäglichen Lebensvollzugs, weil der gefürchtete Tod, von dem man sich ein Bild machen und auf den man sich vorbereiten kann, zu einem wichtigen Teil der normalen Lebensbewältigung wird.

Dasselbe gilt genauso für jene *Freiheit*, die zur menschlichen Existenz gehört und den Lebensvollzug jedes Einzelnen zu einer Aufgabe macht, der sich keiner entziehen kann. Diese ontologische oder existenziale Freiheit ist – anders als konkret-ontische Freiheiten – nicht Gegenstand der Freude oder des Stolzes, sondern ebenfalls der Angst. Doch auch die Angst vor der Freiheit manifestiert sich meist als existenzielle Furcht vor ihr. Man fürchtet sich davor, die eigene Freiheit schlecht zu nutzen, Fehlentscheidungen zu fällen, die nicht mehr rückgängig zu machen sind, und Versuchungen zu erliegen, die man später bereut. Man fürchtet sich davor, durch eigene Schuld sich und anderen zu schaden und deswegen angeklagt oder gar sozial isoliert zu werden. Man fürchtet sich also vor den *negativen Konsequenzen* eines sozial bzw. moralisch geächteten Gebrauchs der eigenen Freiheit.

Diese existenzielle Furcht vor der Freiheit mag in der heutigen westlichen Kultur des Individualismus, die den Einzelnen so stark als Einzelnen definiert und von ihm eine »autonome« Lebensführung erwartet, besonders virulent sein. Und dies mag wiederum ein wichtiger Grund sein für das Wiedererstarken religiöser und sogar sektiererischer Bewegungen. Denn aus der existenziellen Furcht vor der Freiheit entspringt der dringliche Wunsch, sich in den eigenen Entscheidungen von einer höheren Macht geführt und geleitet zu wissen. Auch die Tatsache, dass Sigmund Freuds Psychoanalyse durch die analytische Psychologie C. G. Jungs eine so starke Konkurrenz erfahren konnte, mag hier ihren wichtigsten Grund haben. Denn Jung integriert die alten Götter ins kollektive Unbewusste, so dass sich nun das moderne Subjekt unversehens seinem Unbewussten anvertrauen kann. Das Unbewusste wird bei Jung, anders als bei Freud, zum wahren Subjekt in uns hypostasiert, das »Lösungen vorbereitet« (Jung 1934/1995, 43) und dessen Einflüsse »oft genug wahrer und klüger sind als das bewusste Denken« (Jung 1939/1995, 299; vgl. Holzhey-Kunz 2002).

Auch die existenzielle Furcht vor der Freiheit und der daraus entspringende Wunsch nach Führung hat also die Funktion, vor der namenlosen Angst vor der Freiheit zu schützen und jene »Seinsberuhigung« zu gewähren, die es möglich macht, von jenen Gefahren, die jeder Entscheid in sich trägt, abzusehen und Entscheide zuversichtlich zu fällen, statt in Panik zu geraten.

Vor dem Hintergrund dieser Überlegungen zum Verhältnis von Angst und existenzieller Furcht wird es nun möglich, abschließend den Ursprung und den geheimen Sinn pathologischer Ängste existenzphilosophisch zu interpretieren.

2. Angst als pathologisches Symptom

Ängste (das Wort hier im umgangssprachlichen Sinne verwendet) werden dann als »pathologisch« eingestuft, wenn sie real unbegründet erscheinen und darum die alltägliche Lebensführung, die auf einen adäquaten Umgang mit konkreten Gefahren angewiesen ist, »stören«. Pathologische Ängste sind also Teil des Alltags und fallen doch, weil unsinnig und damit unverständlich, aus ihm heraus. Sie sind entweder auf konkrete Erscheinungen des Alltags bezogen, die als bedrohlich erlebt werden, obwohl sie nach Einschätzung des gesunden Menschenverstandes harmlos sind, oder sie sind »objektlos«

und fallen dann als eine übertriebene Furchtsamkeit oder Ängstlichkeit auf, die den ganzen Alltag dominiert. Pathologische Befürchtungen belasten den Alltag auch deshalb, weil sie zu inadäquaten Reaktionen führen.

2.1 *Das Leiden an irrealen Befürchtungen als ein Leiden an der Angst*

Will man einen hermeneutischen Zugang zu Angstsymptomen finden, statt nur zu beschreiben, inwiefern sie von normalen/gesunden/adäquaten Ängsten abweichen, dann bietet sich als erstes die *Psychoanalyse* an. Es ist bekanntlich das große Verdienst Freuds, nach dem verborgenen Sinn in all jenen seelischen Phänomenen gefragt zu haben, die manifest unsinnig erscheinen und deshalb als pathologisch eingestuft werden. Doch die Psychoanalyse kennt die von Kierkegaard entdeckte Angst nicht, sondern nur die Furcht. Die für Freud zentrale »Kastrationsangst« repräsentiert eine in vielen Kulturen verbreitete existenzielle Furcht vor dem Verlust männlicher Potenz und damit auch von Macht und Würde. Es lohnt sich darum, die psychoanalytische durch die existenzphilosophische Perspektive zu ergänzen und zu fragen, in welchem Verhältnis die pathologischen Angstsymptome nicht nur zur Kastrationsfurcht, sondern auch zur »Angst« als philosophischer Erfahrung stehen.

Wenn man nach dem Verhältnis der Angstsymptome zur »Angst« fragt, hat man schon zugestanden, dass beides nicht gleichgesetzt werden darf. Wer an Angstsymptomen leidet, macht keine philosophische Erfahrung, und doch ist er – so die hier vertretene Hypothese –auf diese Erfahrung unmittelbar bezogen, nämlich in der Gestalt des *Leidens an dieser Erfahrung*. Wer an Angstsymptomen leidet, »er-leidet« die Angst, insofern sie ihm unfreiwillig widerfährt, aber er »macht« diese Erfahrung nicht. Eine Erfahrung wirklich zu machen würde bedingen, dass man das Erfahrene anerkennt und für sich übernimmt; nur dann ist man auch dank einer Erfahrung selber erfahrener geworden. Angstsymptome treten dann auf, wenn jemand, statt die Angst zur Erfahrung werden zu lassen, die einen erfahrener macht, an der Angst »leidet«.[1]

Mein hermeneutischer Zugang zu den Angstsymptomen geht

[1] Diesen Erfahrungsbegriff entnehme ich aus Gadamer (1965, 335 ff.).

also davon aus, dass sich im »Leiden an Angstsymptomen« *ein anderes Leiden* verbirgt, das nicht auf die Angstsymptome, sondern auf die Angst als philosophische Selbsterfahrung bezogen ist. Damit kommt auch ein anderer Leidensbegriff ins Spiel, den schon Freud verwendet, wenn er vom neurotischen Leiden als einem »Leiden an Reminiszenzen« spricht (Freud 1895/1999, 86). Von einem »Leiden an Reminiszenzen« kann man nur reden, wenn man jenen nicht-medizinischen Leidensbegriff verwendet, den wir beispielsweise dann benutzen, wenn wir sagen, jemand habe sein Leben lang an seiner niederen sozialen Herkunft »gelitten«. Wir bringen damit zum Ausdruck, dass dieser Mensch das Faktum seiner Herkunft niemals akzeptieren konnte, sondern sich dafür schämte und gegen dieses Schicksal ein Leben lang innerlich aufbegehrte. Nietzsche hat das jedem Leiden innewohnende Moment der Verneinung in der berühmt gewordenen Wendung »Weh spricht: Vergeh!« (Nietzsche 1886/1960, 556) eingefangen. Doch jede Verneinung setzt voraus, dass man überhaupt aufgeschlossen und sogar besonders sensibilisiert ist für einen leidvollen Sachverhalt, statt ihn zu verharmlosen oder schönzureden. Darum vereinigt das »Leiden« in diesem weiten umgangssprachlichen Sinne immer zwei Komponenten: die Aufgeschlossenheit für das, woran man leidet, und dessen Verneinung, die meist zum Wunsch wird, etwas wäre nie geschehen oder es lasse sich nachträglich noch ungeschehen machen. Darum kann ein solches Leiden – anders als das Leiden an einer Krankheit, das in der Regel mit der Heilung endet – ein Leben lang andauern. Denn hier hängt das Ende des Leidens davon ab, ob auf den unmöglichen Wunsch, etwas, das nicht (mehr) zu ändern ist, verändern zu können, verzichtet wird oder nicht.

Wenn wir nun angesichts von Angstsymptomen von einem »Leiden an der Angst« sprechen, dann vereinigt auch dieses Leiden beide Komponenten, weshalb wir es nur verstehen können, wenn wir beides berücksichtigen: die besondere Offenheit für das, was die Angst offenbart, sowie die besondere Art von dessen Verneinung.

2.2 *Hellhörigkeit als Auszeichnung und als Überforderung*

ßeinrßBleiben wir zunächst bei der besonderen Offenheit, die sich im Leiden an Angstsymptomen manifestiert. Diese Offenheit macht es unmöglich, an jenem kollektiven Seinsverständnis zu partizipieren, welches den Einzelnen vor der Angst schützt. Wer also an Angstsymptomen leidet, zeichnet sich durch eine besondere »Hellhörigkeit« aus, die er all jenen, die sich an eine kollektiv geteilte Sinndeutung von Welt und Selbst klammern können, voraushat (vgl. Holzhey-Kunz 2014, 139 ff.). Weil diese Hellhörigkeit die Vorbedingung dafür ist, überhaupt an der Angst leiden zu können, hat alles Leiden an Angstsymptomen einen wahren philosophischen Kern. Die therapeutische Erfahrung zeigt, dass diese Patienten nicht deshalb hellhörig sind, weil ihnen die Kenntnis von Sinndeutungen fehlen würde, sondern weil sie durchschauen, dass solche Deutungen gar nicht an jene Wahrheit heranreichen, von welcher die Angst zeugt, und ihnen deshalb keinen Glauben schenken. Für diese besondere Hellhörigkeit zahlen Menschen meist den Preis, an der Angst *leiden* zu müssen.

Nun ist es für das Verständnis des Leidens an der Angst wichtig, dass der Hellhörige der Angst nicht nur in seltenen und kurzen Momenten ausgesetzt ist, sondern in ihrem Bann steht. Dieses Gebannt-Sein entspringt weder einer Faszination noch einer Neugierde, tut sich in der Angst doch gerade nicht eine neue, bisher unbekannte Welt auf, sondern nur die immer selbe sinnentleerte Faktizität des »Dass ich bin und zu sein habe«. Doch diese Erfahrung ist gerade auch wegen ihrer Unfassbarkeit besonders intensiv und real und vermag deshalb hellhörige Menschen stets neu zu bannen. Kierkegaard scheint mir an der bereits erwähnten Stelle genau dieses Phänomen zu beschreiben: »Wer in eine gähnende Tiefe hinunterschauen muss, dem wird schwindlig. Doch was ist die Ursache dafür? Es ist in gleicher Weise sein Auge wie der Abgrund – *denn was wäre, wenn er nicht hinuntergestarrt hätte?*« (Kierkegaard 1844/2003, 72, Hervorhebung v. Verf.). Tatsächlich können nur jene Menschen vom Schwindel der Angst ergriffen werden, die aufgrund einer besonderen Hellhörigkeit bzw. Hellsichtigkeit gar nicht anders können als selber in den Abgrund hinunterzustarren.

2.3 *Das Leiden an Angstsymptomen als eine agierende Verneinung der in der Angst erfahrenen Seinswahrheit*

Wenn alles Leiden ein Nein zu dem beinhaltet, woran man leidet, dann gilt das auch für das Leiden an der Angst. Demjenigen, der in den Abgrund der Angst hinunterstarrt, wird deshalb schwindlig, weil er das, was er sieht, nicht erträgt. Das erscheint paradox und ist doch für die Hellhörigkeit bzw. Hellsichtigkeit charakteristisch: Wer hellhörig ist, kann und will die Wahrheit zwar nicht ausblenden wie der gesunde Durchschnitt; er kann und will sie aber auch nicht ertragen, weil ihm ein Leben unter dieser Wahrheit als unzumutbar erscheint. Darum überlässt er sich dem »Schwindel«, der im Doppelsinn des Wortes ja eine neue Art der Täuschung evoziert. Diese neue Art der Täuschung, welche die normal-durchschnittliche Flucht in Sinndeutungen ersetzt, nimmt oft die Gestalt sogenannter Angstsymptome an. Das bedeutet, dass die namenlose Angst sich im Alltag hellhöriger Menschen einnistet, aber nicht als »Angst«, sondern als inadäquate Befürchtungen, die den normalen Alltag behindern.

Freud hat erkannt, dass in neurotischen Symptomen immer auch ein aktives Moment steckt, weil in und mit ihnen ein heimlicher Wunsch wenigstens kompromisshaft erfüllt werden soll. Dieses aktive Moment im Symptom bezeichnet Freud als ein »Agieren«, und er will damit sagen, dass hier eine besondere Art des Handelns vorliegt, die der Patient vollzieht, ohne dass er selber weiß bzw. wissen will, was er eigentlich tut. Freud erklärt, der Neurotiker agiere *statt* zu erinnern (Freud 1914/1999, 129 ff.). Während das normale Handeln niemals das Erinnern ersetzt, sondern mit Erinnerungen zusammengeht und oft auch davon geleitet ist, setzt sich das Agieren an die Stelle des Erinnerns. Das Merkwürdige des Agierens liegt darin, dass es ein Handeln ist, das sich statt auf die Gegenwart auf die Vergangenheit bezieht. Wer agiert, handelt als ob eine vergangene Situation noch gegenwärtig wäre und also handelnd beeinflusst werden könnte. Bei Freud »agiert« der Neurotiker seine frühkindlichen ödipalen Wünsche, statt sie zu erinnern, indem er beispielsweise ein Leben lang in allen Frauen seine Mutter sucht oder ein Leben lang mit Männern, die für ihn den Vater repräsentieren, rivalisiert, ohne sich diesen historisch-biographischen Sinnzusammenhang je einzugestehen.

Nun erweist sich der Terminus »Agieren« auch dann als zutreffend, wenn man für ein Verständnis seelischen Leidens nicht (nur) auf Kindheitserlebnisse rekurriert, sondern (auch) auf eine besondere Hellhörigkeit für die ontologischen Bedingungen des eigenen Menschseins. Das Agieren steht dann nicht im Gegensatz zur Erinnerung, sondern im Gegensatz zu jenen zwei anderen Einstellungen zur Angst, die Heidegger unter den missverständlichen Namen »Uneigentlichkeit« und »Eigentlichkeit« herausgestellt und analysiert hat. Das uneigentliche Verhältnis zur Angst ist die bereits erwähnte gängige Flucht vor der Angst in gemeinsam geteilte Sinndeutungen (Heidegger 1927/2001, 129, 184). Das eigentliche Verhältnis zur Angst, das Heidegger zufolge »selten« und immer nur kurzzeitig ergriffen werden kann, würde darin bestehen, für die Angst »bereit« zu sein und sich das, was sie erschließt, zuzumuten (ibid., 190f., 296). Das Agieren, das bei Heidegger unter den Tisch fällt, setzt sich also sowohl an die Stelle des uneigentlichen wie des eigentlichen Verhältnisses zur Angst. Es teilt mit dem eigentlichen Verhältnis die Offenheit für die Wahrheit, mit dem uneigentlichen Verhältnis hingegen dessen Verneinung, wobei nun entscheidend ist, dass das »agierende« Nein sich grundlegend vom »verfallenden« Nein unterscheidet.

Folgende Punkte sind für das agierende Nein zur Angst entscheidend:

- das Agieren entspringt dem »Hinunterstarren« in den Abgrund des eigenen Seins;
- das Agieren ist ein ganz eigenes, privates und damit auch einsames Handeln des hellhörigen Menschen;
- das Agieren zielt nicht auf emotionale »Seinsberuhigung«, sondern auf eine Veränderung der Seinsbedingungen selber;
- das Agieren setzt sich über die Differenz von ontologischer und ontischer Realität hinweg, wodurch die Illusion entsteht, dass durch den Kampf gegen konkrete Gefahren auch die diesen zugrundeliegenden ontologischen Gefährdungen besiegt werden könnten.

Abschließend sollen diese theoretischen Ausführungen zu Hellhörigkeit und Agieren durch Beispiele veranschaulicht werden, die aber aus Platzgründen leider schematisch bleiben müssen.

a) Das Beispiel hypochondrischer Befürchtungen

Befürchtungen, die auf den eigenen Körper bezogen sind, gelten dann als hypochondrisch, wenn sie sich auf körperliche Erscheinungen richten, die höchstwahrscheinlich harmlos sind und von den meisten auch als Bagatellen eingestuft würden, dem Betroffenen aber höchst bedrohlich erscheinen. Es kann sich dabei um subjektiv erlebtes Unwohlsein bzw. Schmerzen oder um nur beobachtete Veränderungen (Hautbläschen, Schwellungen, Rötungen usw.) handeln. Diese körperbezogenen Befürchtungen sind Ausdruck einer ständigen Alarmbereitschaft hinsichtlich möglicher Erkrankung, weshalb der Körper auch dauernd auf irgendwelche Auffälligkeiten hin beobachtet wird. Zur ängstlichen Beobachtung gesellt sich meist ein erhöhter Anspruch auf medizinische Untersuchung und entsprechende Behandlung.

Gestehen wir dem Hypochonder also zu, dass seine übertriebenen körperbezogenen Befürchtungen einer besonderen Hellhörigkeit für das eigene Leib-sein entspringen. Der Hypochonder weiß nicht bloß rational, dass auch sein eigener Körper aufgrund seiner puren Körperlichkeit prinzipiell krankheitsanfällig ist, sondern er erfährt es in der Angst. Die Angst bringt ihn vor die unfassbare Tatsache, dass sein Körper jederzeit und sogar wie aus »heiterem Himmel« von einer schweren oder gar lebensbedrohlichen Krankheit heimgesucht werden kann. Weil der Hypochonder für diesen unwiderleglichen ontologischen Sachverhalt hellhörig ist, starrt er bei der kleinsten Unpässlichkeit oder bei der Wahrnehmung einer geringfügigen Veränderung irgendwo am Körper schon in den Abgrund der eigenen Sterblichkeit und wird von einer unerträglichen »Angst« erfasst.

Weil die Angst aber anhand einer konkreten körperlichen Auffälligkeit auftaucht, wird sie als *Furcht* aufgefasst, die nun auf nichts anderes als die aktuell verspürte körperliche Unpässlichkeit oder anderweitige Auffälligkeit bezogen ist und sich auf diese fixiert. Mit diesem *Umschlag* der Angst in eine ganz konkret-ontische Furcht ist auch schon das Feld für eine agierende Verneinung dessen, was die Angst aufdrängt, offen. Denn nun wird ununterscheidbar, wovor er sich denn so panisch fürchtet, wenn ihn plötzlich sein Nacken schmerzt oder wenn er glaubt, eine Hautveränderung entdeckt zu haben: Fürchtet er sich vor einer (vermeintlich) akuten Erkrankung oder ängstigt er sich vor der unabweisbaren Tatsache, dass sein Körper sterblich ist? Ebenso ununterscheidbar wird, was er vom Arzt erwartet: Will er nur von der gefürchteten konkreten Erkrankung oder von der ängstigenden Krankheitsanfälligkeit seines Körpers geheilt werden?

Der Hellhörige gerät deshalb so schnell in Panik, weil er bei jeder konkreten körperlichen Unpässlichkeit mit der unwiderleglichen und zugleich unfassbaren Tatsache der eigenen Hinfälligkeit konfrontiert wird. Deshalb ist es wohl müßig zu fragen, ob der Hellhörige nicht unterscheiden kann oder nicht unterscheiden will zwischen prinzipieller Gefährdung und konkret-ontischer Gefahr. Denn umgekehrt befällt ihn, weil er seinen Körper so übergenau beobachtet, stets neu eine unbezwingbare Angst. Diese Angst hat zwar wenig mit dem zu tun, was er konkret wahrnimmt, aber umso mehr mit dem, worauf jedes noch so harmlose körperliche Symptom verweist, nämlich auf die Gewissheit, sterben zu müssen und die Ungewissheit, wann es sein wird. Weil für den Hellhörigen jedes Unwohl-sein, jeder harmlose Kopfschmerz, jede geringfügige Schwellung an einem Gelenk, jede kleine Hautveränderung und ähnliches unweigerlich zur unmittelbaren Erfahrung der eigenen Endlichkeit wird, verlieren diese alltäglichen Beschwerden wie von selbst ihre Harmlosigkeit und werden zur unmittelbaren Ankündigung des Todes, der ja tatsächlich jederzeit kommen kann und sich nicht selten durch ein zunächst ganz harmlos scheinendes Körpersymptom ankündigt.

Die körperbezogenen Aktivitäten des Hypochonders wirken deshalb völlig inadäquat, weil sie insgeheim etwas Unmögliches realisieren wollen, nämlich den eigenen Körper nicht nur vor einer akuten Erkrankung, sondern vor der Krankheitsanfälligkeit überhaupt zu bewahren und damit nicht nur die Furcht, sondern auch die Angst zu besiegen. Der Hellhörige ist unbelehrbar, er kann von seinem Agieren nicht lassen, eben weil ihn jede neue Entdeckung eines vermeintlichen Krankheitssymptoms der Angst aussetzt, die er nicht erträgt und die er darum handelnd loszuwerden versucht.

Vergleichen wir den agierenden Umgang mit dem krankheitsanfälligen Körper, der immer der in pathologische Furcht umgewandelten Angst entspringt, mit jenen »normalen«, das heißt sozial gängigen und auch sozial geteilten Handlungen, die der existenziellen Furcht vor der Hinfälligkeit des eigenen Körpers entspringen. Auch die existenzielle Furcht »weiß« ja um die prinzipielle Krankheitsanfälligkeit des Körpers, aber sie weiß es nicht deshalb, weil sie in den Abgrund hinunterstarrt wie der Hellhörige, sondern sie bezieht dieses Wissen aus der kulturell geteilten Auffassung über die Sterblichkeit des menschlichen Körpers. Deshalb ist die existenzielle Furcht klar getrennt von der konkreten Furcht, von welcher das Individuum dann erfasst wird, wenn es sich von einer akuten Krankheit bedroht glaubt. Entsprechend sind auch die Aktionen, die der existenziellen Furcht vor der Krankheitsanfälligkeit des eigenen Körpers entspringen, in der Regel kulturell vorgegeben. Heute bestehen sie vor allem im Befolgen von Gesundheitsregeln, wobei Regeln aus dem Graubereich der alternativen Medizin bis hin zur Esoterik vielen besonders vielversprechend erscheinen. Das Befolgen solcher Regeln vermag die existenzielle Furcht in der Regel soweit zu beruhigen, dass man frei wird für die vielen anderen Belange, die in ihrer Gesamtheit den konkreten alltäglichen Lebensvollzug ausmachen.

b) Das Beispiel der phobischen Vermeidung von Entscheidungen

Der Leser mag sich beim Beispiel der hypochondrischen Befürchtungen gefragt haben, ob hier überhaupt jene Angst im Spiel ist, die Kierkegaard im Blick hat, wenn er vom »Schwindel der Freiheit« spricht. Die Frage scheint berechtigt, weil man die Krankheitsanfälligkeit des Körpers – mit Heidegger gesprochen – dem Sein als »Geworfenheit«, die Freiheit hingegen dem eigenen Sein als »Entwurf« zuordnen muss. Allerdings sind die beiden Momente von Geworfenheit und Entwurf nicht voneinander zu trennen. Es könnten keine hypochondrischen Befürchtungen entstehen, wenn wir nicht auch der unaufhebbaren Krankheitsanfälligkeit des eigenen Körpers gegenüber ein *Verhältnis* hätten und darum vor die Freiheit gestellt wären, uns so oder anders zur eigenen Körperlichkeit einzustellen, sie zu bejahen oder zu verneinen, ihr einen seinsberuhigenden Sinn zu geben oder agierend gegen die darin liegende Bedrohung anzukämpfen.

Nun gibt es auch viele pathologische Befürchtungen, in deren Visier nicht liegt, was uns passiv widerfahren bzw. von anderen absichtlich zugefügt werden kann, sondern was wir durch eigenes Tun zu bewirken vermögen. Ein Beispiel für solche Befürchtungen ist das phobische Vermeiden von Entscheidungen. Statt einen anstehenden Entscheid zu fällen, wird dieser endlos hinausgeschoben oder aber anderen zugeschoben. Dies ist nur möglich um den Preis, auf eine aktive eigene Lebensgestaltung zu verzichten und sich privat und beruflich vom Willen anderer abhängig zu machen.

Wenn wir auch hier davon ausgehen, dass sich in dieser Entscheidungsphobie die Angst manifestiert, dann gestehen wir zu, dass solche Menschen besonders hellhörig sind für eine Bedrohung, die zwar jedem Entscheid innewohnt, die wir aber normalerweise weder wahrnehmen noch spüren. Normalerweise fürchten wir uns vor Entscheidungen nur dann, wenn sie von großer Tragweite sind oder andere involvieren, und wir fürchten uns vor jenen Konsequenzen, die im Moment des Entscheids nicht vorhersehbar sind und die wir doch verantworten müssen. Wer hingegen dafür hellhörig ist, was es heißt, überhaupt irgendeinen Entscheid zu fällen, der ist auch bei jedem alltäglichen Entscheid mit jener Bedrohung konfrontiert, die Kierkegaard anzeigt, wenn er den Entscheid als einen »Sprung« identifiziert: »In einem logischen System sagt es sich leicht, dass die Möglichkeit in Wirklichkeit übergeht. In der Wirklichkeit ist das schwieriger, da braucht es eine Zwischenbestimmung. Diese Zwischenbestimmung ist die Angst, welche den qualitativen Sprung ebenso wenig erklärt, wie sie ihn ethisch rechtfertigt« (Kierkegaard 1844/2003, 59). In der Angst erfahren wir, dass es für keinen Entscheid eine absolute Rechtfertigung geben kann, eben weil jeder Entscheid etwas qualitativ Neues, Unvorhersehbares setzt, das in keinem noch so wohl überlegten Motiv schon enthalten ist. Eben dies ist gemeint, wenn Kierkegaard gegen Hegel einwendet, dass es keinen Übergang gibt vom Möglichen zum Wirklichen, sondern nur den Entscheid als Sprung.

Für den Hellhörigen kommt erschwerend hinzu, dass man bei keinem Entscheid wissen kann, wie es gekommen wäre, wenn man anders entschieden hätte. Der Hellhörige kann nicht ausblenden, dass mit jedem Entscheid Möglichkeiten verworfen werden und dass man auch dafür verantwortlich ist. Darum ist für ihn jeder Entscheid unvermeidlich mit Schuld verbunden – und zwar mit einer Schuld, die auf keine Weise getilgt werden kann, weil sie nicht auf der Ebene jener moralischen Schuld liegt, die man (nur) dann auf sich lädt, wenn man sich bei einem Entscheid bewusst über geltende moralische Regeln hinwegsetzt.

Wer hellhörig ist für die in jedem Entscheid lauernde unvermeidbare und zugleich untilgbare Schuld, der wird bei jedem Entscheid von Angst ergriffen, weil er bei jedem auch alltäglichen Entscheid gezwungen ist, in den Abgrund der eigenen Freiheit hinunterzuschauen. Diese Angst wird aber auch bezüglich der Freiheit unweigerlich zur Furcht, weil sie ja anhand von konkreten Entscheidungssituationen auftritt. Der Hellhörige fürchtet sich darum immer neu vor jedem Entscheid, und er fühlt sich immer neu wie gelähmt, wenn eine Entscheidung ansteht. An die Stelle der ständigen aktiven Maßnahmen des Hypochonders tritt hier die passive Verweigerung. Doch auch in ihr liegt noch ein Agieren, denn obwohl die Verweigerung immer nur auf den je konkret anstehenden Entscheid bezogen scheint, liegt in ihr die illusionäre Hoffnung, damit zugleich jene Schuld vermeiden zu können, die zur menschlichen Freiheit gehört, und also grundsätzlich unschuldig bleiben zu können.

Nun ist auch die Freiheit keineswegs nur Gegenstand der Angst, sondern auch der existenziellen Furcht. Es ist also wichtig, sich daran zu erinnern, dass der Hellhörige aufgrund seiner Hellhörigkeit jenen kollektiven Abwehrstrategien gegen die Angst misstraut und darum auch die »normale« Umdeutung der Angst vor der Freiheit in existenzielle Furcht vor der Freiheit nicht mitmachen kann. Wer hingegen an der herrschenden, kulturell vorgezeichneten Auslegung von Welt und Mensch partizipiert, der kennt die Angst nur in der Gestalt der existenziellen Furcht und kann entsprechend die kulturellen Angebote zu ihrer Überwindung nutzen. Weit verbreitet ist auch heute noch die Flucht vor der unausweichlichen Schuld in den Glauben an eine höhere Macht, welche das eigene Tun und Lassen letztlich führe und leite. Beim gläubigen Christ kommt der Wunsch hinzu, vor den Versuchungen des Bösen bewahrt zu werden. In solchen religiösen oder auch nur quasireligiösen Überzeugungen ist das, was die Angst enthüllt, dementiert. Sie verhelfen vielen zu jener »Seinsberuhigung«, auf die man im Alltag meist angewiesen ist, um nicht nur ohne übertriebene Furcht, sondern mitunter auch freudig entscheiden zu können.

Für den Hellhörigen kann es kein unbekümmertes Entscheiden geben, weil jeder noch so alltägliche Entscheid mit Angst aufgeladen ist. Diese Angst steht hinter den übertriebenen Befürchtungen, sich durch einen falschen Entscheid das ganze Leben zu verpfuschen oder wegen eines unüberlegten Entscheides von anderen zur Rechenschaft gezogen, gar gerichtlich verfolgt zu werden, oder wegen eines naiven Entscheides zum öffentlichen Gespött zu werden. Oft wechseln sich die Furcht vor möglicher Schuld und die Furcht vor möglicher Beschämung ab, weil beides zu jedem Entscheid gehört: *dass* man dafür verantwortlich ist und *dass* man sich damit früher oder später dem Urteil anderer Menschen aussetzt.

So wie der Hypochonder fixiert ist auf die Furcht vor Krankheit, ist, wer ängstlich alles Entscheiden vermeidet, fixiert auf mögliche Schuld und/oder mögliche Entblößung vor den Anderen. Und so wie sich der Hypochonder notorisch über die Gefährlichkeit seiner Körpersymptome täuscht, so täuscht sich der Entscheidungsphobiker über das Ausmaß möglicher Schuld oder möglicher Beschämung, die ein Entscheid mit sich bringen könnte. Und beide leiden solange an ihren Angstsymptomen, wie sie am unmöglichen Wunsch festhalten, durch eigenes Tun oder eigenes Vermeiden die Gefahren, die dem eigenen Menschsein als solchem immanent sind, besiegen zu können.

Schlussbemerkung: Angstsymptome treten selten isoliert auf, sondern meist verbunden mit anderen Symptomen. Besonders häufig sind Zwangssymptome oder aber depressive Symptome. Das kann nicht erstaunen. Dass Zwangshandlungen, etwa der Waschzwang oder der Ordnungszwang, direkt auf Ängste bezogen sind und deren Überwindung dienen, ist offenkundig. Ähnlich nahe und doch in einem anderen Verhältnis stehen die Angstsymptome zu den depressiven Symptomen wie etwa dem sogenannten Morgentief, der Appetitlosigkeit oder der allgemeinen Antriebslosigkeit. Während sich in den Angstsymptomen noch der illusionäre Wunsch nach einem angstbefreiten Leben ausmachen lässt, fehlt in den depressiven Symptomen dieser Wunsch. An dessen Stelle ist eine resignative Desillusionierung getreten, die ein Agieren verunmöglicht. Darum drückt sich in den depressiven Symptomen nur noch das Nein zu einem Leben unter nichtigen und zugleich unaufhebbaren Seinsbedingungen aus (Holzhey-Kunz 2014, 169 ff.).

Literatur

Binswanger, L. (1943/1993). Grundformen und Erkenntnis menschlichen Daseins. In M. Herzog & H.-J. Braun (Hrsg.), *Ausgewählte Werke,* Band 2. Heidelberg: Asanger.

Bollnow, O. F. (1956). *Das Wesen der Stimmungen.* Frankfurt am Main: Klostermann.

Freud, S. (1895/1999). Studien über Hysterie. In *Gesammelte Werke.,* Bd. I (S. 75–312). Frankfurt am Main: Fischer.

Freud, S. (1914/1999). Erinnern, Wiederholen und Durcharbeiten. In *Gesammelte Werke,* Bd. X (S. 126–136). Frankfurt am Main: Fischer.

Freud, S. (1919/1999). Das Unheimliche. In *Gesammelte Werke,* Bd. XII (S. 227–268). Frankfurt am Main: Fischer.

Freud, S. (1926/1999). Hemmung, Symptom und Angst. In *Gesammelte Werke,* Bd. XIV (S. 111–205). Frankfurt am Main: Fischer.

Gadamer, H.-G. (1965). *Wahrheit und Methode. Grundzüge einer philosophischen Hermeneutik.* Tübingen: Mohr.

Heidegger, M. (1927/2001). *Sein und Zeit.* Tübingen: Niemeyer.

Holzhey-Kunz, A. (2002). Das Subjekt in der Archetypenlehre C. G. Jungs. *Analytische Psychologie, 33,* 159–174.

Holzhey-Kunz, A. (2014). *Daseinsanalyse. Der existenzphilosophische Blick auf seelisches Leiden und seine Therapie.* Wien: Facultas.

Holzhey-Kunz, A. (2015). Der methodische Sinn der Liebe bei Ludwig Binswanger, dargestellt am »Fall Ellen West«. In T. Breyer, T. Fuchs & A. Holzhey-Kunz (Hrsg.), *Ludwig Binswanger und Erwin Straus* (S. 70–93). Freiburg: Alber).

Dilling, H., Mombour, W. & Schmidt, M. H. (Hrsg.) (2008). *Internationale Klassifikation psychischer Störungen, ICD-10 Kapitel V (F).* Bern: Huber.

Jung, C. G. (1934/1995).Über die Archetypen und das kollektive Unbewusste: In *Gesammelte Werke,* Bd. 9/1 (S. 11–51). Solothurn: Walter.

Jung, C. G. (1939/1995). Bewusstsein, Unbewusstes und Individuation. In *Gesammelte Werke,* Bd. 9/1 (S. 293–307). Solothurn: Walter.

Kant, I. (1781/1963). *Kritik der reinen Vernunft.* In ders., *Kants Werke in sechs Bänden,* Band 2 (hrsg. v. W. Weischedel). Frankfurt am Main: Suhrkamp.

Kierkegaard, S. (1844/2003). *Der Begriff Angst.* Stuttgart: Reclam.

Nietzsche, F. (1886/1960). *Also sprach Zarathustra.* In ders., *Werke in drei Bänden,* Band 2 (hrsg. v. K. Schlechta). München: Hanser.

Sartre, J.-P. (1943/1997). *Das Sein und das Nichts. Versuch einer phänomenologischen Ontologie* (hrsg. und übers. v. T. König). Reinbek bei Hamburg: Rowohlt.

Das Phänomen Angst im Lichte der strukturalen Psychoanalyse

Hermann Lang

Will man die Konzeption Lacans, des Begründers und natürlich Hauptvertreters der strukturalen Psychoanalyse, auf einen Nenner bringen, dann lässt sie sich als »Philosophie des Mangels« etikettieren. Es ist das durchgehende Leitmotiv, diese Verfassung in immer neuen Varianten zu zeigen – eine besonders ausgefeilte Form der Bestimmung menschlichen Daseins als »Mängelwesen«. Es sei hier auch an entsprechende Konzeptionen von Herder, Gehlen, Wyss u.a. erinnert. Was nun das Phänomen der Angst bzw. diesen Affekt, wie Lacan dieses Phänomen etikettiert, angeht – Angst erscheint, und dies klingt fast banal, wenn zu viel Mangel und, das mag paradox klingen, zu wenig Mangel, zu wenig Leere da ist.

Lacan ist nicht minder ein Philosoph der Sprache und dies in einem ganz radikalen Sinne, sofern die Sprache auch das Unbewusste, sonst gerade als sprachloser Ort, als Chaos von Leidenschaften apostrophiert, konstituiert. Wie ist nun beides, Philosophie des Mangels und Philosophie der Sprache, hinsichtlich des Phänomens Angst zusammenzudenken? Einführung in Sprache: Das bedeutet Distanz zu gewinnen, sowohl zu äußerer wie innerer Natur, Distanz zu den Dingen wie zu sich selbst. In seiner Auffassung von Sprache reiht sich Lacan in eine transzendentale Sprachauffassung ein, wie sie vor allem von Heidegger und Gadamer vertreten wird, ist es doch die Sprache bzw. das Symbolische, das entscheidend das Selbst- und Weltverhältnis artikuliert. Und so ist Realität bzw. Wirklichkeit wesentlich durch die Sprache konstituiert. »C'est le monde des mots qui crée le monde des choses […]« (Lacan 1966, 276). »Kein Ding sei, wo das Wort gebricht«, heißt es in einem Gedicht von Stefan George; »Nur wo Sprache, da ist Welt« (Heidegger 1963, 35).

Als »Sprachwesen«, »animal symbolicum«, hat der Mensch indessen nur einen vermittelten Bezug zur Wirklichkeit, zur Realität. Das bedeutet, dass der Mensch zugleich einem fundamentalen Mangel, einer Leere ausgesetzt ist, die wir mit Lacan als »das Reale« bezeichnen können. Bei all ihrem Benennen und Objektivieren reißt die Sprache immer auch einen Horizont von Vieldeutigkeit, Unbestimmtheit auf. So wenig wie ein letztes, gibt es ein erstes Wort. Indem Sprache ins Spiel kommt, bleibt ein radikal Unbestimmtes, bleibt in allem Sinn, den Sprache kreiert, ein letzter »Un-Sinn«. Deshalb haben wir es nie mit einem vollen Objekt und vollen Subjekt zu tun. Immer bleibt ein unerklärlicher Rest, ein Rest, der sich nicht aus einem Unvermögen unserer Erkenntnismöglichkeiten ergibt, sondern konstitutiv dafür ist, dass wir überhaupt erkennen oder begehren können. Nur wo Mangel ist, ist auch Begehren, ist Menschsein. In dieser fundamentalen Leerstelle, einem radikal Nicht-Symbolisierbaren und nicht zu Imaginierenden scheint das »Reale« auf.

Auf dieser Kategorie des Realen hat der Fokus unserer Aufmerksamkeit zu liegen, denn diese Kategorie hat wesentlich mit dem Phänomen Angst zu tun.

Das »Reale« im Sinne Lacans ist gerade nicht das, was wir sonst als »Realität«, »Wirklichkeit« bezeichnen. Es ist wohl der komplexeste Begriff Lacans, so beispielsweise in seinem Verhältnis zum »Todestrieb« und zur »jouissance«. Sieht man im Lichte der Psychoanalyse im Todestrieb das Prinzip des »Trennenden«, der Negation, einer fundamentalen Differenz, so ist er bzw. in seiner Position des »Realen« in die Sprache, das Symbolische selbst eingebunden. So wird verständlich, wenn Lacan im Anschluss an Hegel schreibt: »Das Symbol manifestiert sich zunächst als Mord des Dinges« (Lacan 1966, 119). Sofern also das Reale als Differenz, Leerstelle, die Sprache, das Symbolische selbst mitkonstituiert, ist es eingebunden, quasi gebändigt. Ein Krug beispielsweise, wie Lacan im Anschluss an Heidegger aufgezeigt hat, ist um eine Leere, Offenheit komponiert. Diese Leere hat keine Materialität und ist doch eine strukturierende Instanz, die jeder Füllung vorausgeht, ist ihre Bedingung.

Begegnet nun das Reale in seiner ganzen fundamentalen Leerheit, dann wirkt es traumatisch, löst es eine fundamentale Existenzangst aus. Mit Kierkegaard ist hier zu formulieren: »Angst kann man vergleichen mit Schwindligsein. Derjenige, dessen Auge plötzlich in eine gähnende Tiefe (in einen Abgrund) hinunterschaut, der wird schwindlig« (Kierkegaard 1984, 57). Nebenbei sei bemerkt, dass Lacan Kierkegaard als den konsequentesten Seelensucher vor Freud würdigte.

Schnell muss das Reale jetzt wieder, wie beispielsweise bei der archaischen »Imago vom zerstückelten Körper« (vgl. Lang 1973,

47 ff.), mit einem imaginären scheinhaften Bild von Einheitlichkeit übertüncht werden. In der Sprache Freuds ist das Subjekt plötzlich von einer solch exzessiven Reizüberflutung überwältigt, dass es diese nicht verarbeiten kann. Plötzlich tut sich die grell gegebene Möglichkeit der Existenzvernichtung auf. Und dies wirkt traumatisch, weil es nicht mehr möglich ist, dieses Geschehen in Worte zu fassen.

Ein Beispiel: Lacans Neuinterpretation von Freuds Analyse des Traums von »Irmas Injektion«. Als Freud seine Patientin, eine junge Frau, bei einer Abendgesellschaft trifft, erschreckt er über ihr Aussehen und bittet, ihr in den Hals sehen zu können: »[…] und ich finde rechts einen großen weißen Fleck, und anderwärts sehe ich an merkwürdigen krausen Gebilden, die offenbar den Nasenmuscheln nachgebildet sind, ausgedehnte weiße Schorfe« (Freud 1900, 111 ff.). Was sich hier plötzlich in einer quasi apokalyptischen Offenbarung auftut und in namenloser Angst zurückschrecken lässt, ist ein »Urschlund«, ein wahrhaftes »Medusenhaupt« (Lacan 1980, 210), das alles zu verschlingen droht, ein Bild des Todes in Form der Diphterie bzw. eines Krebsgeschwürs. Erinnern wir daran, dass Diphterie damals eine oft tödliche Krankheit war, Gustav Mahlers fünfjährige Tochter daran starb. »Enthüllung des Realen ohne jegliche Vermittlung, des letzten Realen, des wesentlichen Objekts, das kein Objekt mehr ist, sondern jenes Etwas, angesichts dessen alle Worte aufhören und sämtliche Kategorien scheitern, das Angstobjekt par excellence« (ibid., 210 f.).

Ein radikal Unbenennbares, Unheimliches, das für gewöhnlich im Dahinleben der natürlichen Selbstverständlichkeit verdeckt bleibt, leuchtet plötzlich im Trauma als Trauma auf. Um mit Erwin Straus (1930/1978) zu formulieren: »Es ist nicht die einzelne Bedrohung, sondern das Erlebnis der Bedrohtheit überhaupt« (ibid., 18), was letztliche traumatisch wirkt, oder wie es Lacan einmal gesagt hat:

> Das Trauma ist plötzlich das Leben, das sich selbst, brach aller symbolischen Vermitteltheit, in seiner absoluten Fremdheit erfasst, ein Moment, in dem sich das Leben als am Ende angelangt, projiziert, d. h. an dem Punkt, in dem es quasi zum Tode zurückkehrt (wieder zu Staub wird) (Lacan).

Es ist nun das Paradox menschlicher Existenz, dass sie in der Begegnung mit dem nicht zu begreifenden und nicht zu imaginierenden Realen nicht nur die Begegnung mit dem Schrecklichen schlechthin fürchtet, sondern alles daran zu setzen sucht, diesen hier begegnenden »fundamentalen Mangel« zu beseitigen und in diesem Versuch absolute Lust (»jouissance«) imaginiert. So beispielsweise in einer

»amour fou« unbedingten Liebesverlangens (vgl. Lang 2014), wobei der Andere mehr und mehr als das erfüllende »Ding an sich«, das heißt als Füllung des Realen, der Leere intendiert und gesehen wird. Die Subjektivität des Anderen wird negiert, die totale Einvernahme gefordert, um das Begehren endlich in einer absoluten Weise zu stillen – eine Katastrophe ist das Resultat dieser vermeintlichen Glückseligkeit. Ein Szenario quasi ekstatischer Erfüllung begegnet uns in der perversen Kuss-Orgie Salomes in der Version von Oscar Wilde und Richard Strauss, dessen 150. Geburtstag wir dieses Jahr feiern. Salome hat sich unsterblich in Johannes den Täufer verliebt, wird aber von diesem als Inkarnation der Sünde zurückgewiesen. Wie in der Bibel ist dann Herodes so von ihrem Schleiertanz fasziniert, dass er alles verspricht, was sie wünscht, aber was sie nun verlangt, ist der Kopf des Johannes. Er ist das absolute Objekt ihrer Begierde. Bezeichnend, wie Salome die von Herodes immer verzweifelter angegebenen Ersatzobjekte zurückweist. Die Hälfte seines Königreichs, Smaragde, größer als Cäsar sie trägt, einzigarte Pfauen und immer wieder Juwelen, Schmuck, »unvorstellbare Schätze«, den Mantel des Hohen Priesters, den Vorhang des Allerheiligsten. »Alles was du verlangst, will ich dir geben – nur eines nicht, nur nicht das Leben dieses einen Mannes«. Bezeichnend, wie sie auf diese Angebote immer nur das stereotype »Ich will den Kopf des Jochanaan« antwortet – ähnlich stereotyp wie sie zuvor vergeblich wiederholt hatte »Ich will deinen Mund küssen, Jochanaan«. Der Henker bringt ihr schließlich den Kopf des Propheten auf einem silbernen Schild. Voller Ekstase beugt sich Salome über ihn und küsst ihn. Doch wie endet dieses »Genießen«? Auf den Befehl des sich voller Entsetzen abwendenden Herodes – »sie ist ein Ungeheuer, deine Tochter, ich sage dir, sie ist ein Ungeheuer« – stürzen sich die Soldaten vor und zermalmen Salome, die Tochter der Herodias, Prinzessin von Judäa, unter ihren Schildern. Die letzten Worte, die Wagners Isolde in ihrem orgiastischen Liebestod findet, sind »höchste Lust«. Höchste Lust und Tod fallen zusammen. Diese Seite klingt an, wenn Freud in *Jenseits des Lustprinzips* (Freud 1920) hinter einem absolute Lust verheißenden Nirwana-Prinzip den Todestrieb am Werke sieht. Das Lustprinzip, wenn es alle Grenzen sprengt, findet sich selbst im Dienste des Todestriebs. Was wir als unendliches Glück imaginieren, als totale Wunscherfüllung, wird zur tödlichen Bedrohung.

Normalerweise schießt Angst ein, wenn die übliche Homöostase der Lust ins Wanken gerät, sich eine solche Transgression abzeichnet und »droht«. Sie bleibt z. B. als Warnsignal aus, wenn der Kannibale von Rothenburg die Metapher »Ich habe dich zum Fressen gern« wörtlich nimmt, die symbolische Ebene dergestalt zusammenbricht, das nackte Reale sich als solches in seiner Furchtbarkeit präsentiert.

Wir haben also das Paradox vor uns, dass einmal die Begegnung mit dem Mangel als solchem, wo jede sprachliche Vermittlung und somit eine mögliche Verarbeitung versagt, Angst in einer überwältigenden Weise provoziert. Zum anderen ist es gerade das Fehlen jeglichen Mangels, die Fülle des Seins wie eine Apotheose der Lust, das uns nicht minder ängstigt bzw. ängstigen sollte, droht doch auch hier nicht minder eine radikale Existenzvernichtung, verstummt nicht minder die Sprache, die Mangel impliziert und transportiert.

Versuchen wir nun weiter dieses Konzept zu vertiefen. Dabei werden wir auf eine grundlegende Differenz zwischen der strukturalen Auffassung und der Freud'schen Psychoanalyse stoßen. Diese Differenz zeichnet sich schon am bekannten »Fort-Da-Spiel« des eineinhalbjährigen Enkels Freuds ab, das Freud in *Jenseits des Lustprinzips* (1920) schildert: Das der Wortsprache noch nicht mächtige Kind hatte eine Holzspule, die mit einem Bindfaden umwickelt war. Es warf nun diese am Faden gehaltene Spule mit großem Geschick über den Rand seines verhängten Bettchens, so dass sie darin verschwand, sagte dazu ein langgezogenes »o«, das nach übereinstimmendem Urteil von Mutter und Beobachter »fort« bedeutete, und zog dann die Spule am Faden wieder aus dem Bett heraus, begrüßte aber deren Erscheinen mit einem freudigen »(d)a«. Freud schreibt:

> Das war also das komplette Spiel, Verschwinden und Wiederkommen [...] Die Deutung des Spieles lag dann nahe. Es war der (von dem Kinde) zustande gebrachte Triebverzicht, das Fortgehen der Mutter ohne Sträuben zu gestatten. Es entschädigte sich gleichsam dafür, indem es dasselbe Verschwinden und Wiederkommen mit den ihm erreichbaren Gegenständen selbst in Szene setzte (ibid., 12 f.).

Was Freud hier, nun in der Sicht des französischen Psychoanalytikers Lacan beschreibt, ist ein fundamentales Sozialisationsgeschehen. Dabei setzt Lacan aber andere Akzente. In dem Augenblick, wo der primäre Andere, sei es vermittels der Spule, sei es vermittels der Phoneme, repräsentiert, symbolisiert werden kann, ist die Möglichkeit zur Distanzierung aus einer narzisstisch einschließenden Dyade gegeben und somit in ersten Spuren ein Freiraum eröffnet, in den hinein eigene Identität sich entwickeln kann. Lacan schreibt:

Von den ersten Beziehungen des Kindes zur Mutter an vollzieht sich vor dem Erlernen der Sprache auf motorischer und auditiver Ebene ein Geschehen der Symbolisierung; seit das Kind zwei Phoneme im Kontrast zur Formulierung zu formulieren begonnen hat, ist das Ganze der »organisation signifiante« (das heißt der Sprache) bereits virtuell da (Lacan 1958, 188).

Für Freud kompensiert dieses Spiel die Abwesenheit der Mutter, die Angst vor ihrem möglichen Verlust, für Lacan ermöglicht dieses Spiel eine Distanzierung von der Mutter, bringt gerade einen Mangel in diese Beziehung hinein.

Diese Differenzierung lässt sich nun weiter beobachten im Blick auf die unterschiedliche Auffassung des Verhältnisses des Kindes zur Brust: In der Sicht der strukturalen Psychoanalyse ist für den Säugling die Brust zunächst Teil des eigenen Körpers und löst sich dann im Zuge des Rhythmus von Annäherung und Entfernung von seinem Körper – ein Prozess, der als aktiver Vorgang von Seiten des Kindes zu sehen ist. Es ist also das Kind, das sich entwöhnt, das bereits mit der Brust quasi ein erstes »Fort-Da-Spiel« inszeniert, es die Brust nicht nur zur Bedürfnisbefriedigung nähert, sondern immer wieder die Brust von sich entfernt. Und deshalb ist für Lacan das Bedrohliche, Ängstigende nicht vorrangig die Angst vor mangelnder Bedürfnisbefriedigung durch die mögliche Nichtwiederkehr der Brust, wie die traditionelle Psychoanalyse dies sieht, sondern die »zu rasche, prompte Wiederkehr, betrieben von einer Mutter, die ihrem Kinde die Brust aufdrängt, bevor sich ein Begehren danach überhaupt manifestiert und die damit das Begehren im Keime erstickt« (Gondek 1990, 241).

Hier sehen wir schon ganz früh das Konstituens für menschliches Dasein schlechthin skizziert, nämlich Mangel, denn nur wo Mangel ist, ist auch Begehren und wie bei Spinoza ist auch in der strukturalen Psychoanalyse menschliches Dasein als Begehren definiert. Lacans Parole, die alle Überlegungen dominiert, heißt dann entsprechend »ne céder pas le désir«, lasse nie in deinem Begehren nach. Insofern ist der »désir«, das Begehren, intransitiv, ohne adäquates Objekt möglicher Befriedigung; »Begehren begehrt«. Wird Begehren transitiv, ist es auf ein bestimmtes Objekt, eine bestimmte Befriedigung aus, sprechen wir dann von »demande«, von »Anspruch«.

Für Freud und die traditionelle Psychoanalyse ist im Gegensatz zu diesem Ansatz *die* zentrale Ursache von Angst in der möglichen Trennung von der Mutter zu sehen, beginnend beim Geburtstrauma, über die Entwöhnung, hin zu späteren Ablösungen und überhaupt möglichen Trennungen, die immer wieder Angst hervorrufen können. Trennungserfahrungen früher Art geben das Modell ab für spätere Angsterfahrungen.

Für die strukturale Psychoanalyse ist es gerade das Fehlen solcher Trennungen, von Distanzierungen, das Angst auslöst. Dies lässt sich unter anderem auch im klinischen Bereich zeigen und zwar in der berühmten Krankengeschichte Freuds vom »kleinen Hans«. Sie veranschaulicht ganz zentral die Auffassungen im Blick auf unser Thema, geht es doch hier ganz fokussiert um Angst, nämlich um eine »Phobie«.

Der kleine fünfjährige Junge leidet plötzlich an der Furcht, ein Pferd werde ihn beißen, später auch, dass Pferde umfallen würden. Die Analyse, durchgeführt vom Vater und Supervisor Freud, ergibt nun, dass hinter dieser Pferdeangst eine Angst vor dem Vater steht. Hans befindet sich auf der Höhe seines Ödipuskomplexes, möchte ständig mit der Mutter »schmeicheln«, ständig zu ihr ins Bett, möchte sie heiraten. Dabei ist der Vater im Wege, den er beseitigt wissen möchte, möchte, dass er »umfällt«, um an seine Stelle treten zu können (Freud 1909, 326). Hans fürchtet nun, dass der Vater wegen der feindseligen und eifersüchtigen Wünsche, die er gegen ihn hegt, ihm selbst feindselig gesinnt wäre und ihn zu strafen trachte. Die Angst vor dem Vater erscheint so als auf das Objekt »Pferd« verschoben. Dass Hans früher mit dem Vater »Pferdl« gespielt hatte, der Vater für ihn das Pferd war, bildet offensichtlich die Brücke, über die diese unbewusste Verschiebung zustande kam. Alfred Lorenzer, der in *Sprachzerstörung und Rekonstruktion* an dieser Krankengeschichte sein Konzept exemplifiziert, fasst entsprechend zusammen: »Das beißende Pferd ist der Vater, der ihn strafen wird, weil er so böse Wünsche gegen ihn hegt« (Lorenzer 1973, 128). Entsprechend resümiert auch Freud: »Er ist wirklich ein kleiner Ödipus, der den Vater ›weg‹, beseitigt haben möchte, um mit der schönen Mutter allein zu sein, bei ihr zu schlafen« (Freud 1909, 345).

Charakteristisch für Freuds Auffassung ist, dass er hier einen Individualkonflikt herausarbeitet, die Eltern als Projektionsgestalten bestimmter Triebbesetzungen, bestimmter intrapsychischer Vorgänge bei Hans begegnen. In Abhebung dazu tritt bei Lacan die Familie als Ganzes sofort ins Zentrum der Betrachtung, das wechselseitige Verhältnis ihrer Mitglieder, und dies wiederum im Kontext einer kommunikativen, besser, symbolischen Ordnung.

Wie stellt sich nun diese Konstellation beim kleinen Hans dar? Mutter und Sohn begegnen eng aneinander gebunden. Ständig findet er sich bei der Mutter im Bett, sie exhibiert sich vor ihm, er sieht ihr immer wieder gespannt zu, wie sie sich entkleidet, die Unterhosen wechselt, umgekehrt exhibiert er sich vor ihr, sie lässt zu, dass er sie auf die Toilette begleitet und ihr beim Urinieren und Defäkieren zuschaut, behandelt ihn ständig mit Klystieren, nimmt ihn mit ins Bad, wenn sie selbst badet, schenkt seinem »Wiwimacher«, wenn sie ihn badet, besondere Aufmerksamkeit – während sie die drei Jahre jüngere Schwester stiefmütterlich behandelt, sie häufig schlägt. »Sexuelle Übererregung durch Zärtlichkeit der Mutter hat wohl den Grund gelegt«, schreibt der Vater an Freud, ohne dass dieser näher auf diesen Kommentar einging. Hans ist ihr Augapfel, wird mehr und mehr ihr »Ein und Alles«.

Es ist geläufige Auffassung, dass ein Kind dann Angst bekommt, wenn die Mutter abwesend ist. Lacan macht nun darauf aufmerksam, dass gerade die fehlende Abwesenheit, das heißt eine Allpräsenz des Anderen, hier der Mutter, Angst hervorrufen kann.

In dieser Situation tritt nun die Pferdephobie auf – gängig interpretiert als Angst vor dem Vater. Was ist überhaupt mit Hansens Vater? Um einen Kern eigener Identität bilden zu können, muss das menschliche Subjekt Abstand zu seiner primären Bezugsperson gewinnen. Damit dies möglich wird, hat sich im Verhältnis zum primären Anderen ein drittes Strukturmoment abzuzeichnen, das auf eine andere Ordnung als die der privativen Dualunion verweist. Der reale Vater hat dieses dritte Moment einzubringen, ist indessen, wie an anderer Stelle (Lang 2011) ausführlich dargestellt, keine letzte Instanz, sondern selbst Agent der symbolischen Ordnung, die hier als »Vatername«, als »symbolischer Vater« begegnet. Dieser Aufgabe, die zur Trennung von Mutter und Sohn führen müsste, ist Hansens Vater offensichtlich nicht gewachsen. Er zeigt sich nicht fähig, seine »väterliche Funktion« zu erfüllen, ist, wie Lacan sagt, »un pauvre type«, kann sich nicht durchsetzen, seine Autorität gilt in der Rede der Mutter nichts, sie spottet seines Verbots oder umgeht es zumindest. In dieser Situation also die Pferdephobie. Mit Lacan drängt sich jetzt diese Auffassung auf: Die Unfähigkeit, Mutter und Sohn zu trennen, ihnen ihre jeweilige Position in einer triangulären Struktur zuzuweisen, lässt die Angst, von der Mutter vereinnahmt zu werden, entstehen, keine eigene Existenz entwickeln zu können – eine Angst, die radikal in Frage stellt, eine Angst, die so weit gehen kann, dass die

Mutter in dem kindlichen Phantasma wie Medusa begegnen kann, die in ihrem Wunsche nach Befriedigung mit ihrem offenen Rachen das Kind einverleiben, zu verschlingen sucht – »Quaerens quem devoret« (Lacan 1994/2003, 57). »In den Ängsten des kleinen Hans begegnen wir solchem« (ibid., 57). So erscheint vorrangig die Mutter als das beißende Pferd, die namenlose, alles bedrohende Angst vor der »Medusa« findet sich so gebunden, kanalisiert, eingegrenzt.

In struktural-analytischer Sicht ist es vor allem die Grundkonstellation »dem Begehren-des-Anderen-ausgesetzt sein« (Gondek 1990, 233), die Angst hervorruft. So wird verständlich, dass das Phänomen der Sexualität als ein privilegierter Ort der Angst zu werten ist. Sexualität verschafft Intimität und Nähe, wie sie anders in zwischenmenschlichen Bezügen kaum zu ermöglichen ist. Diese in der Sexualität erfahrene Nähe, sozusagen das Herunterreißen der sonst trennenden zwischenmenschlichen Wände, kann enorme Glücksgefühle vermitteln, kann gerade aber auch, wie an anderer Stelle (Lang 2009) ausführlich dargestellt, enorme Ängste wecken. Die Frau, die den Mann zu verführen, zu verschlingen, zu zerreißen sucht, ist in Literatur und Geschichte Legion: Salome, ihre Mutter Herodias, Sirenen und ihre todbringenden Gesänge, Skylla und Charybdis, die vielen Zauberinnen und Hexen. Kundry aus Wagners Parsifal, die dem Gralskönig Amfortas ein elendes Siechtum beschert und dies nicht minder mit dem »reinen Tor« Parsifal vorhat, als Höllenrose, Urteufelin, Herodias apostrophiert – quasi ein Archetyp des Sirenengesangs.

Es mag in diesem Kontext angstentbindender Beziehung kein Zufall sein, dass Lacan sein Angstseminar von 1962/63 (Lacan 2004/2011) mit einer Fabel beginnt, die dieses dem Begehren des Anderen ausgesetzt sein in einer nun absolut ängstigenden Situation illustriert.

> Stellen Sie sich vor, maskiert – ohne zu wissen welche Maske Sie tragen – auf eine Bühne geworfen zu werden, auf der die Mantis religiosa, eine Gottesanbeterin, auf Sie wartet. Sie finden sich vor den Augen dieses monströsen Insekts wieder ohne jede Möglichkeit einer Reflexion Ihres Bildes in einer der vielen Facetten der Mantis auffangen zu können (Lacan 2004/2011).

Diese Szene illustriert die Situation des Subjekts, das sich dem Begehren des Anderen zur Gänze offeriert, ohne wissen zu können, ob es nicht zufällig das verkörpert, wonach der gefräßige Andere verlangt, um sich zu befriedigen. »Was willst du von mir?« – Das ist die Frage, die voller Angst gestellt wird, weiß ich doch nicht, ob das Begehren des Anderen mir gegenüber eine Grenze kennt. Welche Art Objekt der Begierde bin ich für den Anderen? Wie ist es jetzt, wo ich doch nicht weiß – jetzt hinsichtlich der Mantis – ob ich männlich oder weiblich bin? Diese Angst wird sich zu einer panischen Existenzangst steigern, nähert sich mir als Männchen nun die weibliche Gottesanbeterin, wird sie nun bei der folgenden Kopulation meinen Kopf abbeißen und mich verschlingen? Salome lässt grüßen.

Ist Sexualität ein bevorzugter Ort der Angstentstehung, betrifft dies nicht minder die Angst der Frau vor dem Mann. Man denke nur an die vielen Vergewaltigungen der griechischen Antike, bspw. an die Vergewaltigung der ursprünglich bildschönen, schon genannten Medusa durch den Meeresgott Poseidon. Jetzt wird quasi der Spieß umgedreht: Pallas Athene ist so erzürnt über diese Tat, dass sie der Medusa ein so furchterregendes Aussehen verschafft, dass jeder Mann vor dieser Gorgone entsetzt zurückschreckt. Denken wir an die vielen Inquisitoren und Hexenverfolger, auf klinischem Gebiet an sexuellen Missbrauch. An die Problematik der Anhedonie, die im weiblichen Geschlecht häufiger anzutreffen ist, an Anorgasmie und Vaginismus. Nicht umsonst sprachen hier die psychotherapeutischen Pioniere vom Brunhilden- bzw. Brünhilden-Komplex. Er betrifft die bekannte Protagonistin aus dem »Nibelungen-Lied« und Wagners »Ring«, die mit dem Eindringen des Mannes in den eigenen Körper nicht lustvolle, sondern zerstörerische Vorstellungen verbindet. Ihre Angst ist die einer tiefen Beunruhigung hinsichtlich dessen, wohin das Begehren führen kann. Analog dazu die Angst des Mannes mit einer »Insatiabilität des Begehrens« konfrontiert zu werden, der er nicht gewachsen ist und die ihn zu verschlingen droht.

Seit es üblich ist, Opernaufführungen mit Untertiteln zu versehen – nur in Bayreuth ist man zu arrogant dazu –, ist es faszinierend im dritten Akt von »Siegfried« zu sehen, wie sich bei beiden Protagonisten ein ständiges Hin und Her, eine faszinierende Dialektik der Angst zwischen Näherung und Distanzierung abspielt – ehe es dann zur Vereinigung kommen kann. Doch dies währt nicht lange. Zu Beginn der folgenden »Götterdämmerung« verabschiedet sich Siegfried von Brünhilde, um zu neuen Abenteuern aufzubrechen. »Zu neuen Taten teurer Helde« – Warum eigentlich? Wird die Mutter-Geliebte zu gefährlich?

Literatur

Freud, S. (1900). *Die Traumdeutung.* Gesammelte Werke, Bd. II/III. London: Imago.

Freud, S. (1909). Analyse der Phobie eines fünfjährigen Knaben. In ders., *Gesammelte Werke* Bd. VII (S. 243–380). London: Imago.

Freud, S. (1920). Jenseits des Lustprinzips. In ders., *Gesammelte Werke* Bd. XIII (S. 3–72). London: Imago.

Gondek, H.-D. (1990). *Angst Einbildungskraft Sprache.* München: Boer.

Heidegger, M. (1963). *Erläuterungen zu Hölderlins Dichtung.* Frankfurt am Main: Klostermann.

Kierkegaard, S. (1984). *Der Begriff Angst.* Frankfurt am Main: Syndikat.

Lacan, J. (1958). Les formations de l'inconscient (Resumé der Seminare von 1957/58, durchl. J.-B. Pontalis). *Bulletin de Psychologie, XII,* 182–192.

Lacan, J. (1966). *Écrits.* Paris: Ed. Du Seuil.

Lacan, J. (1980). *Das Seminar von Jacques Lacan: Das Ich in der Theorie Freuds und in der Technik der Psychoanalyse.* Olten Freiburg: Walter.

Lacan, J. (1994/2003). *Das Seminar, Buch IV: Die Objektbeziehung* (hrsg. v. J.-A. Miller, übers. v. H.-D. Gondek). Wien: Turia + Kant.

Lacan, J. (2004/2011). *Das Seminar, Buch X: Die Angst* (hrsg. v. J.-A. Miller, übers. v. H.-D. Gondek). Wien: Turia + Kant.

Lang, H. (1973). *Die Sprache und das Unbewusste.* Frankfurt am Main: Suhrkamp.

Lang, H. (2009). Einführung und sexuelle Funktionsstörungen. In ders. (Hrsg.), *Gestörte Sexualität – Ursachen, Erscheinungsformen, Therapie.* Würzburg: Königshausen & Neumann.

Lang, H. (2011). *Die strukturale Triade und die Entstehung früher Störungen.* Stuttgart: Klett-Cotta.

Lang, H. (2014). »Dein ist mein ganzes Herz!« Zur Beziehungstragik in den sogenannten »frühen Störungen«. In T. Fuchs, T. Breyer, S. Micali & B. Wandruszka (Hrsg.), *Das leidende Subjekt* (S. 247–258). Freiburg München: Karl Alber.

Lorenzer, A. (1973). *Sprachzerstörung und Rekonstruktion.* Frankfurt am Main: Suhrkamp (Taschenbuchausgabe mit neuer Einleitung).

Straus, E. (1930/1978). *Geschehnis und Erlebnis – zugleich eine historiologische Deutung des psychischen Traumas und der Renten-Neurose.* Berlin Heidelberg New York: Springer.

Angst und Individuation

Jagna Brudzińska

1. Einleitendes zum Problem der Angst

Die Angst scheint zwar ein beschwerliches und dramatisches, dennoch ein geradezu ubiquitäres, zu jedem menschlichen Leben gehörendes Phänomen zu sein. Sie hat daher einen hohen anthropologischen Stellenwert und wird sowohl philosophisch als auch psychologisch intensiv erforscht. Die phänomenologische Tradition hat sie vor allem im Rahmen ihrer existenziellen Wende behandelt (Heidegger, Sartre, Ricœur, Jaspers, Marcel, Tillich u. a.) und sie dabei aus unterschiedlichen Perspektiven als eine der Grundbefindlichkeiten (oder sogar als die Grundbefindlichkeit, wie bei Heidegger) des Menschen betrachtet. Der Fokus der phänomenologischen Forschung lässt sich allerdings im weitesten Sinne als ein hermeneutischer fassen, denn das, was hier untersucht und zu erfassen versucht wird, ist vorrangig der Sinngehalt des Angsterlebens und die Bedeutung dieses Erlebens für das Verständnis menschlicher Existenz.

Die Psychologie hingegen deutet die Angst als einen besonderen Affekt oder Affektzustand, der mit unlustvollen Empfindungen einhergeht, und sie fokussiert sich dabei auf seine klinischen, verhaltens- und lerntheoretischen, charakterologischen, psychophysiologischen oder aber auch evolutionspsychologischen Bedeutungen. Wenn es um den phänomenalen Bereich des Angsterlebens geht, haben wir es mit einem sehr großen Spektrum von Erlebnissen zu tun – von diffusen, d. h. klarer Objektbezüge entbehrenden, bis hin zu objektgebundenen, d. h. durch manifestierte Gegenstandsbezüge abgrenzbaren Formen, die seelisch, leiblich und körperlich, individuell und sozial bestimmt sein können. So wird in der Fachliteratur und in der Alltagssprache sowohl diffuse Unruhe, die uns als nervöse, bedrückend-einengende, zugleich scheinbar grundlose Stimmung bekannt ist, als auch ein körperlich intensives, durch Schweißausbrüche, Herzrasen, Muskelanspannung oder Atemnot gekennzeichnetes Erleben (wenn wir z. B. in Panik geraten) als Angst bezeichnet – letzteres gleichermaßen aus objektiv nachvollziehbaren (z. B. bei einem Überfall) oder scheinbar irrationalen (z. B. bei einer Spinnenphobie) Gründen.

Für die modernen Versuche der theoretischen Systematisierung jener Phänomene wurde ein durch Søren Kierkegaard erfasstes Spannungsverhältnis zwischen Angst und Furcht maßgebend. Den einen Pol dieser Spannung markiert dabei die Angst schlechthin, als das diffuse, nicht auf einen konkreten Gegenstand bezogene und somit ungerichtete Erleben, das für Kierkegaard als *Existenzangst* auf die Freiheit und ihre Grenzen verweist. Den anderen Pol markiert die Furcht als eine konkrete und immer von bestimmten Objekten ausgehende *Gefahrerfahrung*.[1]

Auch für den nachfolgenden existenzphilosophischen Diskurs hatte die Auffassung der Existenzangst eine hohe Attraktivität. Ausgehend von Kierkegaard wurde sie als Manifestation der existenziellen Situation des Menschen, der mit dem Nichts, mit der Nichtigkeit seines eigenen Schicksals in Berührung kommt, gedeutet. Paul Tillich schreibt dazu: »Die Angst ist der Zustand, in dem Seiendes der Möglichkeit seines Nichtseins gewahr wird, oder kürzer gesagt: Angst ist das existenzielle Gewahrenden des Nichtsein« (Tillich 1953/1969, 53). Insbesondere bei Heidegger werden wir in diesem Zusammenhang auf die berühmt-berüchtigte Kategorie der Endlichkeit verwiesen, die die Begrenztheit unserer individuellen Existenz markiert, die Nichtigkeit des individuellen Lebens angesichts des unausweichlichen Todes zum ›dunklen‹ Ausdruck bringt und schließlich den negativen Horizont der Möglichkeit abzeichnet: die Unmöglichkeit. Die so verstandene Angst vor dem Nichts als Grundsituation des menschlichen Daseins lässt sich dann nicht weiter befragen. Sie verlangt aber nach Anerkennung, sollte das Leben redlich und würdig – für Heidegger heißt es: im Modus der »Eigentlichkeit« – geführt werden können. Unabhängig davon, ob diese »Führung« religions-theologische Züge trägt (wie schon bei Kierkegaard und später Tillich oder Marcel), indem sie mit der Fähigkeit zum Vertrauen, zum Glauben und zur Hoffnung korrespondiert, oder eher im Diesseits der existenziellen Situation des Menschen radikal zu leisten ist, wie bei Heidegger selbst, der in der Angst schließlich auch das Fundament der Sorge

---

[1] Den Unterschied zwischen Angst und Furcht führt Kierkegaard in Kierkegaard (1844/1991) ein.

erblickt,[2] konfrontiert uns die existenzial-hermeneutisch gefasste Angst mit einer unüberschreitbaren Grenze der Erkenntnis.

Der existenzial ausgelegte hermeneutisch-phänomenologische Zugang erlaubt es also nicht, weiter hinter die Kulissen des Angsterlebens zu blicken, wenn die Evidenzgrundlage der existenziellen Erfahrung nicht überschritten werden soll. Mehr noch: Bei Heidegger haben wir es mit einer weiterführenden Bestimmung und Wertung des Verhältnisses zwischen Angst und Furcht zu tun. In seiner Fundamentalanalyse des Daseins ordnet er die Furcht der Angst, begriffen als Grundbefindlichkeit, die eine »ausgezeichnete Erschlossenheit des Daseins« mit sich führt, unter und stellt erstere »als an die Welt verfallene, uneigentliche und ihr selbst als solche verborgene Angst« dar (1926/1993, 186). Die Furcht wird somit abgewertet. Sie scheint der Herausforderung des Daseins nicht gewachsen zu sein. In ihr scheint geradezu ein Verfehlen der Existenz zum Tragen zu kommen: Fremdbestimmung, Anpassung, Unfreiheit, Einengung bis zur Knechtschaft und Aufgabe des eigenen Selbst. In der Furcht offenbart sich so ein Mangel des existenziell wesenhaften Heroismus. Sie fungiert schließlich als billige Zuflucht und somit »Verfallenheit« an das so genannte »Man«.[3]

Über die hiermit mehr oder weniger explizit formulierte moralische Wertung kann man sicherlich streiten. Doch diese Auseinandersetzung soll hier nicht weiter ausgeführt werden. Hier scheint mir nur wichtig anzumerken, dass diese Auffassung in meinen Augen, trotz ihrer großen Anziehungskraft, die sie auf folgende Generationen ausgeübt hat, nicht nur der Situation des Menschen in der Welt nicht gerecht wird, sondern die lebensweltlichen Funktionen sowohl der Angst als auch der Furcht verkennt, indem sie vor allem die individuierenden Aspekte beider außer Acht lässt. Jene Aspekte – und dies zeigt schon die Phänomenologie Edmund Husserls – resultieren im Wesentlichen aus der sozialen Bestimmung des menschlichen In-

---

[2] Das Verhältnis zwischen Angst und Sorge behandelt Heidegger programmatisch in Heidegger (1926/1993, §§ 39–42).

[3] In der Literatur finden sich viele Beiträge, die das Problem der Angst bei Heidegger behandeln. Für die Zwecke meiner Analyse verweise ich vor allem auf das kürzlich erschienene Buch von Bernhard Waldenfels (2015), *Sozialität und Alterität – Modi sozialer Erfahrung*. Der Autor widmet hier der Diskussion von Angst und Furcht das 3. Kapitel (S. 110–155). Wichtige Einsichten in die Problematik verdanke ich Friderike Koehn, Autorin der unveröffentlichten Diplom-Arbeit in Psychologie: *Die unterschiedliche Deutung der Angst bei Freud und Heidegger* (2001).

dividuums als konkrete, leiblich-personale Subjektivität in der Lebenswelt.[4] Die Angst, genauso wie die Furcht, fungieren hier als soziale Phänomene und können nur in der Dynamik der sozialen, individuierenden und nicht bloß individuellen Erfahrung adäquat erfasst werden. Sowohl die Angst als auch die Furcht scheinen mir – beide in ihrer Weise – als entscheidende Herausforderungen des Individuationsvorgangs zu fungieren, eines Vorgangs, der den Weg zu einem verantwortungsvollen Leben in der Welt bereitet. Ihre Ausdeutung verlangt aber nach einem anderen phänomenologischen Zugang als dem existenzial-hermeneutischen. Das, was uns interessiert, sind Entwicklungsvorgänge der Subjektivität, ihre Dynamiken in der Zeit, ihre Motivationen und ihre intentionalen Ziele, die in meinen Augen nur auf dem Weg einer intentional-genetischen Analyse angemessen erschlossen werden können. Dafür bedürfen wir aber konkreter Anschauungsfelder. Wir brauchen anschauliche Evidenzen, die über jene Dynamiken Auskunft geben können.

In diesem Zusammenhang scheint es mir vielversprechend zu sein, wenn nicht unverzichtbar, auf die Ergebnisse der Psychoanalyse zurückzugreifen und diese mit den Mitteln der intentional-genetischen Analyse *sensu* Husserl zu betrachten. In meinen Augen ist der Beitrag der Psychoanalyse zur Erforschung der Individuationsdynamiken des menschlichen Subjektes besonders leistungsstark.

Ferner: Auch für die Psychoanalyse hat das Phänomen Angst einen besonderen Stellenwert. Wie Thomas Plänkers (2003, 490) betont, motiviert die Angst bei Freud alle psychischen Abwehrvorgänge, wodurch sie eine entscheidende Rolle bei allen seelischen Erkrankungen spielt. Doch die psychoanalytische Angst-Deutung ist nicht *nur* von Bedeutung im Hinblick auf die Psychopathologie. Thomas Pollak resümiert im Anschluss an Freud und unter Berücksichtigung neuerer, sogenannter objekttheoretischer Ansätze, dass der Angstbegriff zum »Dreh- und Angelpunkt jeder psychoanalytischen Konzeptbildung wird« (2006, 707). Auch Michael Ehrmann (2012), der wiederum mehr die psychoanalytische Ich-Psychologie in den Blick nimmt, zeigt, wie sich die Entwicklung der Psychoanalyse im Ganzen am Leitfaden ihrer Angstkonzepte verstehen lässt.

In meinen Augen besteht also das Besondere der psychoanalytischen Herangehensweise an das Phänomen Angst nicht nur in der Möglichkeit der Deutung einer tiefgreifenden Sinndimension des

[4] Mit diesen Aspekten setze ich mich auseinander in Brudzińska (2014, 97 ff.).

psychischen Lebens, sondern vor allem in der Einsicht in die Individuationsdynamiken der menschlichen Subjektivität, die sich vom psychoanalytischen Blickwinkel aus als durch die Angst entscheidend mitbestimmt zeigen.

2. Die Angst in der Psychoanalyse Freuds

Freuds erste Beschäftigung mit der Angst fällt in die Zeit der Begründung der Psychoanalyse und zieht sich durch alle Stadien ihrer Weiterentwicklung hindurch. Von Anfang an versteht Freud die Angst als eine besondere Form des Affektes, nämlich eines unlustvollen und leidvollen Affektes, der diverse sowohl psychische als auch körperliche Manifestationen aufweist und mit dem Triebleben des Subjektes verbunden ist. In seinen frühen Ansichten dazu, die in der Literatur als die sogenannte »erste Angsttheorie« Freuds gelten,[5] deutet er die Angst als Ergebnis einer Verhinderung der Entladungen libidinöser Bedürfnisse. Diese Verhinderung kann aufgrund der konstitutionellen Schwäche des Kleinkindes (wie die Phobien der Kinder verstehen lassen) oder durch Verdrängung (wie prototypisch die Hysterie oder andere Neurosen Erwachsener zeigen) zustande kommen (Freud 1933b/1999). Freuds Ansicht nach wird die verhinderte bzw. verdrängte Libido direkt in Angst umgewandelt. Damit weist also die Angst einen libidinösen Ursprung auf, der mit der sexuellen Energie des Subjektes zusammenhängt – auch wenn der Übergang von der Quantität der sexuellen Energie in die Qualität des Angstaffektes für Freud lebenslang ein Rätsel darstellen sollte.

In den gemeinsam mit Joseph Breuer verfassten *Studien zur Hysterie* (1895) identifiziert Freud eine spezielle Form der Neurose, die er als Angstneurose bezeichnet. Diese Neurose, wenn Freud sie auch nur selten in einer reinen Form vorkommend sieht,[6] zeichnet sich durch eine Angst aus, die scheinbar keinen spezifischen Auslöser aufweist, nicht auf reale Gefahr zurückzuführen ist und dennoch

---

[5] Freuds erste Einsichten zur Angst, die seiner *ersten Angsttheorie* zugrunde liegen, enthält bereits die Schrift Freud (1894/1999).

[6] »Die gewöhnlich vorkommenden Neurosen sind meist als *gemischte* zu bezeichnen; von der Neurasthenie und der Angstneurose findet man ohne Mühe auch reine Formen, am ehesten bei jugendlichen Personen. Von Hysterie und Zwangsneurose sind reine Fälle selten, für gewöhnlich sind diese beiden Neurosen mit einer Angstneurose kombiniert« (Freud 1895a/1999, 256 f.).

durch eindeutige Angstcharaktere gekennzeichnet ist. Dazu gehören Zustände der allgemeinen Gereiztheit, verschiedene körperliche Symptome und vor allem ängstliche Erwartungen, die sich eben bis hin zu Phobien auswirken (können).

In einer ebenfalls 1895 erschienenen Arbeit unter dem Titel »Über die Berechtigung von der Neurasthenie einen bestimmten Symptomenkomplex als Angstneurose abzutrennen« setzt sich Freud mit der psycho-kausalen Genese dieser Störung auseinander. Ihr Zustandekommen erklärt er aber ebenfalls durch unmittelbare Umwandlung der sexuellen Erregung, die in ihrer Abfuhr verhindert wird. Diese Umwandlung führe zu einer Angstform, die Freud als »frei flottierende« charakterisiert. Sie sei nicht an konkrete Vorstellungen gebunden, sondern beherrsche als Erregungssumme »die Auswahl der Vorstellungen« und sei immer bereit, sich an passende Vorstellungsinhalte zu binden. Wir haben es hier also mit einer ursprünglich objektlosen Angst zu tun, einer Angst, die sich erst nachträglich an Objekte bindet oder binden kann.[7] Auch wenn Freud damit lediglich eine ökonomisch-quantitative Erklärung des Phänomens leistet, kommt diese Art der Angst ihrem deskriptiven Gehalt nach, wie Thomä und Kächele (1992, 475) bemerken, phänomenologisch »Heideggers wesenhafter Angst« am nächsten. Freud sieht in ihr ein pathologisches Symptom, während Heidegger in ihr ein Wesensmerkmal der menschlichen Existenz erblickt und keineswegs ein neurotisches Vorkommnis. Doch die deskriptive Struktur dieses Phänomens, wie sie bei beiden Autoren offengelegt wird, erlaubt auch meiner Ansicht nach, von einer entscheidenden Verwandtschaft zu sprechen.

Doch Freud geht weiter. Das Erklärungsmodell der ersten Angsttheorie erweist sich ihm als nicht zureichend. Sowohl die Einsichten in die Struktur der seelischen Persönlichkeit als auch die Anerkennung der Realität als Quelle realer Gefahren und psychischer Traumata verlangen eine Revision dieses früheren Angstverständnisses.

Das Resultat jener Revision wird im außerordentlich gewichtigen Werk *Hemmung, Symptom und Angst* von 1926 präsentiert. Aber

---

[7] »Man kann etwa sagen, daß hier ein Quantum Angst frei flottierend vorhanden ist, welches bei der Erwartung die Auswahl der Vorstellungen beherrscht und jederzeit bereit ist, sich mit irgend einem passenden Vorstellungsinhalt zu verbinden« (Freud 1895b/1999, 318). Der Ausdruck *frei flottierende Angst* wird in der Psychopathologie bis heute für eine Angst, die ohne ersichtlichen Grund auftritt und zu Kernsymptomen der Angstneurose gehört, verwendet.

bereits 1923 in *Das Ich und das Es*, wo Freud seine Strukturtheorie systematisch darlegt, heißt es unmissverständlich: »Das Ich ist ja die eigentliche Angststätte« (Freud 1923/1999, 287). Das bedeutet, dass die Angst hier nicht mehr als im Zuge der anonymen Verhinderung oder Verdrängung verwandelte Libido, die im Seelischen obdachlos wird und sich erst nachträglich an psychische Funktionen bindet, verstanden, sondern dass sie als ein von Anfang an sinnvolles subjektives Erlebnis anerkannt wird. Sie wird als sinnvolles »Signal« der drohenden »Gefahr« gedeutet, das die wenn auch vor allem unbewussten Aktionen des Ich im Wesentlichen mitbestimmt. – Eines Ich, das nicht wie das Ich der Philosophen autonom dasteht und überlegt entscheidet, sondern vielmehr als ein erst zu entwickelnder, dabei in multiple Abhängigkeiten verstrickter Mediator in einem permanenten Konfliktfeld zu handeln und dauernd Kompromisse auszuhandeln hat.

Dieses Ich, auch wenn es in der Psychoanalyse als eine empirische Instanz fungiert, kommt dem »konkreten personalen Ich« der späten Phänomenologie Husserls nah. Auch jenes ist kein autonomer Regent im Erfahrungsprozess. Ebenfalls ist es kein apriorisches oder bloß logisches Prinzip der Erfahrung. Das konkrete personale Ich bei Husserl ist vielmehr eine transzendentale – aber doch: *Erfahrungs*struktur. Es ist ein temporaler, zugleich leiblich bestimmter, affektiv und sogar triebhaft-instinktuell organisierter Entwicklungszusammenhang der subjektiven Erfahrung. Mehr noch: Es ist ein grundlegend sozialer Zusammenhang, für den Edmund Husserl in den 30er Jahren den Begriff der »egologischen Intersubjektivität« prägt (1973, 192). All diese Momente entscheiden darüber, dass das konkrete Ich eine im Wesentlichen konflikthafte Erfahrungsstruktur darstellt: eine Struktur, die von Ambivalenzen bestimmt ist und im Widerstreit nicht selten entgegengesetzter Tendenzen und Motive in seiner Entwicklung voranschreitet. Hier trifft die Vergangenheitserfahrung auf die Zukunftserwartung, individuelle Wünsche auf soziale Verbindlichkeiten, leibliche Strebungen auf geistig-seelische Motive. All das offenbart ein Feld multipler Abhängigkeiten und Konflikte, in dem sich die konkrete subjektive Erfahrung realisiert. Husserls Analysen zeigen, dass die Konflikte schon die elementare Assoziationsfähigkeit, die hier als *weckende Übertragung von Affektion* gedeutet wird, im Aufbau des Vorstellungsbewusstseins mitbestimmen. Und dieser Aufbau spart auch das Unbewusste nicht aus.[8]

[8] »Insbesondere: Affektionen des modus excit⟨andi⟩ des Ich, irritiert sein, Streit der

Freud, der weniger den Aufbau des Vorstellungsbewusstseins als die Entwicklung der empirischen psychischen Persönlichkeit untersucht, identifiziert den Konflikt als Dreh- und Angelpunkt der seelischen Dynamik. Zugleich systematisiert er die Abhängigkeiten, denen die psychische Persönlichkeit unterliegt und die über ihre konflikthafte Struktur entscheiden. Jene Abhängigkeiten sind nach Freud dreifacher Natur. In ihnen spiegeln sich die drei Hauptarten der Angst wider, die er voneinander unterscheidet: die Realangst als korrespondierend mit der Abhängigkeit von der Außenwelt, die neurotische Angst als Angst vor den eigenen Triebansprüchen aus dem Libidoreservoir des Es und die Gewissensangst als Angst vor dem Über-Ich.[9]

Der Angst kommt auf diesem Felde der multiplen Abhängigkeiten und Konflikte die Funktion jenes Signals zu, das die jeweilige Gefahrensituation anzeigen soll. Wird die Situation durch das Angstsignal angezeigt und als gefährlich und bedrohlich eingestuft, aktiviert das Ich seine Schutzmechanismen. Diese sind nach Freud zum einen die reale Flucht, zum anderen, im Falle der inneren, als Triebanspruch gedeuteten Gefahr, die psychische Abwehr, die prototypisch »Verdrängung« heißt (Freud 1926/1999, 199 f.).

Die Gefahr, die mit dem Triebanspruch zusammenhängt, bedarf einer Erläuterung. Denn es könnte scheinen, als ob Freud mit dieser

---

Affektionen. Die siegende vernichtet die anderen nicht, drückt sie herunter. (In der Sphäre der Gefühle und Triebe: Gefühle, Strebungen, Wertungen, die vermöge gewisser Motivationen zunichte werden – wie durch Klärung die Wertlosigkeit evident wird und in innerer Zueignung die Wertaffektion zunichte gemacht wird. Anderseits Gefühle, Wertungen, die von außen her überwunden niedergehalten werden, im Streit niedergehalten, während der Streit zu keiner Schlichtung, zu keinem wirklichen ›Frieden‹ führt.) […] Perseveranz: Es können also auch aus dem ›Unbewußten‹ fortlaufend Affektionen da sein, aber unterdrückt. Intensive Aufmerksamkeit – Unterdrückung von Affektionen des Interesses, aber eines anderen Interesses« (Husserl 1966, 416).

[9] »Jene Zerlegung der seelischen Persönlichkeit in ein Über-Ich, Ich und Es, die ich Ihnen in der letzten Vorlesung vorgetragen, hat uns auch eine neue Orientierung im Angstproblem aufgenötigt. Mit dem Satz, das Ich ist die alleinige Angststätte, nur das Ich kann Angst produzieren und verspüren, haben wir eine neue, feste Position bezogen, von der aus manche Verhältnisse ein anderes Ansehen zeigen. Und wirklich, wir wüßten nicht, was für Sinn es hätte, von einer ›Angst des Es‹ zu sprechen, oder dem Über-Ich die Fähigkeit zur Ängstlichkeit zuzuschreiben. Hingegen haben wir es als eine erwünschte Entsprechung begrüßt, daß die drei Hauptarten der Angst, die Realangst, die neurotische und die Gewissensangst sich so zwanglos auf die drei Abhängigkeiten des Ichs, von der Außenwelt, vom Es und vom Über-Ich, beziehen lassen« (Freud 1933b/1999, 91 f.).

Ansicht seine neue Theorie der Angst zurück auf den libidinösen Anspruch des Subjektes führen wollte. Doch dem ist nicht so. An Beispielen von Tierphobien erläutert er, dass er früher der Phobie den Charakter einer Projektion, einer Verlagerung von libidinösen Tendenzen auf ein äußeres Objekt, zugesprochen hatte. Damit konnte er zeigen, wie das Subjekt die aus dem eigenen Inneren kommenden libidinösen Wünsche und Bedürfnisse, die als nicht erlaubt erfahren werden und daher auch nicht ausgelebt werden dürfen, eine innere Triebgefahr im Sinne einer Überflutung von Triebreizen im Inneren darstellen und deshalb nach außen »verlagert« werden. Mit der Projektion werde die innere Triebgefahr durch die äußere Wahrnehmungsgefahr ersetzt. »Das bringt den Vorteil, daß man sich gegen die äußere Gefahr durch Flucht und Vermeidung der Wahrnehmung schützen kann, während gegen die Gefahr von innen keine Flucht nützt« (Freud 1926/1999, 156). Diese Einsicht vertiefend verdeutlicht er nun, dass nicht der Triebanspruch als solcher eine Gefahr bedeutet, sondern nur einer, der eine wirkliche äußere Gefahr mit sich brächte. Im Falle der Tierphobie, wie es schon das Beispiel des Wolfsmannes zeigt (Freud 1918/1999), wäre dies die ehemals als real erfahrene Kastrationsangst. Bei der Symptombildung einer Phobie werde also eine äußere Gefahr durch eine andere ersetzt. Dieser könne sich das Ich durch Vermeidung, wie bei allen anderen Phobien auch, entziehen. Das gelingt aber auch mithilfe des Hemmungssymptoms der Angst. Diese Angst fungiert dann als Affektsignal für die Gefahr (Freud 1926/1999, 157).

Die Realität jener Angst ist allerdings eine durch Phantasie erwirkte. – Eine Einsicht, die Freud im Rahmen seiner neuen Trauma-Auffassung gewinnt, die vor allem durch die Analyse des Wolfsmannes dokumentiert ist. Diese Analyse zeigt, inwiefern die Phantasie eine konstituierende und auch traumatisierende Funktion ausüben kann (Freud 1918/1999, 54ff.). Die neurotische Entwicklung wird damit in ein neues Licht gerückt und der Begriff der psychischen Realität im Hinblick auf die Leistung des Imaginären wesentlich erweitert und vertieft. Die Neurose wird nicht mehr als Ergebnis eines realen, von außen her zugeführten Übels verstanden, sondern als Modalität der Entwicklung und der Individuation, die prinzipiell konflikthaft verlaufen und wesentlich imaginär bestimmte Leistungen zu ihrer Bewältigung verlangen.[10]

[10] Als Wendepunkt im Freud'schen Verständnis der Traumatisierung gilt die erwähn-

Dies erlaubt die Beziehung zwischen der sogenannten Realangst und der neurotischen Angst in neuer Weise zu deuten.[11] Die neurotische Angst zeigt sich hier als sekundär hinsichtlich der ihr vorhergehenden Realangst. Freud erkennt damit nicht nur, dass die Angst eine Signalfunktion in Bezug auf die drohende Gefahr ausübt, sondern dass sie diese Funktion primär in Bezug auf die reale Gefahr leistet. Die Furcht zeigt sich hier als der Angst vorausgehend.

Vorbildcharakter erhält dabei der Geburtsakt. Ohne die These Ranks vom Ur-Trauma der Geburt vollständig zu übernehmen, erkennt Freud an, dass das Angsterlebnis der Geburt als *Vorbild aller späteren Gefahrsituationen* fungiert (1933b/1999, 94). Letztere werden ihrerseits entwicklungspsychologisch gedeutet und an der Reife des Ich als einer Entwicklungsstruktur gemessen. Darunter versteht man beim Säugling die psychische Hilflosigkeit, die in Abwesenheit der Mutterfigur zu Angsterleben führt. Beim Kleinkind handelt es sich um Ängste vor dem Objektverlust, die mit der Unselbständigkeit der ersten Lebensjahre zusammenhängen. Beim Kind der ödipalen Entwicklungsstufe sind es Kastrationsängste und in der Latenzzeit bekommt die Angst vor dem Über-Ich, also die Gewissensangst, eine prägende Gestalt (Freud 1926/1999, 92 f., 172). All diese Ängste werden in der entsprechenden Entwicklungszeit als im psychoanalytischen Sinne reale Ängste vor konkreten Gefahren erlebt.

Die psychoanalytische Psychopathologie wiederum weist auf, dass die späteren neurotischen – und auch psychotischen – Ängste, die die Krankheitssymptome begleiten, jeweils den entsprechenden

te, 1914 durchgeführte und 1918 veröffentlichte Wolfsmann-Analyse, in der eine infantile Phantasie vom elterlichen Koitus als sogenannte Ur-Szene als das zentrale traumatisierende Erlebnis identifiziert wird. Damit wird der Phantasie eine potente, ursprünglich leistende Funktion zuerkannt und der Forschungsschwerpunkt von der reproduktiven Erinnerung auf die reine Phantasie verlagert, d. h. – um die phänomenologischen Termini aufzugreifen – vom reproduktiv vergegenwärtigenden auf die quasi-gegenwärtigende Erfahrung des Imaginären. Eine zusammenfassende Übersicht zur konstituierenden Funktion und Bedeutung der Phantasie für die Interpretation der emotiven Dynamik des Unbewussten im Anschluss an Husserl und Freud lege ich vor in Brudzińska (2011, 41 ff.).

[11] »Mit dieser neuen Auffassung ist auch die Funktion der Angst als Signal zur Anzeige einer Gefahrsituation, die uns ja vorher nicht fremd war, in den Vordergrund getreten, die Frage, aus welchem Stoff die Angst gemacht wird, hat an Interesse verloren, und die Beziehungen zwischen Realangst und neurotischer Angst haben sich in überraschender Weise geklärt und vereinfacht« (Freud 1933b/1999, 92 f.).

Entwicklungsphasen zugeordnet werden können. In den einzelnen Störungsbildern scheinen sie irrational zu sein, so zum Beispiel in Phobien oder in Verlassenheitsängsten Erwachsener oder wenn sie in der Form scheinbar grundloser, frei flottierender Ängste auftreten. Dennoch tragen sie immer die Charakteristik der Erwartung, der ängstlichen Erwartung, die jeweils verstanden werden müsste, um den verloren gegangenen Bezug zur Gefahr wiederherzustellen, wodurch sie erst behandelbar gemacht würden. Mit anderen Worten besteht hier die Aufgabe darin, die hinter der scheinbar irrationalen Angst verborgene konkrete, erfahrene Furcht, die mit einer bestimmten Gefahrsituation verbunden war und als solche der Angstbildung zugrunde liegt, zu suchen, verständlich zu machen und gemeinsam zu bewältigen. Freud selbst äußert sich dazu in einem Nachtrag zu *Hemmung, Symptom und Angst* folgendermaßen:

> Unser Fortschritt bestand in dem Rückgreifen von der Reaktion der Angst auf die Situation der Gefahr. Nehmen wir dieselbe Veränderung an dem Problem der Realangst vor, so wird uns dessen Lösung leicht. Realgefahr ist eine Gefahr, die wir kennen, Realangst die Angst vor einer solchen bekannten Gefahr. Die neurotische Angst ist Angst vor einer Gefahr, die wir nicht kennen. Die neurotische Gefahr muß also erst gesucht werden; die Analyse hat uns gelehrt, sie ist eine Triebgefahr. Indem wir diese dem Ich unbekannte Gefahr zum Bewußtsein bringen, verwischen wir den Unterschied zwischen Realangst und neurotischer Angst, können wir die letztere wie die erstere behandeln (1926/1999, 198).

3. Angst im Lichte des psychogenetischen Konfliktes – Individuation als Weg von der Angst zur Furcht

Die Angst der zweiten Theorie Freuds ist also eine Reaktion des Ich auf die Gefahr und fungiert als Auslöser jeglicher Abwehrtätigkeit des Ich. Damit nimmt sie eine entscheidende Stellung im Rahmen des psychogenetischen Konflikts ein.

Für Freud galt lange Zeit der Ödipuskomplex als Prototyp jenes Konfliktes. Bei seiner Analyse gelang es ihm, den unbewussten Vorgang der Identifizierung zu erfassen, den er als entscheidend für die erste dauerhafte *Ichveränderung* hielt. Es handelt sich hierbei um einen Vorgang der nach Freud durch das Angstsignal der drohenden Kastration aufgrund nicht erlaubter libidinöser Wünsche ausgelöst wird und zur Angleichung des Ichs an das Objekt jener Wünsche führt. Das Ich benehme sich dann wie das andere, *ahme es nach, nehme es in dieser Weise in sich auf.*[12]

In genialer Weise gelang hier Freud die Beschreibung der Umwandlung der Elternbeziehung zur Bildung der Instanz des Über-Ich, die nach ihm die Grundlage der psychologischen Entwicklung des Gewissens darstellt. Dies zeigt vielleicht in prägnantester Weise, dass die Angst in ihrer Grundfunktion nicht nur für das Leben des Einzelnen, sondern für das Leben in der Gemeinschaft sinnvoll, geradezu unentbehrlich ist und daher keineswegs als ein bloß pathologisches Symptom abgetan werden darf. Freud stellte sich vielmehr die Frage, warum manche der Entwicklungen den Weg der Neurose einschlagen und andere nicht.[13]

Anhand der Analyse des Ödipuskonfliktes beschreibt Freud wesentliche Individuationsvorgänge des menschlichen Individuums und zeigt, dass sich die Individuation immer im Kontext des seelischen Konfliktes und seiner Bewältigung im sozialen Zusammenhang vollzieht. Der Konflikt avanciert damit zu einer Grunddimension des seelischen Lebens und vor allem des seelischen Werdens.

Diesem Aspekt widmet Stavros Mentzos viel Aufmerksamkeit und verbindet ihn ebenfalls mit der Frage nach der Angst. Zum einen systematisiert und differenziert er die multiplen Konfliktarten, die zur Psychogenese des menschlichen Individuums gehören (Mentzos 1984, 32 ff.), zum anderen analysiert er die ihnen jeweils entsprechenden Angstformen. Er berücksichtigt dabei die früheren Formen der individuierenden Dynamiken, die die präödipale Entwicklung des menschlichen Subjektes charakterisieren, die aber bei Freud nur an-

---

[12] »Die Grundlage dieses Vorganges ist eine sogenannte Identifizierung, d. h. eine Angleichung eines Ichs an ein fremdes, in deren Folge dies erste Ich sich in bestimmten Hinsichten so benimmt wie das andere, es nachahmt, gewissermaßen in sich aufnimmt. Man hat die Identifizierung nicht unpassend mit der oralen, kannibalistischen Einverleibung der fremden Person verglichen. Die Identifizierung ist eine sehr wichtige Form der Bindung an die andere Person, wahrscheinlich die ursprünglichste, nicht dasselbe wie eine Objektwahl« (Freud 1933a/1999, 69).

[13] »Die Angst ist die Reaktion auf die Gefahr. Man kann doch die Idee nicht abweisen, daß es mit dem Wesen der Gefahr zusammenhängt, wenn sich der Angstaffekt eine Ausnahmestellung in der seelischen Ökonomie erzwingen kann. Aber die Gefahren sind allgemein menschliche, für alle Individuen die nämlichen; was wir brauchen und nicht zur Verfügung haben, ist ein Moment, das uns die Auslese der Individuen verständlich macht, die den Angstaffekt trotz seiner Besonderheit dem normalen seelischen Betrieb unterwerfen können, oder das bestimmt, wer an dieser Aufgabe scheitern muß« (Freud 1926/1999, 181).

satzweise eine Behandlung fanden. So kann er die Inkorporationen und Introjektionen (und analog die Exkorporationen und primitive Projektionen), die als solche das Ich erst bilden, als Mechanismen deuten, die der ödipalen Identifizierung zwar weit vorausgehen, aber strukturell analoge Ziele verfolgen – entsprechend den Entwicklungsstadien und somit der Reife des Selbst.[14] Auf diesen sehr frühen Entwicklungsstufen findet er Ängste, die ihrer Gestalt nach der neurotischen, frei flottierenden Angst ähneln. Sie sind objektlos, diffus, fragmentarisch und fragmentierend, gehen einher mit Erlebnissen extremer Hilfslosigkeit bis hin zur Vernichtungsangst. Ihnen kann kein Objekt zugeordnet werden. Freuds Verständnis nach müsste es sich hier um neurotische Ängste handeln, die ihren Bezug zur ursprünglichen Gefahr verloren haben. Mentzos – und dies im Einklang vor allem mit Winnicott – legt überzeigend dar, dass es sich hier ursprünglich um eine durchaus gesunde, möglicherweise primäre Angsterfahrung innerhalb des individuellen bzw. sich erst individuierenden Lebens handelt. Die Bewältigung dieses Angststadiums liegt aber nicht in der Hand des betroffenen Individuums (des Säuglings) selbst – sie ist ihm geradezu unmöglich. Vielmehr ist sie, wie es Winnicott bezeichnet, von der »haltenden Umgebung«, womit zunächst die Mutterfigur gemeint ist, abhängig (vgl. 1965/2001, 47 ff.). Versagt auf dieser ersten Stufe die Umwelt, wird die Individuation wesentlich verhindert. Winnicott spricht in diesem Zusammenhang von der Entwicklung des sogenannten »falschen Selbst« (ibid., 173).[15]

In einem Aufsatz vom 1974 beschreibt Winnicott (1974/1991) ein besonderes Phänomen der Angst – die »Angst vor dem Zusammenbruch«. Es handelt sich dabei um Erlebnisse einer speziellen Gruppe von Patienten (sogenannten Borderline-Patienten), die auch im Erwachsenenalter mit schrecklichen, vielgestaltigen Formen der Angst konfrontiert werden, Ängsten, die mit den herkömmlichen Mitteln der Psychoanalyse nicht erfasst und behandelt werden können. Der reproduktive, zum Erinnern hinführende Weg versagt hier.

[14] Es war vor allem die post-freudianische Psychoanalyse, die auf diese Dynamiken ihr Augenmerk gerichtet hat, vor allem die Schule Melanie Kleins, wozu Donald W. Winnicott und Wilfried Bion gehören.

[15] Wenn wir hier an die eingangs erwähnte These Heideggers von der »Verfallenheit« an das »Man« in der Furcht erinnern, so stellt die Konzeption von Winnicott ein entgegengesetztes Verständnis dar. Letzterem zufolge bedeutet das Steckenbleiben in den Fängen der Angst eine wesentliche Verhinderung der authentischen Individuation und führt zur Entwicklung eines »falschen Selbst«.

Denn, wie Winnicott darlegt, hier fehlt die Referenz auf eine vorausgegangene Erfahrung. Die »Ereignisse«, auf die die Ängste zurückgehen, reichen nämlich in ein Anfangsstadium des Separationsprozesses des Selbst zurück, so dass man in diesem Zusammenhang noch nicht von der Erfahrung im eigentlichen Sinne sprechen kann. Es handelt sich aber dennoch um Ereignisse, die den Patienten widerfahren und so in gewissem Sinne erlitten worden sind, die jedoch nicht in die Ichorganisation integriert werden konnten und es weiterhin niemals gekonnt hätten, weil zur Zeit ihres Auftretens die erforderliche Reife des Subjektes noch nicht ausgebildet war. Sie kommen aber, wie die moderne Psychoanalyse belegt, in den Übertragung-Gegenübertragung-Dynamiken dennoch zum Tragen und können so – auf dem Umweg über den Anderen bzw. in einer gemeinsamen Erfahrung, auch wenn es besonders schwierig ist, bearbeitet werden. Diese Bearbeitung bedeutet in gewissem Sinne eine nachträgliche Reifung. Dies verlangt allerdings einen besonderen Ansatz seitens des Analytikers, der hier nicht »abstinent« bleiben darf, sondern die Funktion der ehemals versagenden Umwelt übernehmen muss.[16] Winnicott selbst sagt dazu, er habe absichtlich den Ausdruck »Zusammenbruch« benutzt, weil er vage genug ist, um die mannigfaltigen und zugleich sehr dramatischen Qualitäten des betreffenden Angsterlebens zu bezeichnen. Aus der innerpsychischen Perspektive her gesehen, müsste es sich um den Zusammenbruch der Abwehrorganisation des Individuums handeln. Aber, so fragt Winnicott: »Abwehr wogegen?« (1974/1991, 1118). Im Unterscheid zu den von Freud behandelten Psychoneurosen, wo hinter der Abwehr Kastrationsängste liegen, handelt es sich bei Winnicott um die Gefahr des dramatischen Zusammenbruchs der ersten Einheit des Selbst als solchem. Was hier zum Tragen kommt, ist das Faktum der fundamentalen Abhängigkeit des Individuums, das selbst für die Entwicklung der elementarsten Selbstverteidigungsmechanismen (Abwehr) eines Anderen bedarf. Die von Winnicott erarbeitete Analyse, die an diese Formen der radikalen Ängste zurückreichen will, erlaubt uns, die Reifungsprozesse im Individuum in einer Rückwärtsbewegung zu untersuchen und die Angst in ihrer ursprünglichsten Form als ein ursoziales Ereignis, das diese Reifung von Beginn an begleitet, zu verstehen. – Ein Ereignis, das diese Reifung zugleich zerstören kann, wenn die

[16] Eine sehr aufschlussreiche Analyse eines solchen Prozesses liegt vor bei Müller-Pozzi (1985).

Umwelt bei der Lösung des fundamentalen psychogenetischen Konfliktes versagt. Versagt sie nicht, wird es zunehmend möglich, die diffusen Ängste an konkrete Gefahren zu binden und somit einen Entwicklungsweg von der Angst zur Furcht zu bestreiten. Dies unterstützt die These Mentzos', dessen ausdrücklich aus der psychogenetischen Perspektive geführte Analysen zu der Einsicht führen, dass wir es bei diesen beiden Gestalten der Erfahrung nicht mit streng entgegengesetzten qualitativen Polen zu tun haben, sondern mit einem Entwicklungskontinuum, das progressiv, in den Vorgängen der Reifung des psychischen Individuums, von der diffusen Angst hin zu der als solchen abgrenzbaren, objektbezogenen Gestalt der Furcht führt und regressiv als ein solches rekonstruiert werden kann.

4. Zeit und Phantasie im Angsterleben als Individuationsprozess – eine abschließende Betrachtung

Neben der Anerkennung und Differenzierung des Konfliktes als einer der Angstproduktion zugrundeliegenden *Realität,* die die Abwehr in Gang setzt und damit die Individuationsdynamiken mitbestimmt, scheint es vom phänomenologischen Standpunkt aus wichtig zu sein, dass dieser Auffassung ein neues Verständnis der psychischen Wirksamkeit in der Zeit zugrunde liegt. In diesem Zusammenhang sollten wir aber kurz zu Freud zurückkehren. Während in seiner ersten Angsttheorie die Beziehung der Angst zur Gefahr nicht nachgewiesen werden konnte, wird diese Beziehung gerade im genetischen Zusammenhang der zweiten Theorie ganz zentral. Freud unterscheidet hier nämlich nicht nur zwischen der Real- und der neurotischen Angst, sondern auch zwischen der *automatischen Angst,* die unmittelbar mit der gerade erlebten Gefahr zusammenhängt, und einer Angst, die auf eine vorausgegangene Gefahr und in der Vergangenheit erfahrene Hilflosigkeitserlebnisse zurückgeht. Für die Erlebnisart der in der Gegenwart ausgelösten *automatischen Angst* soll, Freud gemäß, die in ihrer Bedeutung bereits hervorgehobene Geburtssituation prototypisch sein. Davon wird jene Angst unterschieden, die mit der konkreten, in der Vergangenheit erfahrenen Hilflosigkeit zusammenhängt und wiederum in der betreffenden Situation reproduktiv wirksam wird, und zwar wirksam als Erwartung ihrer Wiederholung.

> Die Angst ist also einerseits Erwartung des Traumas, anderseits eine gemilderte Wiederholung desselben. Die beiden Charaktere, die uns an der Angst aufgefallen sind, haben also verschiedenen Ursprung. Ihre Beziehung zur Erwartung gehört zur Gefahrsituation, ihre Unbestimmtheit und Objektlosigkeit zur traumatischen Situation der Hilflosigkeit, die in der Gefahrsituation antizipiert wird (Freud 1926/1999, 199).

Die zeitliche Entfernung zwischen der realen Gefahrsituation und dem aktuellen Angstsignal kann dabei sehr groß sein. Die Wirksamkeit der erlebten Gefahr wird dadurch nicht gemindert. Einzig die Art und Weise, wie die Gefahr und das damit zusammenhängende Erlebnis der Bedrohung sowie die damit einhergehende Hilflosigkeit bewältigt werden konnten, entscheidet über ihre späteren Wirkungen.

Wie Bohleber zusammenfasst, unterscheidet Freud dementsprechend wesentlich zwei Angstkontexte. Zum einen ist es die *traumatische Situation* selbst, der das Ich in der Gegenwart ausgesetzt und ihr hilflos ausgeliefert ist, zum anderen ist es die *Erwartungssituation* (Bohleber 2015, 785). Was die letztgenannte anbelangt, erhält die Angst hier den Charakter der Erwartungsangst. Die traumatische Situation der Hilflosigkeit wird nicht abgewartet, sondern antizipativ vorweggenommen. Das Ich *handelt*, bevor es der Gefahr real ausgesetzt wird, *als-ob* es ihr bereits ausgeliefert wäre. Freud selbst sieht es als »Fortschritt in unserer Selbstbewahrung, wenn eine solche traumatische Situation von Hilflosigkeit nicht abgewartet, sondern vorhergesehen, erwartet wird« (1926/1999, 199). Er differenziert dabei aber zwischen der Gefahrsituation selbst und dem Angstsignal, das in ihr gegeben wird. Die Signalgebung, die aus den vorausgegangenen traumatischen Erfahrungen resultiert und so als lebensgeschichtlich begründete Angstbereitschaft fungiert, motiviert die Antizipation der Gefahrsituation und somit die Erwartung (Thomä & Kächele 1992, 478). Damit zeigt sich das Ich als vorsorglich. Was jedoch und aus welchem Grund als Gefahr eingestuft wird, welche traumatischen Hintergrunde dies begründen, das lässt sich nicht mehr nur strukturell aufklären, sondern gehört zur jeweiligen Lebensgeschichte des Individuums.

Phänomenologisch gesehen, haben wir es dabei aber mit der Leistung des Phantasiebewusstseins zu tun, mit dem antizipatorischen Bewusstsein, das hier offenbar das Ziel, vor Gefahr zu schützen, realisiert (und als solches nur realisieren kann):

> Ich erwarte, daß sich eine Situation von Hilflosigkeit ergeben wird, oder die gegenwärtige Situation erinnert mich an eines der früher erfahrenen traumatischen Erlebnisse. Daher antizipiere ich dieses Trauma, will mich benehmen, als ob es schon da wäre, solange noch Zeit ist, es abzuwenden (Freud 1926/1999, 199).

Aber indem ich diese Antizipation vollziehe, empfinde ich Not, fühle mich hilflos, überwältigt, wiederhole damit das traumatische Erlebnis, wenn auch, wie Freud betont, in einer abgemilderten Form.

Dabei handelt es sich nicht, wie es die Ausdrucksweise mancher Interpreten nahe legen würde, um ein klares, voll ausgebildetes Vorstellungs- und Bildbewusstsein.[17] In der Erwartung muss ich nicht – und meistens kann ich es auch gar nicht – Nachbilder der vergangenen traumatischen Erlebnisse reproduzieren. Aber die Phantasie spricht hier ihre eigene Sprache. Denn als Erfahrungsbewusstsein weist sie eine eigene Struktur und eigene, von dem Wahrnehmungs- und Bildbewusstsein zu unterscheidende Ziele auf. Gemäß Husserl (1939/1972, §40) (aber auch Freud) hat sie eine eigene Zeitlichkeit, in der mehrere Zeiten gleichzeitig bestehen können. Sie verträgt Widersprüche, was Husserl (1980, 60f.) auf ihren proteusartigen, zur freien Abwandlung befähigten Charakter zurückführt. Und sie zeichnet sich durch eine eigene Sinnlichkeit (Phantasma) aus, die keine bloße Reproduktion vorausgehender Empfindungen ist. Dieser Eigenständigkeit der Phantasie trägt Husserl Rechnung, indem er den Begriff der »reinen Phantasie« prägt. Vom phänomenologischen Gesichtspunkt aus werden in der Phantasie, ganz ähnlich dem Traumbewusstsein in der Psychoanalyse, nicht indifferente Wahrnehmungsidentitäten hergestellt oder abgebildet, sondern unsere Wünsche, Ziele, Ängste, Bedürfnisse und Nöte zum Ausdruck gebracht. Diese Expressivität wird allerdings ursprünglich mit den Bildproduktionen unseres Vorstellungslebens verbunden, nicht nur bei Husserl, sondern auch bei Freud. Die spätere Phänomenologie, und darauf hat im Anschluss an Marc Richir bereits Stefano Micali (2015, 240) verwiesen, beschreibt zwar auch Formen einer sogenannten »unreinen Phantasie«, die sich durch die Blitzartigkeit ständig wechselnder, flüchtiger Erscheinungen, die auftauchen und wieder verschwinden, charakterisiert.[18] Doch auch hier haben wir es mit einer,

---

[17] Selbst Bohleber (2015, 785) spricht hier von *vorgestellten* oder *erinnerten* Objekten.

[18] Micali unterstreicht den Charakter des *Intermittierens der aus der Angst entstan-*

wenn auch spezifischen und in besonderem Sinne bruchhaften Bildlichkeit zu tun.

Wie es mir scheint, ist dasjenige, was gerade die Phantasieleistung bei der Angst, die an die Erlebnisse der frühen (oder sogar frühesten) Individuationsstufen gebunden ist, auszeichnet, ihre Bildlosigkeit. Wir haben es hier mit Phänomenen zu tun, die die neuere Psychoanalyse als Form der sogenannten »Körperphantasie« entdeckt hat und im Zusammenhang der Selbstwerdungsprozesse menschlicher Subjekte verständlich macht.

Es ist vor allem ein italienischer Psychoanalytiker, Eugenio Gaddini, der überzeugend gezeigt hat, dass die ersten Phantasien als Körperfunktionen ausgelebt werden, und in diesem Zusammenhang den Begriff der »Körperphantasie« geprägt hat: »[Bevor] das Auftauchen des Bildes in der Psyche die Realität des Vorgestellten garantiert, scheint der Psyche diese Garantie durch die konkrete Körperlichkeit gegeben zu werden« (1998, 216). Phänomenologisch gesehen haben wir es dabei mit elementaren kinästhetischen Manifestationen zu tun, die keiner Bildlichkeit bedürfen, die jedoch ansonsten alle Merkmale des Phantasiebewusstseins aufweisen.

Gaddini fokussiert auf die fundamentale intersubjektive Bedeutung dieser ersten Phantasien, indem er die ursprüngliche Form der Imitation als Leistung der Körperphantasie untersucht. Damit erschließt er Zusammenhänge, die einerseits die Selbstwerdung der Person betreffen, andererseits eine wichtige Rolle beim Erfahren und Verstehen fremder Subjektivität markieren. Der Phantasie als Erfahrungsbewusstsein der intentional-genetischen Prozesse kommt hierbei ungeheure Bedeutung zu. Diese Bedeutung hat sie aber auch, wie es mir scheint, wenn es um das Verstehen der Angst und ihren Stellenwert im Individuationsprozess des menschlichen Subjektes geht. Die nicht in Vorstellungen und Vorstellungsbildern reproduzierbaren Angst- und Gefahrerlebnisse, besonders wenn sie aus der frühesten individuellen Vergangenheit stammen, manifestieren sich in kinästhetischen Antizipationen von ehemals erlebten Traumata, Bedrohungen und Gefahren – bis hin zu den von Winnicott beschriebenen primitiven Vernichtungsängsten. Gerade die frühesten Erlebnisse können gar nicht anders reproduziert und damit in die see-

---

denen Phantasien: »Die Angst betrifft nicht nur die Gestalt der Phantasie-Erscheinungen. Die Angst nistet sich in den Intervallen zwischen den Phantasie-Erscheinungen ein« (2015, 241).

lische Struktur entsprechend eingegliedert werden. Werden aber die kinästhetischen Manifestationen als eine spezielle Form des Phantasiebewusstseins, im Sinne eines Vergegenwärtigungsbewusstseins jemals erfahrener radikaler Hilfslosigkeiten, verstanden, stützt es unter Umständen nicht nur den theoretischen, sondern auch den klinisch-praktischen Zugang zu den spezifischen, frühesten Konflikten und Traumata, die den Individuationsprozess mitgeprägt haben. Denn so können die entsprechenden, Angst generierenden Konflikte nicht nur ihren Strukturen nach den Reifungsstufen des Individuums zugeordnet (Mentzos), sondern auch entsprechend den Erfahrungsformen des (Phantasie-)Bewusstseins erkannt und verständlich gemacht werden. Mit der Spannungsstruktur im Entwicklungskontinuum von objektloser, diffuser Angst hin zu objektgebundener Furcht würden dann die entsprechenden Phantasieleistungen im Reifungskontinuum korrespondieren, beginnend bei den kinästhetischen Manifestationen der Körperphantasie bis hin zu den reifen und bildhaft strukturierten Antizipationen des reproduktiven Vergegenwärtigungsbewusstseins. Eine eingehende Diskussion dieser Zusammenhänge muss allerdings einer weiteren Abhandlung vorbehalten bleiben.

Literatur

Bohleber, W. (2015). Angst und Angststörungen – Ein theoretisch-klinischer Überblick. Editorial zu »Angst. Neubetrachtungen eines psychoanalytischen Konzeptes«. *PSYCHE – Zeitschrift für Psychoanalyse, 69*, 785.

Brudzińska, J. (2011). Depth Phenomenology of the Emotive Dynamic and the Psychoanalytic Experience. In D. Lohmar & J. Brudzińska (Hrsg.), *Founding Psychoanalysis Phenomenologically. Phenomenological Theories of Subjectivity and the Psychoanalytic Experience* (S. 28–65). Dordrecht: Springer.

Brudzińska, J. (2014). Becoming a Person in the Life-World. *Paradigmi. Rivista di Critica Filosofica, 3*, 91–110.

Ehrmann, M. (2012). *Angst und Angststörungen: Psychoanalytische Konzepte* (Lindauer Beiträge zur Psychotherapie und Psychosomatik). Stuttgart: Kohlhammer.

Freud, S. (1894/1999). Die Abwehr-Neuropsychosen. Versuch einer psychologischen Theorie der acquirierten Hysterie, vieler Phobien und Zwangsvorstellungen und gewisser hallucinatorischer Psychosen. In ders., *Gesammelte Werke* I (S. 57–74). Frankfurt am Main: Fischer.

Freud, S. (1895a/1999). Studien über Hysterie. In ders., *Gesammelte Werke* I (S. 75–312). Frankfurt am Main: Fischer.

Freud, S. (1895b/1999). Über die Berechtigung von der Neurasthenie einen bestimmten Symptomenkomplex als Angstneurose abzutrennen. In ders., *Gesammelte Werke* I (S. 313–342). Frankfurt am Main: Fischer.

Freud, S. (1918/1999). Aus der Geschichte einer infantilen Neurose. In ders., *Gesammelte Werke* XII (S. 27–157). Frankfurt am Main: Fischer.

Freud, S. (1923/1999). Das Ich und das Es. In ders., *Gesammelte Werke* XIII (S. 237–292). Frankfurt am Main: Fischer.

Freud, S. (1926/1999). Hemmung, Symptom und Angst. In ders., *Gesammelte Werke* XIV (S. 111–205). Frankfurt am Main: Fischer.

Freud, S. (1933a/1999). Vorlesung 31. Die Zerlegung der Psychischen Persönlichkeit. In ders., *Neue Folgen zur Einführung in die Psychoanalyse,* Gesammelte Werke XV (S. 62–86). Frankfurt am Main: Fischer.

Freud, S. (1933b/1999). Vorlesung 32. Angst und Triebleben. In ders., *Neue Folgen zur Einführung in die Psychoanalyse,* Gesammelte Werke XV (S. 87–118). Frankfurt am Main: Fischer.

Gaddini, E. (1998). *Das Ich ist vor allem ein Körperliches.* (Beiträge zur Psychoanalyse der ersten Strukturen. Hrsg. v. G. Jappe & B. Strehlow). Tübingen: Edition Diskord.

Heidegger, M. (1926/1993). *Sein und Zeit* (18. Aufl.). Tübingen: Max Niemeyer.

Husserl, E. (1966). *Analysen zur passiven Synthesis. Aus Vorlesungs- und Forschungsmanuskripten, 1918–1926,* Hua XI (Hrsg. v. M. Fleischer). Den Haag: Nijhoff.

Husserl, E. (1973). *Zur Phänomenologie der Intersubjektivität. Texte aus dem Nachlass. Dritter Teil. 1929–1935,* Hua XV (Hrsg. v. I. Kern). Den Haag: Nijhoff.

Husserl, E. (1939/1972). *Erfahrung und Urteil. Untersuchung zur Genealogie der Logik* (Red. und hrsg. v. L. Landgrebe). Hamburg: Meiner.

Husserl, E. (1980). *Phantasie, Bildbewusstsein, Erinnerung. Zur Phänomenologie der anschaulichen Vergegenwärtigungen. Texte aus dem Nachlass 1898–1925,* Hua XXIII (Hrsg. v. E. Marbach). Den Haag: Nijhoff.

Kierkegaard, S. (1844/1991). Der Begriff Angst. In ders., *Gesammelte Werke,* Abt. 11/12 (Hrsg. v. E. Hirsch & H. Gerdes). Gütersloh: Gütersloher-Verlagshaus.

Koehn, F. (2001). *Die unterschiedliche Deutung der Angst bei Freud und Heidegger.* Köln. (unveröffentlichte Diplomarbeit im Fach Psychologie)

Mentzos, S. (1984). *Neurotische Konfliktverarbeitung. Einführung in die psychoanalytische Neurosenlehre unter Berücksichtigung neuer Perspektiven.* Frankfurt: Fischer.

Micali, S. (2015). Angst als fremde Macht. In M. Ubiali & M. Wehrle (Hrsg.), *Feeling and Value, Willing and Action. Essays in the Context of a Phenomenological Psychology* (Phaenomenologica 216) (S. 229–243). Dordrecht: Springer.

Müller-Pozzi, H. (1985). Identifikation und Konflikt. Die Angst vor Liebesverlust und der Verzicht auf Individuation. *PSYCHE – Zeitschrift für Psychoanalyse, 10,* 877–904.

Plänkers, T. (2003). Trieb, Objekt, Raum. Veränderungen im psychoanalytischen Verständnis der Angst. *PSYCHE – Zeitschrift für Psychoanalyse, 57*, 487–522.

Pollak, T. (2006). Konzeptuelle Überlegungen zum psychoanalytischen Angstbegriff. *PSYCHE – Zeitschrift für Psychoanalyse, 60*, 707–727.

Thomä, H. & Kächele, H. (1992). *Lehrbuch der psychoanalytischen Therapie: Band 2: Praxis*. Berlin: Springer.

Tillich, P. (1953/1969). Der Mut zum Sein. In ders., *Sein und Sinn. Zwei Schriften zur Ontologie*. Gesammelte Werke, Bd. 11. Stuttgart: Evangelische Verlagsgesellschaft.

Waldenfels, B. (2015). *Sozialität und Alterität – Modi sozialer Erfahrung*. Frankfurt am Main: Suhrkamp.

Winnicott, D. W. (1965/2001). *Reifungsprozesse und fordernde Umwelt* (Übers. aus dem Engl. v. G. Theusner-Stampa). Gießen: Psychosozial-Verlag.

Winnicott, D. W. (1974/1991). Die Angst vor dem Zusammenbruch (Übers. aus dem. Engl. v. P. Wegner & R. Jaschke). *PSYCHE – Zeitschrift für Psychoanalyse, 45 (12)*, 1116–1126.

Die Angst der Selbstverwirklichung[1]

Magnus Schlette

I. Einleitung

In den westlichen, individualisierten Gesellschaften zählt die Frage nach dem recht verstandenen Sinn von Selbstverwirklichung zu den zentralen Fragen der Selbstverständigung über das gute Leben. Verbreitet ist allerdings auch die Meinung, das Streben der Selbstverwirklichung erschöpfe sich in einer Kultur genusssüchtiger und selbstverliebter Alltagsgestaltung, die keineswegs von einer erhöhten Aufmerksamkeit, sondern im Gegenteil von Indifferenz gegenüber dem Guten infiziert worden sei. Die Kritiker wittern im Streben nach Selbstverwirklichung die dekadenten Selbstbezüglichkeiten des modernen Hedonismus oder Narzissmus (vgl. Bell 1972; Lasch 1978). Indessen bezeugt gerade auch diese Kritik die Virulenz der inkriminierten Idee. Und oftmals wird die Bedeutung der Idee von den Kritikern unfairerweise auf partielle, zeitgeschichtlich und milieuspezifisch bedingte Verwendungskontexte des Wortes reduziert, das für diese Idee steht. Doch wenn auch das *Wort*, sogar ein ganzer Jargon der Selbstverwirklichung, wie er sich im Gefolge der sechziger Jahre insbesondere in ihren innerlichkeitsakzentuierten und esoterischen Ablegern ausgebildet hat, aufs Korn genommen wird – die dahinterstehende Idee ist in der Gegenwartskultur eine lebendige und vielschichtige Triebkraft der Individualisierung und als solche keineswegs auf das Szenario ihrer Kritiker reduzierbar.

Allenfalls im Sinne einer ersten und kursorischen Annäherung an den Sinn von Selbstverwirklichung können wir erstens sagen, dabei gehe es dem Menschen darum, »das eigene Leben aus eigenem [...] Entschluss um seiner selbst willen« (Kambartel 1989, 23) zu füh-

[1] Dieser Aufsatz greift auf zwei Kapitel meiner im Herbst 2013 im Campus Verlag erschienenen Habilitationsschrift *Die Idee der Selbstverwirklichung. Zur Grammatik des modernen Individualismus* zurück.

ren; zweitens können wir das inhaltlich näher als »ungestörte [...] Entfaltung oder Verwirklichung seiner von ihm selbst als konstitutiv erlebten Persönlichkeit« bestimmen, und das schließt »die Komponenten der Ungezwungenheit, der Freiwilligkeit und der inneren Befriedigung« (Honneth 2004, 112) ein, eine innere Befriedigung, die *drittens* »den prägnanten Sinn von Seinsfülle, Wesentlichkeit erhält« (Krämer 1998, 107). Alle diese Bestimmungen bedürfen einer ausführlichen Erläuterung, die hier nicht geleistet werden soll (vgl. Schlette 2013). Auch liegt es mir fern, zur Idee der Selbstverwirklichung wertend – sei es befürwortend oder ablehnend – Stellung zu beziehen; wichtig ist mir allein, diese Idee ernst zu nehmen und sie nicht vorschnell – etwa aus Bildungsdünkel gegenüber den vermeintlichen Aberrationen der Massenkultur – abzutun, weil ein besseres Verständnis des Sinns von Selbstverwirklichung uns einem besseren Verständnis unserer westlichen Gegenwartskultur näherbringt. Statt also den Sinn von Selbstverwirklichung hier umfassend erhellen zu wollen oder sie zu befürworten oder abzulehnen werde ich mich auf einen vermeintlichen Seitenpfad in der Auseinandersetzung mit der Idee begeben, dem zu folgen *prima facie* gar nicht naheliegt. Meine Kernthese lautet nämlich, dass das moderne Streben nach Selbstverwirklichung unbeschadet der angedeuteten Bedeutungsaspekte von einer ihm eigentümlichen Angst her verstanden werden muss.

Ich möchte der Angst der Selbstverwirklichung in zwei Richtungen nachgehen, nämlich einerseits einer Angst, von der ich glaube, dass sie das Streben nach Selbstverwirklichung initiiert, und andererseits einer Angst, die ihrerseits vom Streben nach Selbstverwirklichung erweckt wird. Beide Sachverhalte – nennen wir sie der Einfachheit halber die Selbstverwirklichung durch Angst und die Angst durch Selbstverwirklichung – sind meines Erachtens nicht strikt voneinander zu trennen, weil sich die das Streben nach Selbstverwirklichung initiierende Angst in der von der Selbstverwirklichung erweckten Angst aktualisiert und sich dieser als ihr Tiefengrund einschreibt. Meine zweite und weiterreichende Kernthese lautet daher, dass die moderne Selbstverwirklichung den Schatten ihrer Herkunft aus einer spezifischen, emotionalen Disposition der Lebensangst mit sich führt und erst von ihr her in ihrem ihr eigentümlichen, modernen Sinn erfasst werden kann. Deshalb interessiere ich mich vor allem für den Sachverhalt der gleichsam angstgeborenen Selbstverwirklichung. Zunächst werde ich mich aber mit der Angst befassen, die vom Streben nach Selbstverwirklichung hervorgerufen werden kann und erst dann derjenigen Angst zuwenden, von der ich glaube, dass sie das moderne Streben nach Selbstverwirklichung initiiert. Abschließend gehe ich der Frage nach, inwiefern die Verwurzelung der Selbstverwirklichung in Erfahrungen existentieller Angst sie prädisponiert, ihrerseits Angst zu erzeugen und sich in dieser fortzuschreiben.

II. Angst durch Selbstverwirklichung

Die Bemühung um Selbstverwirklichung kann im Einzelnen die Angst hervorrufen, das Erstrebte nicht zu erreichen und damit gleichsam sich selbst zu verpassen. Diese Möglichkeit besteht besonders dann, wenn das Selbst, das zu verwirklichen sei, nach dem Ich-Modell des inneren Kerns verstanden wird, das der Kultursoziologe Gerhard Schulze als ein weit verbreitetes Interpretament von Ich-Identität in der Erlebnisgesellschaft der Gegenwart identifiziert hat. Zu den wesentlichen Komponenten dieser Vorstellung gehöre »eine Art psychischer Prädestinationslehre« (Schulze 1992, 314), wonach das Individuum eine Bestimmung hat, der es gerecht zu werden gilt. Selbstverwirklichung wird demnach als teleologische Entwicklung mit einem greifbaren Resultat verstanden. Umgekehrt bedeutet Entfremdung diesem Modell zufolge die Verstrickung in Umstände, die der erwünschten Entwicklung entgegenstehen könnten. So mag den einzelnen die Angst beschleichen, einer Zukunft ausgeliefert zu sein, die nicht vorhersehbar und erst recht nicht im Sinne der eigenen vermeinten Entwicklungsbedürfnisse planbar ist. Und diese Angst, die nun ganz allgemein der Zukunftsoffenheit gilt, mag sich verdichten, wenn äußere Anzeichen darauf hindeuten, dass es um eine ungestörte Entwicklung des inneren Ich-Kerns schlecht bestellt ist. Besonders wird die Angst auf der Bildungsgeschichte des einzelnen dann lasten, wenn er sich um Selbstverwirklichung als einer ihm von relevanten Dritten angesonnenen Verhaltenserwartung bemüht und mit Anerkennungsverweigerung seiner Persönlichkeit für den Fall rechnet, dass er diesen Erwartungen nicht gerecht zu werden vermag.

Nun beruht das Ich-Modell des inneren Kerns auf der fragwürdigen Vorstellung, dass unsere Seelenregungen über eine vorsymbolische Bestimmtheit verfügen, die lediglich in kulturelle Ausdrucksmedien übersetzt werden muss, um ihnen im Leben Geltung zu verschaffen. Demnach würde ich, um in der Objektsprache der

Ich-Kern-Semantik zu reden, in mir eine innere Stimme vernehmen, der ich zu folgen hätte; sie würde mir befehlen, was ich zu tun hätte, um mir treu zu sein; und in dem Maße, in dem ich dieser Stimme in meinem Tun und Lassen gehorche, würde ich mich selbst verwirklichen. Dabei wird allerdings der Umstand unterschlagen, dass zwischen den seelischen Befindlichkeiten des Menschen und den Medien, in denen er sie ausdrückt, eine intrinsische Wechselbeziehung besteht, die als Prozess symbolischer Prägnanzbildung umschrieben werden kann: Wessen immer ich als existentiell eindrücklich gewahr bin, ich muss dafür Ausdrucksweisen finden, in denen mir seine Bedeutung fasslich wird, in denen mir das Eindrückliche als bedeutsam gegenständlich werden kann. Weil sich das Eindrückliche erst im Vollzug seiner Artikulation zu einem Gehalt verdichtet, dem ich eine konkrete lebenspraktische Verbindlichkeit zumessen kann, beruht Selbstverwirklichung auf Kontextsensibilität und Kreativität in dem Bemühen, die innere Stimme zum Sprechen zu bringen (vgl. Schlette & Jung 2005).

Wer diesem desubstantialisierten Verständnis der Selbstverwirklichung folgt, der zufolge die lebenspraktische Artikulation existentiell eindrücklicher Erfahrungen ihrem Gehalt nicht äußerlich bleibt, sondern ihn allererst pointiert, ist kontingenzoffener und eher bereit, die unvorhersehbaren Bewandtnisse und Wendungen des Lebens als Anregungen eines gestaltungs- und korrekturoffenen Bildungsprozesses zu begrüßen. Er wird der Entfremdung die positive Seite der produktiven Abarbeitung an Alteritätserfahrungen abgewinnen, die nun bewusst aufgesucht werden, um sich in ihnen zu verlieren und wiederzufinden. Er wird sein Leben nicht mehr teleologisch auf die Entfaltung einer Vorprägung verengen. Damit avanciert die Selbstverwirklichung nun aber – zumal dann, wenn sie dem einzelnen als soziale Verhaltenserwartung entgegentritt – erst recht zum Kandidaten der Angstproduktion. Denn während der Verfechter des Ich-Modells des inneren Kerns seinem eigenen Selbstverständnis folgend lediglich auszuleben braucht, was in ihm angelegt ist, muss derjenige erfinderisch sein, der die Selbstverwirklichung als kreative Prägnanzbildung von Lebenserfahrungen durch eine den Gehalt dieser Erfahrungen individuell artikulierende und zugleich anderen bezeugende Lebensführung vollzieht, für die es noch gar keine verbindlichen Maßstäbe des Gelingens gibt. Der amerikanische Literaturwissenschaftler Harold Bloom hat den poetischen Innovationsprozess der Moderne auf eine »Einfluss-Angst« der Dichter gegenüber ihren Vorbildern zurückgeführt, auf die sie zu ihrer Entwicklung angewiesen waren, von denen sie sich aber andererseits auch befreien mussten, um eine eigene und unverwechselbare Sprache zu finden (Bloom 1973). Die Künstler ängstigen sich demnach vor dem Scheitern an dem Bewährungsanspruch der Originalität, dem sie sich stellen, der aber spätestens seit dem späten 18. Jahrhundert zunehmend auch aus ihrem sozialen Umfeld an sie herangetragen wird. Ähnlich steht es um die Anhänger eines desubstantialisierten Verständnisses von Selbstverwirklichung: sie ängstigen sich davor, am Ende doch nur ein Leben wie jedes andere geführt zu haben.

Diese Angst hat vor allem Chancen auf Wachstum, seit das Streben nach Selbstverwirklichung zu einer »Produktivkraft der kapitalistischen Modernisierung« (Honneth 2002, 152) geworden ist. Das Charakterprofil derjenigen, die um Selbstverwirklichung in ihrer desubstantialisierten Variante bemüht sind, kommt den wirtschaftlichen Ansprüchen an die Rationalisierung der Lebensführung, an Eigeninitiative, Flexibilität, Veränderungs- und Leistungsbereitschaft entgegen. So wächst der Druck, dem erwünschten Charakterprofil gerecht zu werden, zugleich aber auch die Anforderung, die angesonnenen Standards auf eine individuelle Weise zu artikulieren. Die Ubiquität des Selbstverwirklichungsansinnens macht es zunehmend schwieriger, ihm ohne performativen Selbstwiderspruch gerecht zu werden. Und die Erwartung, Verhaltensdispositionen, die dem Umkreis der Selbstverwirklichung entstammen, in nahezu allen sozialen Tätigkeitsfeldern von der Elternschaft bis zur Berufsarbeit unter Beweis stellen zu müssen, macht die Menschen anfällig für Überforderungs- und Versagensängste. Das alles ist aber in den letzten gut zwanzig Jahren durch eine Vielzahl von Sozialtheoretikern verschiedener Couleur von Richard Sennett über Alain Ehrenberg bis Axel Honneth durchdacht worden und daher, wenn auch vielleicht im Einzelnen noch nicht erschöpfend erforscht, so doch konzeptuell keineswegs neu. Deshalb wende ich mich nun dem zweiten Junktim zwischen Angst und Selbstverwirklichung zu, nämlich der Angst als Quelle von Selbstverwirklichung.

III. Selbstverwirklichung durch Angst

Wir haben Grund zu diesem Perspektivenwechsel, weil nicht ersichtlich ist, aufgrund welcher Motivlagen Menschen sich bemüßigt fühlen, sich selbst zu verwirklichen. Denn auch wenn wir uns vom Ich-Modell des inneren Kerns verabschieden und konzedieren, dass Selbstverwirklichung keine teleologische Entwicklung bedeutet, schwingt in dem Begriff doch mit, dass sich das Einzelne des Lebens zu einem Ganzen füge, das mehr ist als die Summe seiner Teile. Im Begriff der Selbstverwirklichung klingt als regulative Idee meines Tuns der Wille zur Vervollkommnung, ja zur Vollendung des Lebens an, wie diffus und eingestandenermaßen korrekturoffen es auch immer ist, was wir uns darunter vorstellen sollten.[2] Daher stellt sich nun sofort die Frage, ob es ein ausgezeichnetes Motiv dafür geben könnte, uns im Vorgriff auf Vollendung auf unser Leben als Ganzes zu beziehen. Folgen wir Sokrates, dann ist das Motiv ganz einfach unser Interesse am Guten. Denn es führt uns begrifflich unweigerlich auf die praktischen Grundfragen, wie es gut ist zu leben und welches die beste Art zu leben ist, und in diesen Fragen kommt das Leben als Ganzes in den Blick. Allerdings glaube ich, dass es sich dabei um eine akademische Frage, keine denjenigen, der das Leben vor sich hat, existentiell bedrängende Frage handelt. Wir sind immer schon mit impliziten Vorstellungen davon vertraut, wie zu leben für uns gut ist. Und wir problematisieren diese Vorstellungen nicht ohne konkreten Anlass. Explizit wägen wir zumeist nur einzelne Lebensgüter gegeneinander ab, ohne uns den Horizont, vor dem wir das tun, ausdrücklich ins Bewusstsein zu rufen. Wenn wir veranlasst werden, sie in Frage zu stellen, dann nicht in der Form der Frage, welches die beste Art zu leben ist, sondern zunächst als Frage danach, ob ich so leben will, wie ich lebe.

»Gegen meinen Willen beschleicht mich das vertrauteste Unbehagen: Dass mein Leben nicht so bleiben kann, wie es ist« (Genazino 2009, 8) – so Gerhard Warlich, der einundvierzigjährige Durchschnittsheld in Wilhelm Genazinos kleinem Roman *Das Glück in glücksfernen Zeiten*. Es ist durchaus glaubwürdig, dass Genazino seinen Helden das Unbehagen an dem gelebten Leben zu den vertrautesten seiner Gefühle zählen lässt. Die Frage, ob wir so leben wollen, wie wir leben, kommt dann auf, wenn das Leben negativ auffällig wird, was – wie auch im Falle Warlichs – eben gerade dann passieren kann, wenn eigentlich alles im Leben, das wir führen, gut zu ›laufen‹

[2] Deshalb ist die problemgeschichtliche Aufarbeitung der Idee der Selbstverwirklichung auch in Zusammenhang mit der Geschichte des Perfektionismus und des Strebens nach Vollkommenheit gesehen worden (vgl. dazu Gerhardt 1989).

scheint. Aber selbst dann, wenn ich die Frage verneine, lautet die Folgefrage, welche Gründe ich dafür haben könnte, und nicht, welches die beste Art zu leben ist. Die lebenspraktische Situierung der Frage, ob ich so leben will, wie ich lebe, ist vielmehr so beschaffen, dass wir dazu disponiert sind, uns das Leben als Ganzes *gerade nicht* bewusst vor Augen zu bringen, sondern Einzelnes in ihm.

Das heißt aber nicht, dass es nicht doch ein ausgezeichnetes Motiv gäbe, zu einer Besinnung auf die Lebensganzheit angestoßen zu werden. Ein unwiderstehlicher Kandidat dafür dürfte unsere Furcht vor dem Tod sein. Denn angesichts des Todes treten die einzelnen Belange unweigerlich in den Hintergrund; »der Tod ist das Ende des Lebens und nur *per accidens* das Ende dieser oder jener Tätigkeit« (Tugendhat 2007, 171), betont Ernst Tugendhat zu Recht. Es gibt im Übrigen ein starkes ideengeschichtliches Indiz dafür, dass die Furcht vor dem Tod uns nicht nur das Leben in seiner Ganzheit vergegenwärtigt, sondern darüber hinaus eine besondere Rolle für das Thema der Selbstverwirklichung spielt: Martin Heideggers *Sein und Zeit* (1927/1986) beansprucht unter anderem, den phänomenologischen Aufweis der Struktur eigentlichen Daseins geleistet zu haben. Der Neologismus ›Eigentlichkeit‹ wird in den englischen und französischen Übersetzungen des Buches mit ›authenticité‹ bzw. ›authenticity‹ wiedergegeben, und wenn man das wieder ins Deutsche zurückübersetzt, ohne auf Heideggers eigenwillige Terminologie zurückzugreifen, dann bietet sich der Ausdruck ›Authentizität‹ an. In der einschlägigen Literatur ist es zumindest geläufig, das Streben nach Selbstverwirklichung und die Bemühung um ein authentisch geführtes Leben, was immer das heißen mag, als verwandtschaftlich zu deuten.[3] Das heißt gerade nicht, dass ›Eigentlichkeit‹, ›Selbstverwirklichung‹ und ›Authentizität‹ mehr oder weniger dasselbe bedeuten, sondern lediglich, dass es grundsätzliche Berührungspunkte zwischen den Konzepten gibt. Es geht in allen dreien um eine durch gesteigerte Selbstbewusstheit qualifizierte Vollzugsweise des mensch-

[3] Charles Taylor (1995) spricht weitgehend gleichbedeutend von Selbstverwirklichungs- und Authentizitätsanspruch der Lebensführung. Große sachliche Nähe zu Taylor gibt es in dieser Hinsicht bei Alessandro Ferrara (1998). Viele kultursoziologische Arbeiten sehen das ähnlich (Schulze 1998; Giddens 1991). Axel Honneth (2011) klagt neuerdings eine begriffliche Unterscheidung zwischen Authentizität und Selbstverwirklichung ein, konzediert aber ihren gemeinsamen Ursprung in einem romantisch geprägten Konzept individueller Freiheit.

lichen Lebens, und zwar unbeschadet der Tatsache, dass Heidegger seine Theoriesprache von den biologischen und lebensphilosophischen Konnotationen des Lebensbegriffs und der subjekttheoretischen Besetzung des Selbst-, zumal des Selbst*bewusstseins*begriffs freihalten wollte. Die Pointe liegt darin, dass Heidegger die gesteigerte Bewusstheit des als ›eigentlich‹ qualifizierten Lebensvollzugs auf die Gewahrung des Todes als äußerster Möglichkeit des Nicht-mehrdasein-könnens gründet (Heidegger 1927/1986, § 53).

Indessen hat Ernst Tugendhat auf einen Schwachpunkt in Heideggers Konzeption eines Seins zum Tode aufmerksam gemacht. Heidegger konstatiert, das Todesbewusstsein eröffne sich dem Menschen »ursprünglicher und eindringlicher« als ein »ausdrückliches oder gar theoretisches Wissen« in der Befindlichkeit der *Angst* (ibid.). Er weiß natürlich auch um den semantischen Unterschied zwischen ›Angst‹ und ›Furcht‹, der für Tugendhat ein Grund ist, von der *Furcht* vor dem Tod zu sprechen, dass es sich nämlich bei der Furcht um ein gerichtetes Gefühl handelt, während wir unter Angst ungerichtete Gefühle verstehen.[4] Und Heidegger spricht keineswegs aus begrifflicher Nachlässigkeit nicht von Furcht, er spielt die Angst des eigentlichen Daseins geradezu gegen die Furcht aus: in der Furcht lenke sich der Mensch davon ab, dass das Leben durch den Tod wesentlich als das jederzeitige Nicht-mehr-dasein-können bestimmt ist, sie sei Flucht in den die Gestimmtheit der Angst vergegenständlichenden und dadurch sozusagen existentiell entschärfenden Bezug auf ein ›Etwas‹. Tugendhat hat allerdings daran erinnert, dass die inkriminierte Furcht nicht die Furcht vor »›etwas‹ im gewöhnlichen Sinn« ist, sondern Furcht vor »dem Ereignis, dass das Leben aufhört«, und dass die emotionale Reaktion auf das Todesbewusstsein auch nicht jederzeit im Menschen schlummert. Er argumentiert, dass der Tod, wenn das Ereignis mutmaßlich in ferner Zukunft liegt, für uns ebenso abstrakt ist wie eben die Eigenschaft der Endlichkeit des Lebens auch. Die Frage, was es für jemanden bedeutet, voraussichtlich in etwa sechzig Jahren zu sterben, sei kaum unterscheidbar von der Frage, was es für ihn bedeutet, überhaupt sterblich zu sein. Der Ereignischarakter des Todes dränge sich in diesem Fall gar nicht auf. Der Betreffende werde sich kaum gezwungen fühlen, sich mit ihm auseinanderzusetzen. Der

---

[4] Zur Begriffsgeschichte der semantischen Unterscheidung zwischen Furcht und Angst, vgl. Fink-Eitel (1993) sowie Tugendhat (2006).

Tod trete hinter die vielfältigen Bewandtnisse des Lebens zurück, um sich mit möglicherweise quälender Beharrlichkeit wieder anzukündigen, wenn die Lebensfrist sich dem voraussichtlichen Ende zuneigt.

Wie die Dinge jetzt stehen, scheint die Todesfurcht keineswegs ein Motiv dafür abzugeben, in einer für das Streben nach Selbstverwirklichung existentiell verbindlichen Weise auf die Ganzheit des Lebens gestoßen zu werden. Drängt sie sich erst im Angesicht des nahe bevorstehenden Todes auf, bleibt kaum noch Zeit für das Projekt der Selbstverwirklichung. Daher lautet die nächste Frage, ob es andere Motive als den erwarteten Tod gibt, uns die Architektonik unseres Lebens in seiner Ganzheit so vor Augen zu führen, dass daraus der Impuls erwachsen möchte, sich im Vorgriff auf Vollendung an die Verwirklichung seiner selbst zu machen. In der Tat sehe ich vor allem zwei Motive, die mit der Todesfurcht die Antizipation unseres Nicht-mehr-dasein-könnens gemeinsam haben: erstens Situationen der massiven, existentiell lebensführungsrelevanten Identitätskonfusion – darunter verstehe ich den Verlust, die Gefährdung oder auch nur nachhaltige Irritation der Bewährungsmaßstäbe unserer Handlungen und Überzeugungen; zweitens den Überdruss am Leben, womit ich die verzagte Preisgabe der Bewährungsmaßstäbe unser Handlungen und Überzeugungen meine. In beiden Fällen verstehe ich mich nicht mehr auf mein Leben. ›Sich auf etwas verstehen‹ bedeutet die Unwillkürlichkeit eines lebenspraktisch eingespielten Verständnisses, sei es von Situationen, Handlungen, Ereignissen, Personen oder eben des Lebens selbst, das ich ›richtig zu nehmen weiß‹, wenn ich mich auf all das verstehe. Es sind Fälle von Krisenerfahrungen, die uns die Möglichkeit des Nicht-mehr-dasein-könnens vergegenwärtigen. Darüber hinaus evozieren die besagten Krisenerfahrungen nicht die *Furcht* vor dem Eintreten eines konkreten Ereignisses, sondern *Angst* vor einem diffusen Bedrohungsszenario, dessen genaue Konturen sich dem Zugriff entziehen.

Der Verlust, die Gefährdung oder Irritation der Bewährungsmaßstäbe unserer Handlungen und Überzeugungen im Leben durch Situationen der Identitätskonfusion machen uns für die Angst vor der Möglichkeit des baldigen Nicht-mehr-der-sein-könnens-der-ich-bin empfänglich. Dann lebe ich in der bangen Erwartung, nicht mehr derjenige sein zu können, der sich doch immer auf sein Leben verstanden hat, weil er richtig zu nehmen wusste, was sich ihm als »Forderung des Tages« (Weber 1951) stellte. Dann ängstige ich mich davor, nicht mehr zu wissen, warum ich mich zu meinem Tagwerk aufgefordert fühlen soll und ob es die richtigen Forderungen sind, oder gar schlimmer, ob es überhaupt Forderungen gibt, denen ich genügen kann, oder ob das Universum mich anschweigt. Die Angst vor der Möglichkeit des Nicht-mehr-der-sein-könnens-der-ich-bin drängt mich zur Vergegenwärtigung des Nicht-mehr-dasein-könnens-dessen-der-ich-bin, und darin bin ich der Möglichkeit so nahe wie ohne physische Bedrohung überhaupt nur möglich, dass ich ganz aufhöre zu sein. Solche Krisenerfahrungen sind dann gefährlich, wenn sie Identitätsmuster zerstören, ohne dass irgendeine Aussicht besteht, wer an die Stelle dessen treten könnte, der so, wie er lebt, nicht mehr weiterleben kann.

In der neueren Romanliteratur hat Saul Bellow eine eindringliche Studie dieser Identitätskonfusion geschaffen. Moses Herzog, der Held in dem nach ihm benannten Roman *Herzog*, für den Bellow den Literaturnobelpreis erhalten hat, wird durch ein Ereignis seines Lebens derart aus der Bahn geworfen, dass er um seinen Verstand ringen muss. Mit den Worten »Nicht zerspringen, nicht sterben – am Leben bleiben, das war alles, was er erhoffen konnte« (Bellow 1964/2011, 59) fühlt uns der Erzähler in die Verzweiflung Herzogs ein, als dieser von einem Freund erfährt, wie lange er schon von Madeleine, seiner Frau, mit dem obskuren Hausfreund Valentine Gersbach betrogen wurde. Herzog, ein aufstrebender Philologe aus dem kleinbürgerlichen jüdischen Milieu New Yorks, hatte für seine Fasziniertheit von dem erhabenen Hochmut Madeleines einen hohen Preis gezahlt und für sie die Trennung von seiner bisherigen Frau und dem gemeinsamen Sohn in Kauf genommen, hatte seine akademische Karriere aufs Spiel gesetzt, die Stadt verlassen und war mit ihr aufs Land gezogen, wo es *sie* hinzog, einer exzentrischen Phantasie folgend, deren Erfüllung sie ihm später zum Vorwurf machte. Dort wurde er dann ausgebootet, schließlich der gemeinsamen Tochter beraubt, die bei der treulosen Mutter und ihrem Liebhaber ohne Kontakt zum Vater aufwächst. Herzog schwankt zwischen ohnmächtiger Wut auf die beiden und einer peinigenden Selbstgeißelung für sein vermeintes Versagen vor der Frau, vor dem Kind, letztlich vor der Welt, der er nicht mehr zu bieten hatte als akademische Wichtigtuerei, wie es ihm gelegentlich durch den Kopf schießt. »Und wenn sie« – die Frau und ihr Liebhaber, die sich entkleideten, während Herzog an anderem Ort das Kind hütete – »selbst in dieser Umarmung von Wollust und Betrug, das Leben und die Natur auf ihrer Seite hatten, wollte er still beiseitetreten. Ja, er wollte sich mit einer Verbeugung entfernen.« (ibid., 69)

Moses Herzog verliert seine Frau, weil sie sich von ihm trennt, und er muss diese Trennung durch einen langwierigen Prozess der buchstäblichen Ent-täuschung darüber nachvollziehen, wer sie wirklich ist, die er geliebt hat. Er muss verarbeiten, dass sein Leben, weil er sich über Madeleine und über den Charakter seiner Beziehung zu ihr getäuscht hat, auch auf falschen Vorstellungen davon beruht, wer er selbst ist und wie er leben will. Nicht zerspringen, nicht sterben – am Leben bleiben, das ist die *raison d'être* des angeschlagenen Mannes, und damit meint er nicht das biologische Leben; es gibt keine Anzeichen dafür, dass er es sich nehmen will. Nicht sterben, dessen *ermahnt* Herzog sich, der das Gefühl hat, dass es genau das ist, was ihm geschieht, dass er täglich ein bisschen mehr stirbt, dass er so sein Leben verbringt: sterbend. Kierkegaards *Krankheit zum Tode* versetzt ihn in tiefes Grübeln. Herzog beginnt zahllose Briefe zu schreiben, die er nie absendet und in denen er mit sich und der Welt abrechnet. In ihnen übt er den Widerstand gegen die Drohung des Nicht-mehr-dasein-könnens-dessen-der-ich-bin. Am Ende wächst das Rettende aus dem präsentischen Glück neuer Erfahrung, für die Herzog durch die Vertrauenszuwendung und Güte seiner künftigen Lebensgefährtin empfänglich wird. Mit ihrer Zweisamkeit schließt das Buch: »In dieser Minute hatte er für niemanden eine Mitteilung. Nichts. Nicht ein einziges Wort.« (ibid., 416)

Während die durch Identitätskonfusion eingetretene Erosion der Bewährungsmaßstäbe unseres Lebens uns in die Angst vor dem Nicht-mehr-dasein-können-dessen-der-ich-bin drängen kann, disponiert uns die Preisgabe unserer Bewährungsmaßstäbe durch Überdruss am Leben für die Vorstellung des ausweglosen Der-sein-*müssens*-der-ich bin. Und diese Vorstellung kann uns das Nichtsein durch die Angst des Nicht-mehr-dasein-könnens-dessen-der-ich-*noch-nicht*-bin nahebringen – ›der ich noch nicht bin‹ im Sinne einer vagen Ahnung eines wahrhaftigeren Andersseins, das mit der Realität in Einklang zu bringen wäre. Auch Tugendhat konzediert, der »Überdruss angesichts der Sinnlosigkeit« sei eine Möglichkeit, »mit dem Leben als solchem konfrontiert zu werden, im Gegensatz zu den begrenzten Zielen« (Tugendhat 2006, 39). Schauen wir noch einmal auf Gerhard Warlich, den Held in Wilhelm Genazinos Roman *Das Glück in glücksfernen Zeiten*. Auch sein Unbehagen steigert sich bis zum Überdruss, der sich symptomatisch in immer absonderlicheren Verhaltensweisen ausdrückt, was ihm schließlich einen Aufenthalt in der Nervenklinik einbringt. Zu seiner abgrundtiefen Enttäuschung und totalen Verunsicherung war es die Lebensgefährtin, die ihn hospitalisiert hat. Das Ende des Romans ist ein bitterer Ausklang. Warlich hat den Klinikalltag auf sich genommen. »Eine Art Glück durchzittert mich. Offenbar kann ich, trotz allem, immer noch wählen, wie ich in Zukunft leben will« (Genazino 2009, 158). Das sagt er vor der Therapiestunde, und im Zusammenhang des Textes liegt es nahe, dass er damit den Gestaltungsspielraum meint, den ihm seine Selbstdarstellung gegenüber dem analysierenden Arzt lässt. Aber das Romanende ist bewusst uneindeutig. Ein Schimmer der Hoffnung bleibt, nicht nur dem kläglichen Patienten, sondern auch dem mitfühlenden Leser.

Gewiss hat es ein ›Geschmäckle‹, dass Genazino seinen Helden einen ehemaligen Philosophiestudenten sein lässt, der ausgerechnet über Heidegger promoviert hat. Man kann über die Lebensganzheit räsonieren, und man kann sich ihr lebenspraktisch stellen, aber Letzteres tut Warlich, auch am Ende, nicht. Vielmehr verkrümmt er sich durch Überdruss am Leben immer mehr in seinen Idiosynkrasien. *The Man Who Wasn't There* lautet der Titel eines Films von Joel und Ethan Coen, dessen Protagonist sich – sein Herz, seine Leidenschaft, sein Engagement – aus einem völlig vergleichgültigten Leben zurückgezogen hat und es nur mehr lebt, als ob er gar nicht da sei. Immer weniger, das verdanken wir der Kunst Genazinos, immer weniger ist auch Warlich in seinem Leben da, der Ich-Erzähler spintisiert sich in seiner gedanklich mäandernden Bekümmertheit fort aus dem Leben. Er ist der Idealtypus des Überdrüssigen. Die Überdrusserfahrung bekundet Gewissheit oder Ahnung, dass es nicht *mein* Leben ist, das ich führe, obschon ich mir darüber unschlüssig bin, wer dieses Selbst ist, das sich in der Verwendung des Possessivpronomens bekundet. Die im Überdruss untrügliche Entfremdung von der Wirklichkeit des gelebten Lebens besteht in der heillosen Orientierungslosigkeit, wie sie zu beheben wäre. Zum schwebenden Nichts der Bedeutungslosigkeit zerrinnt, was ich wollte und was ich glaubte zu können; nur das Leben mutet immer schwerer an durch die Last seines Immerfort. Was aber treibt dann den Überdruss in die Angst vor dem Nicht-mehr-dasein-können-dessen-der-ich-*noch-nicht*-bin, das zum Bewusstsein der Lebensganzheit im Vorgriff auf Vollendung dieses Lebens als *meiner* Selbstverwirklichung befreit? Worin gründet die Erschlossenheit des ›Noch-nicht‹? – Ein letzter Exkurs in die Literatur:

Harry ›Rabbit‹ Angstrom, der Held in der *Rabbit*-Pentalogie des Pulitzer-Preisträgers John Updike, begehrt immer wieder, mit den Jahren zaghafter und durchweg hilflos, gegen den Überdruss auf, in den sein Leben mit zunehmender Entfernung von dem goldenen Äon seiner Erfolge im Basketballteam der örtlichen Highschool gemündet ist. Updike zeichnet das ehemalige Sportsternchen aus einer stagnierenden Industriestadt Pennsylvanias im ersten Band seiner Romanreihe als zwar feinfühligen, aber auch selbstverliebten, unsteten und auch behäbigen jungen Mann aus der unteren Mittelschicht der fünfziger Jahre, der gegen die Möblierung seines Lebens mit einer mutlosen, verlässlich alkoholisierten Frau, dem Einerlei seines subalternen Tagwerks und einem in der Eheödnis still gewordenen Kind naive und unüberlegte Ausfälle macht, bis er sich im Folgeband dem Gang der Dinge fügt und zum teigigen Phlegmatiker mit einer anspruchslosen Angestelltenposition in der Firma seines Schwiegervaters wird. Einem verständnisvollen Geistlichen der Episcopal Church, der Rabbit wieder einfangen will, nachdem der seiner Frau in Richtung einer Gelegenheitsprostituierten ausgebüxt ist, öffnet er nach anfänglichem Misstrauen sein Herz. Auf die Frage Eccles', des Geistlichen, warum er, Rabbit, seine Frau glaubte verlassen zu müssen, antwortet dieser: »Sie hat mich gebeten, ihr ein Päckchen Zigaretten zu kaufen« (Updike 1976, 109). Das muss Eccles unverständlich bleiben. Rabbit, mit seiner romantischen Neigung zu symbolischen Handlungen, hatte die Sehnsucht danach, alles anders zu machen, durch die Absicht bezeugen wollen, das Rauchen aufzugeben. Zu Hause findet er wenig Publikum für seinen Sinneswandel vor, mit der trübselig beschwipsten Frau bricht er einen Streit vom Zaun, und nachdem der verebbt ist, bittet sie ihren Mann, der noch etwas zu erledigen hat, ihr das besagte Päckchen Zigaretten mitzubringen. Angstrom haut daraufhin ab, für eine Nacht im Auto gen Westen und dann, weil's näher liegt, zu der anderen Frau in den benachbarten Stadtteil.

»Ich habe das feste Gefühl«, gesteht er später dem Geistlichen, »daß irgendwo hinter alldem da«, die beiden schauen durch die Frontscheibe eines Autos auf die plane Landschaft vor ihnen, »also daß da etwas ist, das darauf wartet, von mir entdeckt zu werden« (ibid., 132). Die Sehnsucht nach dem Anderssein ist da, aber der entschlossene Wille zur Umkehr fehlt, denn Angstrom hat nichts, worin er gründen könnte. Aus dem Überdruss drängt die Qual des Einerlei zu der Empfänglichkeit für eine Erfahrung hin, aus der die Kraft der Umkehr zehren könnte, der Umkehr zu dem, »das darauf wartet, von mir entdeckt zu werden«. Sein Lebtag vergisst er nicht das Gefühl der inneren Harmonie seiner schnellen, fließenden Bewegungen, mit denen er als jugendlicher Basketballer ein ganzes Spiel bestimmen und es zu *seinem* Spiel machen konnte. Am Ende seines Lebens – im vorletzten Band der Pentalogie –, nach dem ersten Herzinfarkt, will er es noch einmal wissen und fordert den achtzehnjährigen ›Tiger‹ auf einem Basketballplatz im alltagsfernen Ghetto seines floridianischen Feriendomizils zu einem Zweikampf heraus. Dabei kann er wegen seiner nie vergessenen Wurftechnik gut mithalten, obwohl sein Körper ihn wie tonnenschwerer Ballast auf dem Boden hält. Ein letzter Korb, und er hätte nicht nur dieses Spiel gewonnen, sondern vor sich selbst gleichsam summarisch eine Initiative statuiert, die er, wie es ihn gelegentlich anfliegt, in seinem nun unwiederbringlich verlebten Leben zu selten hat aufbringen können. Dribbelnd stürzt er vorwärts, schleppt seinen Gegner mit sich, springt hoch. »Er steigt, hoch, höher, den zerrissenen Wolken entgegen« – dann der zweite, dieses Mal tödliche Infarkt.

Ich kehre jetzt zu der Frage zurück, in welcher Weise uns die Angst vor dem Nicht-mehr-dasein-können dem Sinn von Selbstverwirklichung näher bringt. Es handelt sich dabei um die Angst dessen, der in seinem Leben an Vorstellungen des Guten orientiert ist, die ihn durch Identitätskonfusion oder Überdruss am Leben ergreift und dann die Gestalt der Angst vor dem Nicht-mehr-dasein-können-dessen-der-ich-bin oder dem Nicht-mehr-dasein-können-dessen-der-ich-*noch-nicht*-bin annimmt. In diesen Fällen wird er mit der Ganzheit seines Lebens konfrontiert, indem es ihm in plötzlicher Unvertrautheit auffällig wird. Die Angst konfrontiert ihn mit der Frage, wie er leben will und was die für ihn beste Art zu leben ist. Ernst Tugendhat (2003) hat beiläufig auf den Zusammenhang zwischen Konversionserlebnissen und der Furcht vor dem baldigen Tod hingewiesen.[5] Auch die Angst vor dem Nicht-mehr-dasein-können, die nicht durch das konkrete Ereignis des Todes, sondern durch die diffusen Erfahrungen der Identitätskonfusion und des Überdrusses am Leben motiviert ist, disponiert die Individuen zu der Empfänglichkeit für die unmittelbare Evidenz eines Sinns ganz ohne Worte, wie im Falle von Moses Herzog, eines Sinns mit der Anmutung, dass ihm das ganze Universum zustrebt. Menschen, die diese Evidenz suchen oder erhof-

[5] Zur Bedeutung von Konversionserlebnissen für Prozesse der personalen Identitätsbildung, vgl. Schlette (2005).

fen, werden das in der Erwartung tun, dass sie ihrem Leben zuträglich ist, und zwar in dem buchstäblichen Sinne der Anmutung, dass sie ihnen ›zuträgt‹, was sie im Ganzen wollen und vermögen. Dabei geht es um Evidenzen, die eine Rekonsolidierung des Selbst, seine Neuwerdung und manchen schließlich auch ihre Selbstverwirklichung versprechen.

IV. Von der Selbstverwirklichung durch Angst zur Angst durch Selbstverwirklichung

Mit den Evidenzen eines Sinns ganz ohne Worte, die Saul Bellows Romanheld Moses Herzog ein neues Leben eröffnen, können wir die Materialität der inneren Stimme pointieren, die – ob wir uns nun am Ich-Modell des inneren Kerns oder seiner desubstantialisierten Variante orientieren – jedenfalls im Vollzug der Selbstverwirklichung zum Sprechen gebracht werden soll. Identitätskonfusion und Überdruss am Leben disponieren den einzelnen zu einer Empfänglichkeit gerade für solche Erfahrungen, welche die drohende Gefahr des Selbstverlustes durch die unmittelbare Evidenz eines Vorgriffs auf die eigene Bestimmung abwenden, die den einzelnen seiner selbst in der Ganzheit und Einheit seiner Lebensführung zu versichern vermögen – und zwar ihn paradoxerweise gerade durch ein Absehen von sich seiner selbst versichern, durch eine Lösung der angstvollen Selbstbezüglichkeit. Tugendhats Hinweis auf den Zusammenhang von Todesfurcht und Konversionserlebnissen gibt hier das Stichwort. Allerdings schlage ich vor, die spezifische Qualität der Konversionserlebnisse, denen sie ihre Einschlägigkeit für die Selbstverwirklichungsproblematik verdanken, durch den allgemeineren Begriff der *Selbsttranszendenzerfahrungen* zu pointieren, den Hans Joas (2004) in werttheoretischen Zusammenhängen fruchtbar gemacht hat.

Bei Selbsttranszendenzerfahrungen handelt es sich um

> Erfahrungen, in denen eine Person sich selbst übersteigt, nicht aber, zumindest zunächst nicht, im Sinne einer moralischen Überwindung ihrer selbst, sondern im Sinne eines Hinausgerissenwerdens über die Grenzen des eigenen Selbst, eines Ergriffenwerdens von etwas, das jenseits meiner selbst liegt, einer Lockerung oder Befreiung von der Fixierung auf mich selbst. Diese Selbsttranszendenz ist zunächst also nur bestimmt als eine Richtung weg von sich selbst, wie es ja in dem etwas altväterlichen deutschen Wort

»Ergriffensein« schön zum Ausdruck kommt (Joas 2004, 17, vgl. auch Joas 1997).

Die Anmutung der Selbsttranszendenz qualifiziert diejenigen Erlebnisse, die ihre Deutung als Zäsur, als Scheide zwischen dem Gewesenen und der künftigen Lebensführung nahelegen, von denen wir mit Recht sagen dürften, dass sie uns beflügeln, unser Leben im Ganzen durch die Art und Weise zu bewähren, in der wir es führen, und deren Verbindlichkeit uns bewegt, ihnen durch die Bewährung unseres Lebens im Lichte ihres lebenspraktisch erschlossenen Gehalts gerecht werden zu wollen.

Erlebnisse, die Erfahrungen von Selbsttranszendenz initiieren, sind situativ durch unsere Bereitschaft qualifiziert, im Bemühen darum, uns über das Erlebte klar zu werden, zu solchen Schilderungen zu finden wie die von Joas formulierten: dass wir von etwas ergriffen worden sind, das »jenseits« meiner selbst liegt, und dadurch über die Grenzen jeweils meiner selbst hinausgerissen worden sind, und zwar so, dass sich dadurch die Fixierung auf mich selbst gelockert hat oder ich gar von ihr befreit worden bin. Der Sinn von Erfahrungen der Selbsttranszendenz beruht darauf, dass wir Erlebnisse mit der Anmutung haben können, das Erlebte sei ein Wert in sich selbst, der mithin nicht aus unseren Beweggründen resultiert, uns mit ihm zu befassen. Diese Anmutung ist gemeint, wo Joas formuliert, Selbsttranszendenzerfahrungen beruhten auf einem Ergriffensein von etwas, das »jenseits« meiner selbst liegt (Joas 2004). Dass sie uns über die Grenzen des eigenen Selbst hinaus reißen, heißt dann auf der grundlegenden Bedeutungsebene dieser Formulierung, dass sie den Rahmen des subjektiv Erwartbaren und Erwarteten sprengen. Sie revozieren die natürliche Einstellung, in der die Welt uns selbst als Maß aller Dinge reflektiert, mit denen wir befasst sind, in der das Geschätzte also als solches das uns schlechterdings *Gemäße* ist. Und in diesem Sinne ist es richtig, dass Erlebnisse des besagten Ergriffen-seins grundsätzlich durch »eine Richtung weg von sich selbst« bestimmt sind; phänomenologisch recht verstanden beruhen Selbsttranszendenzerfahrungen auf Erlebnissen der Ungemäßheit, der Inkommensurabilität.

Welcher Art sind aber die enthusiasmierenden Selbsttranszendenzerfahrungen? Ohne Anspruch auf Vollständigkeit unterscheidet Joas solche, die in der Natur gemacht werden, von solchen, die sich dem Umgang mit Menschen verdanken, und zählt zu letzteren sexuelle Erfahrungen, »Erfahrungen der Selbstlosigkeit und Selbstüberwindung im Zeichen der Nächstenliebe und solche »des Helfens und des Hilfe-Empfangens« (ibid., 18); außerdem individuelle Selbsttranszendenzerfahrungen und solche, die in einem zweisamen oder kleinen gemeinschaftlichen Rahmen gemacht werden, von solchen der »kollektiven Ekstase« (ibid., 20); ferner Erfahrungen, die ein Wissen von symbolischen Bedeutungsgehalten voraussetzen, von solchen, die voraussetzungslos gemacht werden können (Joas' Beispiel für die wissensabhängigen Erfahrungen sind »sakramentale Erfahrungen«, [ibid., 25]). Die Selbsttranszendenzerfahrungen hebt er schließlich gesamthaft ab von den »bloße[n] Versuche[n] eines Selbst, das bei sich selbst bleiben will, auch noch den Kitzel außeralltäglicher Erfahrungen zu genießen« (ibid., 26). Die Disposition zu Selbsttranszendenzerfahrungen besteht also in der Bereitschaft, die grundsätzliche phänomenale Vieldeutigkeit außeralltäglichen Erlebens im Willen nach Selbstentschränkung für die Chance seiner Anmutung als das Ungemäße, Unangemessene, Unerwartete offen zu halten.

Im Horizont der Angst vor Identitätskonfusion und Überdruss am Leben zeigt sich, dass die anfänglich zitierten Annäherungen an den Sinn von Selbstverwirklichung allesamt unzureichend sind. Selbstverwirklichung erschöpft sich weder darin, das eigene Leben aus eigenem Entschluss um seiner selbst willen zu führen noch darin, dass es dabei zur ungestörten Entfaltung der vom einzelnen als konstitutiv erlebten Persönlichkeit kommen möge. Die erste Begriffsbestimmung ist nur formaler Art, die zweite inhaltlich zu beliebig, um der Dynamik gerecht zu werden, welche die Selbstverwirklichung als Vorgriff auf die Ganzheit und Einheit des Lebens auszeichnet. Darum können beide Bestimmungen begrifflich auch nicht der Angst gerecht werden, die vom Streben nach Selbstverwirklichung seinerseits erzeugt werden kann – ganz zu schweigen von den abgenutzten Klischees, welche die Selbstverwirklichung mit Hedonismus oder Narzissmus verwechseln. Denn es ist gerade der nichts weniger als hedonistische oder narzisstische Bewährungsanspruch gegenüber Erfahrungen der Selbsttranszendenz, der das Streben nach Selbstverwirklichung beflügelt und in dem die ihr eigentümliche Angst gründet. Dabei handelt es sich um die Angst, nicht dem Imperativ gewachsen zu sein, eine unverwechselbare Sprache für die Erfahrungen zu finden, deren lebenspraktische Artikulation dem Einzelnen eine Rekonsolidierung seiner selbst versprechen.

»Das vollkommene Leben«, bemerkt Richard Rorty, und zwar mit engem sachlichem Bezug zu Harold Blooms literaturgeschichtlicher Verwurzelung der avantgardistischen Innovationen moderner Dichtung in der Einflussangst der Dichter gegenüber ihren Vorläufern, – das vollkommene Leben, also, »wird eines sein, das in der Gewißheit endet, daß jedenfalls das letzte seiner abschließenden Vokabulare ganz das *seine* war« (Rorty 1992, 164). Damit trifft Rorty die Idee der Perfektibilität, die der Begriffsgeschichte von Selbstverwirklichung eingeschrieben ist (Gerhardt 1989; 1995) und für die ich hier vorgeschlagen habe, sie in dem Bewährungsanspruch zu fundieren, der in den individualistischen Gesellschaften den Erfahrungen der Selbsttranszendenz inhäriert: in dem Anspruch nämlich der Bezeugung des Gehalts dieser Erfahrungen und ihrer Verbindlichkeit durch die Unvertretbarkeit, idealerweise auch – siehe Rorty (1992) – die Unverwechselbarkeit je meiner Lebensführung.

Ihren Vollsinn einer Triebkraft des modernen Individualismus konnte die Idee der Selbstverwirklichung gerade nicht entfalten, indem das Subjekt, wie es die Klischees des Hedonismus und Narzissmus wollen, auf sich selbst fixiert blieb. Die unerhörte gesellschaftliche Produktivität der Individualisierung ist so nicht plausibel zu machen. Die Idee der Selbstverwirklichung verdankt sich, im Gegenteil, der Verbindung des Individualismus mit der Dezentrierung des Subjekts auf ein Anderes hin, an dem es sich zu bewähren hatte. Es ist geradezu die *Auflösung der Selbstfixiertheit*, die dem Streben nach Selbstverwirklichung seine gesellschaftliche Dynamik verleiht. In seinem Vollsinn ist es begreiflich zu machen als Bewältigungsstrategie von Sinn- und Selbstverlust durch die Sensibilisierung des einzelnen für außeralltägliche Erfahrungen mit der Anmutung eines sein Leben tragenden Gehalts, der ihm zunächst nur diffus der Möglichkeit nach vorschwebt und durch die Bestimmung und Vollzugsweise der Lebensführung sukzessive herausgearbeitet werden muss. Die dem Streben nach Selbstverwirklichung zugrundeliegende Angst vor Selbstverlust droht sich dabei fortzupflanzen in der Angst des Ungenügens gegenüber den eigenen Ansprüchen. Es ist die vielleicht mit Recht nihilistisch zu nennende Angst davor, dass die Welt vor uns ins Dunkel der Bedeutungslosigkeit zurücksänke, wenn sie nicht permanent durch den Enthusiasmus von Projekten illuminiert würde, in denen sich dem Handelnden ein die Kontingenz seiner Existenz transzendierender Sinn bezeugt. »Mensch, werde wesentlich!«, forderte schon im 17. Jahrhundert der Mystiker Angelus Silesius im *Cherubinischen Wandersmann*. »Denn wenn die Welt vergeht, so fällt der Zufall weg: das Wesen, das besteht.« Dem Aktivismus der

Selbstverwirklichung korrespondiert die Sehnsucht nach einer Zeit, in der meditiert werden konnte, worumwillen wir da sind. Selbstverwirklichung ist anstrengend, und oftmals entmutigend.

Literatur

Bell, D. (1976). *The Cultural Contradictions of Capitalism*. London [u. a.]: Heinemann.

Bellow, S. (1964/2011). *Herzog* (übers. v. W. Hasenclever). Gütersloh: Lizenzausgabe des Deutschen Bücherbundes mit Genehmigung von Kiepenheuer & Witsch.

Bloom, A. D. (1987). *The Closing of the American Mind. How Higher Education Has Failed Democracy and Impoverished the Souls of Today's Students*. New York: Simon & Schuster.

Bloom, H. (1973). *The Anxiety of Influence. A Theory of Poetry*. New York: Oxford University Press.

Ferrara, A. (1998). *Reflexive Authenticity. Rethinking the Project of Modernity*. London: Routledge.

Fink-Eitel, H. (1993). Angst und Freiheit. Überlegungen zur philosophischen Anthropologie. In H. Fink-Eitel & G. Lohmann (Hrsg.), *Zur Philosophie der Gefühle* (S. 57–88). Frankfurt am Main.: Suhrkamp.

Genazino, W. (2009). *Das Glück in glücksfernen Zeiten*. München: Hanser.

Gerhardt, G. (1989). *Kritik des Moralverständnisses. Entwickelt am Leitfaden einer Rekonstruktion von ›Selbstverwirklichung‹ und ›Vollkommenheit‹*. Bonn: Bouvier.

Gerhardt, G. (1995). Selbstverwirklichung, Selbstaktualisierung. In *Historisches Wörterbuch der Philosophie*, Bd. 9. Basel: Schwabe Verlag.

Giddens, A. (1991). *Modernity and Self-Identity. Self and Society in the Late Modern Age*. Cambridge: Polity Press.

Heidegger, M. (1927/1986). *Sein und Zeit* (16. Aufl.). Tübingen: Niemeyer.

Honneth, A. (2002). Organisierte Selbstverwirklichung. Paradoxien der Individualisierung. In ders. (Hrsg.), *Befreiung aus der Mündigkeit. Paradoxien des gegenwärtigen Kapitalismus* (S. 141–158), Frankfurt am Main: Campus.

Honneth, A. (2004). Antworten auf die Beiträge der Kolloquiumsteilnehmer. In C. Halbig & M. Quante (Hrsg.), *Axel Honneth. Sozialphilosophie zwischen Kritik und Anerkennung* (S. 99–121). Münster: LIT Verlag.

Honneth, A. (2011). *Das Recht der Freiheit. Grundzüge einer Theorie der demokratischen Sittlichkeit*. Frankfurt am Main: Suhrkamp.

Joas, H. (1997). *Die Entstehung der Werte*. Frankfurt am Main: Suhrkamp.

Joas, H. (2004). Braucht der Mensch Religion? In ders., *Braucht der Mensch Religion? Über Erfahrungen der Selbsttranszendenz* (S. 12–31). Freiburg: Herder Verlag.

Kambartel, F. (1989). Universalität als Lebensform. Zu den (unlösbaren) Schwierigkeiten, das gute und vernünftige Leben über formale Kritierien zu bestim-

men. In ders., *Philosophie der Humanen Welt* (S. 15–26). Frankfurt am Main: Suhrkamp.
Krämer, H. (1998). Selbstverwirklichung. In H. Steinfath (Hrsg.), *Was ist ein Gutes Leben? Philosophische Reflexionen* (S. 94–123). Frankfurt am Main: Suhrkamp.
Lasch, C. (1979). *The Culture of Narcissism. American Life in an Age of Diminishing Expectations.* New York: Norton.
MacIntyre, A. (1980). *After Virtue. A Study in Moral Theory.* Notre Dame, Ind.: University of Notre Dame Press.
Rorty, R. (1992). *Kontingenz, Ironie, Solidarität.* Frankfurt am Main: Suhrkamp.
Schlette, M. (2005). *Die Selbst(er-)findung des Neuen Menschen. Zur Entstehung narrativer Identitätsmuster in der Frömmigkeitsgeschichte des Pietismus.* Göttingen: Vandenhoeck & Ruprecht.
Schlette, M. (2013). *Die Idee der Selbstverwirklichung. Zur Grammatik des modernen Individualismus.* Frankfurt am Main: Campus.
Schlette, M. & Jung, M. (2005). *Anthropologie der Artikulation. Begriffliche Grundlagen und Transdisziplinäre Perspektiven.* Würzburg: Königshausen & Neumann.
Schulze, G. (1992). *Die Erlebnisgesellschaft. Kultursoziologie der Gegenwart.* Frankfurt am Main: Campus.
Taylor, C. (1995). *Das Unbehagen in der Moderne.* Frankfurt am Main: Suhrkamp.
Tugendhat, E. (2003). *Egozentrizität und Mystik. Eine Anthropologische Studie.* München: Beck.
Tugendhat, E. (2006). *Über den Tod.* Frankfurt am Main: Suhrkamp.
Tugendhat, E. (2007). Unsere Angst vor dem Tod. In ders., *Anthropologie statt Metaphysik* (S. 159–175). München: Beck.
Updike, J. (1976). *Hasenherz.* Reinbek: Rowohlt Verlag.
Weber, M. (1951). Wissenschaft als Beruf. In ders. & J. Winckelmann (Hrsg.), *Gesammelte Aufsätze zur Wissenschaftslehre* (S. 566–597). Tübingen: Mohr Siebeck.

Orale Dynamiken und die Angst (in der Religion)

Hartmut Böhme

1. Die Doppelmatrix des Oralen

Mit der oralen Phase beginnt die Hominisation des Menschenkindes. Was in diesem frühen Stadium erworben wird, nämlich die Psychodynamiken der oralen Wünsche und Aggressionen, prägt in transformierter Form alle Lebensalter. Die Zähne markieren von der ersten Zahnung, der ›lactealen Dentition‹, bis zu den letzten Dingen den Lebenszyklus und bilden ein eigenes Generationensystem. Wachstum und Wechsel der Zähne erstrecken sich über das Leben vom Säuglings- bis zum Jungerwachsenenalter, bis die *dentes permanentes* und meistens auch die *dentes sapientes* ausgewachsen sind. Die dann folgende Sorge um den Zahnerhalt ist ein Kampf gegen die saturnische Zeit, welche die Alten ins mythische Bild nagender Gefräßigkeit fassten: *tempus edax rerum,* wie es bei Ovid heißt; er spricht von den nagenden Zähnen der Stunden, die alles einem langsam schleichenden Tod zuführen (*Metamorphosen* XV, 234–6). Der Zahn der Zeit lässt unsere Zähne alt werden – aber auch uns selbst und alle unsere Werke. Zur Kunst des *Memento mori,* die sich oft des Totenschädels, der Sanduhr oder der verlöschenden Kerze bedient, gehört gelegentlich auch der Totenkopf, der von gefräßigen Tieren zerbissen, entfleischt, zernagt wird.

Solange der Mund im nutritiven Einsatz des Saugens und Schluckens oder mit dem Hervorbringen von bedeutungsvollen Lauten beschäftigt ist, darf sich das Gegenüber vor mörderischen Angriffen geschützt wähnen. Indessen, der Mensch zeigt schon in seiner onto- wie phylogenetischen Frühgeschichte mächtige aggressive Impulse. Der Gräzist Walter Burkert bezeichnet in seiner berühmten, allzu evolutionsbiologisch bestimmten Studie den Menschen als *Homo Necans* (1972); der Anthropologe Christian Vogel (1989) untersuchte die Evolutionsgeschichte des Tötens (vgl. Böhme 2001). Am Menschen gibt es zwar nichts zu verharmlosen. Umgekehrt aber muss man, folgt man der heutigen Säuglingsforschung, nicht von einer ursprünglichen Naturgeschichte der Aggression ausgehen, die dem Menschen, auf der Linie der *définition noire* von Thomas Hobbes, ein wölfisches, sprich, bösartig-aggressives Wesen zuspricht. Ob der Mensch von Natur aus ›gut‹ und empathisch oder ›böse‹ und mörderisch sei, ist ein ideologischer Streit von gestern. Heute geht man sowohl von eusozialen, kooperativen und empathischen wie egozentrischen, aggressiven und malignen Strebungen des Menschen aus (Wilson 2013; Rifkin 2010; de Waal 2011; Parzinger 2014).

Fraglos spielt die Aggression in der Individual- wie in der Universalgeschichte eine bedeutende Rolle. Für den körperlichen wie kulturellen Erwerb der Aggression nehmen das Orale und besonders die Zähne eine Leitfunktion ein. Der Transitraum des Mundes ist nicht nur dafür eingerichtet, den Sprachstrom nach außen zu entlassen oder die vorgeschmeckte Nahrung zu verinnerlichen, also – zusammen mit der Atmung – die basalen Modi der nach außen und nach innen gerichteten Aktivitäten bereitzustellen. Die positiven Funktionen der Selbsterhaltung und der Sozialität werden damit erfüllt. Doch die diffus aufsteigenden, auf Abfuhr drängenden Aggressionsimpulse finden – vielleicht koevolutiv zum Zupacken oder Schlagen der Hand – ein ursprüngliches Handlungsformat im Zuschnappen, Zubeißen, Zerkleinern, Zermalmen, Zerfetzen, kurz: im Annihilieren des Objekts. Der orale Aggressionsmodus hängt mit der Objektbeziehung in der Nahrungsaufnahme zusammen, bei der das lebenserhaltende Objekt vernichtet werden muss. Umgekehrt hat sich in die Imaginationsgeschichte der Menschheit eingegraben, dass man selbst zum Objekt der dentalen Zermalmung werden kann – und zwar nicht nur im Jahrhunderttausende langen Kampf mit den Großraubtieren, sondern auch in der innerartlichen Konkurrenz.

Es gehört zum latenten Wissen eines jeden von uns, dass unsere Zähne das Aggressivste und Kraftvollste an uns sind. Zwischen die Zähne eines anderen, sei's Mensch, Löwe oder Drache, zu geraten, ist die entsetzlichste Phantasie überhaupt. Sie zieht ihre Spur von den ältesten Monster-Legenden bis zu den Fantasy-Filmen. Der Konzentration der Gewalt in den Zähnen entspricht die abgründigste unserer Ängste, die Angst vorm Gefressenwerden. Der oral beseligende Strom der Milch ist das erste Nirwana, die oralsadistische Zermalmung ist die erste Hölle. So hat die Psychoanalyse, namentlich Melanie Klein (1932/1971; Klein & Riviere 1974), gezeigt, dass schon der Säugling von einer quälend hilflosen Wut erfüllt sein kann; er möchte unbewusst den Körper der Mutter zermalmen und zerfetzen. Gut ist es, wenn die Mutter diese Gefühle aufnehmen und entgiften kann, wie W. R. Bion sagt. Sind beide in einem positiv empathischen Gleichgewicht, etwa nach lustvoller Stillung, teilen sie den Ausdruck beseligter Ruhe. Beides aber, destruktive Wut wie satte Seligkeit, die beunruhigende Angst und die befriedete »Windstille der Seele«, die nicht, wie Nietzsche meint, die Langeweile ist, entstammen den oralen Dynamiken. Sind die Zähne erst einmal durchgebrochen, ist die Erfahrung nicht mehr fern, dass hier dem werdenden Menschen eine gewaltige Waffe zuwächst. Der Oralsadismus, bei dem Zähne und Aggression legiert werden, ist stammesgeschichtlich wie psychogenetisch ein Erbe, das im Interesse des Zusammenlebens, also der Kultur, kanalisiert, sublimiert, gezähmt, beherrscht werden muss.

Angst wird erlitten, Aggression wird agiert, passiv das eine, aktiv das andere. Doch diese modale Polarität muss nicht mit einer strikten Trennung beider Seiten verbunden sein. Die Formen der Angst, die im Fortgang erkundet werden, sind mit Aggressionen auf engstem Raum verflochten. Es handelt sich um solche Ängste und Aggressionen, die einer oralen Logik folgen: den Zähnen und dem oralen Raum, in den hineinzugeraten, eingesaugt, womöglich zermalmt und dann verschluckt zu werden, vielleicht, neben der Atemnot, die älteste Angst ist, die wir als menschliche Lebewesen kennenlernen – und die uns durch alle Altersschichten und in vielen Praktiken und Imaginarien prägt.

Ob die »Berührungsfurcht«, wie Elias Canetti in *Masse und Macht* (1960/1980) meinte, ein überhistorisches Anthropologicum ist, mag dahinstehen. Ohne Zweifel aber haben die Europäer einen Kulturtyp ausgebildet, in welchem nicht Nähe, sondern Distanz dominiert. In Berührung zu *sein*, berührt zu *werden* und *aktiv* zu berühren, dazu bedürfen wir der Vorkehrungen der Liebe, des Sex, der distanzvernichtenden Aggression oder der eigentümlichen Lust in orgiastischen Massenerlebnissen. Distanz zu wahren heißt, Berührungen zu vermeiden: Das mindert die Angst und Peinlichkeit, die wir potentiell bei Berührungen mit Fremden/m empfinden. Der Mund ist noch viel empfindlicher: Er stößt alles wieder aus, was nicht ›schmeckt‹ oder ›geliebt‹ wird.

2. Drei Figurationen des Schreckens

Blicken wir zuerst auf ein Detail eines Kapitells aus dem 12. Jahrhundert in der Kollegiatskirche Saint Pierre, Chauvigny, unweit von Poitiers (Abb. 1). Das geflügelte Tier hat den Schwanz eines Drachen, Leib und Tatzen eines Löwen sowie ein menschenähnliches Löwenhaupt mit zahnbewehrtem Maul. In seinen Krallen hält der Mantikor einen nackten Menschen, dessen Haupt bis über die Augen zwischen den Zähnen des Monsters steckt. Ein Mantikor (lat. *mantichora*) ist eine Verballhornung des persischen Martyaxwar, einem menschenfressenden Mischwesen: ganz so, wie er im christlichen Mittelalter als Assistenzfigur des Satans auftritt. Niemand wird je genau wissen, wie dieses Monster den Transfer aus dem mittleren Orient über die pagane Antike in die Kirchen des Mittelalters und von dort in die Fantasy-Literatur, Filme und TV-Serien geschafft hat.

Die rechte Hand des Opfers verkrampft sich zur Faust, die Linke hängt preisgegeben nach unten. Der nackte Mensch ist der Sünder. Ihn erfüllt nur noch Angst und Qual. Seine Zunge hängt weit aus dem Mund. Gewiss handelt es sich nicht um das »Zunge zeigen« als apotropäische oder provokative Geste. Es ist vielmehr der Schreck des Sündigen, der hier, unmittelbar vor der Zermalmung, die Zunge aus dem Mund fallen lässt. An vielen Kapitellen der Kirche Saint Pierre, aber auch an vielen Gotteshäusern in ganz Europa, fällt die orale Aggression auf; ebenso die Schreckstarre der aufgerissenen Augen und die im Entsetzen heraushängende Zunge. Dieser aggressive Affekttyp, insoweit er mit Zähnen und Fletschen verbunden ist, wird uns beschäftigen.

Wer nach Paris kommt, sollte nicht versäumen, die Stiegen auf das Dach der Kathedrale Notre-Dame hinaufzusteigen und dort die steinernen Dämonen zu besichtigen, durchaus Meisterwerke gotischer Steinmetz-Kunst (vgl. Dinzelbacher 1999). Noch immer kann man die Blicke imitieren, die Mitte des 19. Jahrhunderts den Künstler Charles Meryon (1821–1868) zu seinen Radierungen inspirierten: Mit ihnen versetzte er die »Hauptstadt des XIX. Jahrhunderts« (Walter Benjamin) unter die Zeichen eines fremdartigen und unheimlichen Tierkreises, der nicht die Ordnung des Himmels, sondern das nächtliche Gewimmel einer dämonischen Gegenwelt wiedergab (Abb. 2, 3). Seltsam genug ragen seit Jahrhunderten die Lamien und Empusen, die Keren und Chimären, die Teufelsfratzen und Basilisken, Drachenköpfe und Kynokephalen über das Häusermeer der Metropole, die sich zu Meryons Zeiten gerade anschickte, zum Labor der urban-industriellen Moderne zu werden. Die steinernen Monstren hielten oft besonders die Westportale besetzt, weil von dort, der dunklen Seite des Seins, der Angriff der Dämonen zu befürchten war. Die Gargouilles und Grotesken dienten als Wächterfiguren, welche den heiligen Raum des Kirchenbaus vor dem Eindringen der satanischen Rotten zu behüten hatten. Apotropäisch hielt man den andrängenden Mischwesen des Bösen ihre eigenen Larven entgegen.

Nun, bei Charles Meryon, markieren sie die perennierende Nachtseite der Moderne, welche von dem Gelichter der dämonisch gebannten Phantasie sich gereinigt zu haben glaubte. Die berühmteste Radierung von Meryon – *Le Stryge* (1853) – zeigt eine im Kontext der Restaurierung der mittelalterlichen Gargouilles erst 1850 wieder angebrachte Plastik an der Balustrade des Südturms. Schwarze Krähen flattern bedrohlich über der Stadt. Die Subscriptio des Bildes lautet: »Insatiable Vampire, l'éternelle luxure / Sur la grande Cité convoite sa pature.« (»Der unersättliche Vampir, die ewige Luxuria über der großen Stadt, verlangt seine Nahrung.«) Der steinerne Dämon ist also nicht apotropäisch gegen das höllische Unheil gerichtet, sondern stellt, bei Meryon, umgekehrt die Stadt, in eigenartiger Fusion von mittelalterlicher Todsünden-Theologie *(luxuria)* und zeitgenössischem Vampirismus, unters Emblem einer monströsen Unersättlichkeit, die das hochkapitalistische Paris zu einem modernen Babel macht. Mit der Zunge zeigt der geflügelte Dämon der Stadt seine spöttische Verachtung. Historisch kurz vor dem Einsatz der technischen (Massen-)Medien – insbesondere des Films, der die Phantasmagorien aller Zeiten zu immer perfekteren Wiedergängern archaischen Schreckens reanimiert – bevölkerte Meryon den Himmel über Paris noch einmal mit den grotesken Idolen der mittelalterlichen Nacht. Paris träumt wie ein Patient Sigmund Freuds – und heraus kommt nicht die achsiale Ordnung der Hausmann'schen Stadtarchitektur, nicht die Transparenz von Eisen und Glas, nicht das disjunkte Regime des Klassengesellschaft und die regulierte Zirkulation der Kapitalflüsse, sondern die wiedererweckten Zeichen des Unheils, die Fratzen der Nacht und des Unbewussten, die wilden Schwärme geflügelter Unholde, die über den Palästen der Macht ihr Unwesen treiben (Abb. 4). Man lese Victor Hugo, Charles Baudelaire, Joris Karl Huysmans. Unverwandt die steinernen Basiliskenblicke, die das Leben der Stadt erstarren lassen. *Der Traum der Vernunft gebiert Ungeheuer,* hatte schon Francisco Goya (1746–1828) seine vielleicht berühmteste Radierung betitelt (Abb. 5). Sie zeigt über einem entsetzt das Gesicht in den Armen bergenden Mann eine aufflatternde Staffel fledermausartiger Dämonen. Imaginationen der Angst, Albträume. Die symbolistischen Künstler und phantastischen Realisten Frankreichs in der 2. Hälfte des 19. Jahrhunderts hatten besser als die heutigen Aufklärer verstanden, was der vertrackte Sinn der Goya'schen Radierung war: Nicht nur, dass dort, wo die Vernunft nicht wachsam ist, die Dämonen des Aberglaubens wieder erwachen; sondern vor allem erregte die Sensibleren unter den Künstlern, dass es die Rationalität der Moderne selbst ist, welche die Monstrositäten hinter ihrem Rücken ausbrütet. Die Angst, von der die Menschen der Moderne gepackt werden, ist weniger die warnende Realangst vor Gefahren der Welt als die Angst, die aus dem Inneren selbst hervortreibt und die Phantasmata der modernen Welt bebildert.

Der Kuss ist eine abgemilderte, sublimierte Form des Fressens und Fütterns, weswegen die Zähne zurückgenommen oder nur vorsichtig eingesetzt werden. Sonst wird die Liebe wirklich zum Fressen, wie es schon der Volksmund (und Kleists Penthesilea) weiß; oder sie wird zum Aussaugen, das in den verbreiteten Vampir-Sagen zum lustvollen Schauder wird. Vieles spricht dafür, dass der Aufstieg des Vampirismus als versteckte Allegorie des blutsaugerischen Verhältnisses von Aristokratie und Volk beginnt, wie zuerst Voltaire (1879) behauptet hatte. Darum muss das Volk Angst vor den Herrschenden haben, wie diese umgekehrt dem Volk Angst machen. Es ist unübersehbar, dass die Konjunktur des Vampirismus im 19. Jahrhundert mit dem Aufstieg des Kapitalismus verbunden ist: Nicht umsonst galt dieser als das System des Aussaugens (von Lebenssaft/Lebenskraft der Proletarier). Der Kapitalist kann nicht ›an und für sich‹ leben, er ist ein im Tiefsten abhängiger Untoter, der sich künstlich vom Blut der Opfer nähren muss. Seither hat der Vampirismus eine ebenso sexuelle wie soziale Bedeutung. Vampir-Geschichten in Literatur und Film erlauben auf einer unbewussten Ebene beides: sowohl die Lust, die Zähne gierig in den Hals des anderen zu schlagen und wie ein Raubtier sein Blut einzusaugen; wie auch die Angst, dass unser Leben darin bestehen könnte, von Untoten, seien diese Schlossherren, Kapitalisten, Ehemänner oder gierige Vamps, ausgesogen zu werden.

Eine solche Interpretation ist im 18. Jahrhundert noch unmöglich. Dann aber wurde der Vampirismus zu einer der leitenden Angst-Figurationen unserer Zeit – in allen Genres: Literatur, bildende

Kunst, Theater, Oper, Film, Internet. Deutlich greift der Vampirismus-Mythos auf eine archaische Erfahrung zurück, nämlich das Orale und das Dentale. Blut und Milch sind die ersten, unbewussten Formen des Lebenserhalts im gemeinsamen Blutkreislauf und im Milchfluss. Im Saugen der Brust wurzeln die ursprünglichsten Erfahrungen des Säuglings, denen, intrauterin, die Gemeinsamkeit des Blutes noch vorausgeht. Und Blut schafft Einheit, nicht nur in der Blutsbrüderschaft oder dem Blutpakt mit dem Teufel (z.B. Faust), sondern besonders im Vampirismus. Als die anämische Lucy (in Bram Stokers Roman »Dracula«, 1897, 10. u. 13. Kap.) von drei Männern Bluttransfusionen erhält – eine Metapher auch für Sex –, wird erwogen, ob sie jetzt nicht mit allen drei Männern ›vermählt‹, also nach dem Ehesakrament mit ihnen *ein Leib* sei (Stoker 1897/2008, Kap. 10, 13). Indes, auch diesseits dieser Phantasie schafft der Vampirismus unzerreißbare Bindungen: Jeder, der vampirisiert wird, wird selbst zum Vampir.

Dies ist der magische Effekt einer Mimesis, durch die man zu dem wird, was man vom Anderen an sich selbst mitvollzieht, durch ihn erleidet oder von ihm verinnerlicht. Im Vampirismus wirkt eine ursprüngliche Mimesis: Man erleidet sie und erst dann agiert man sie. Der Prozess der ansteckenden Anähnelung ist jedenfalls für den Vampirismus elementar – und entstammt frühen leiblichen und oralen, noch prämimetischen Erfahrungen des Säuglings. Dieser saugt nicht nur den anderen leer, sondern nimmt ihn in sich auf: eine Identifikation durch *Interiorisierung*. Dieser Typ von Identifikation geht der *projektiven Identifizierung* noch voraus, die in den paranoischen Dynamiken des Vampirismus herrscht: Hier werden die destruktiven Impulse, den Anderen auszusaugen und sich seiner zu bemächtigen, auf den Anderen projiziert. Der Täter wird zum Opfer, das zum Täter wird, der zum Opfer wird und so weiter: Nach diesem Muster entsteht eine endlose Verwebung von Vampirisieren und Vampirisiert-Werden, also die Epidemie. Dass der Vampirismus mit Epidemien legiert wird, hängt vor allem damit zusammen, dass er zuerst eine Epidemie der Angst ist. Angst steckt an und bildet Kollektive. Man versteht besser, warum – von der Pest, der Cholera, der Tollwut, dem Typhus, der Anämie und der Schwindsucht bis zu Aids und Drogensucht – jede Epidemie, von der die moderne Gesellschaft heimgesucht wurde, mit dem Vampirismus verbunden wurde.

Neben dem Hineinsaugen tritt nach der Dentition die oral-sadistische und aggressive Komponente hinzu. Das Nutritive enthält stets eine vampiristische oder kannibalistische Komponente (die besonders von E. T. A. Hoffmann [1912] in seiner Vampir-Erzählung von 1821 betont wird): Indem wir essen und trinken, leben wir vom Tod des Anderen, wie schon Paracelsus sagte. Essen heißt töten. Im gesunden Zupacken der Zähne ist der Tod noch kaum merklich anwesend; fallen sie aus, ist dies schon ein kleiner Tod; der Zahnlose ist bereits vom Tod gezeichnet. Und sterben wir mit unseren Zähnen, so zeigt der Totenschädel fast immer ein befremdliches Grinsen – als verhöhne das Härteste und Haltbarste an uns, Zähne und Knochen, das Fleisch, in welchem wir leben.

Doch indem wir nichts essen, wie die (weiblichen) Vampire oder die Anorektiker, wehren wir ab, dass Essen und Tod essentiell verbunden sind. Bei den Zähnen, durch die dem Kleinkind eine gewaltige Kraft zuwächst, leuchtet dies leichter ein als beim Saugen, das uns, gerade in seiner Säuglings-Lieblichkeit, harmlos genug vorkommt. Vergessen wir aber nicht, dass das Infans in der oralen Phase ›Säugling‹ genannt wird: Das Menschenkind wird mit dem Saugen gleichgesetzt. Davon bleiben wir geprägt. Die Nachtsauger und die Säuglinge – ahnen wir, dass sie in der Totalität ihrer oralen Triebdynamik zusammenhängen und dass diese Totalität Angst erregen kann?

Erwachsene Blutsauger und infantile Milchsauger sind sich darin ähnlich, dass sie den Anderen nicht als eine von ihnen getrennte Person wahrnehmen, sondern als Selbstobjekt erleben. Im Grenzfall ist das Aussaugen immer ein Entleeren des Anderen und damit ein Töten. Das sah schon Karl Marx so: »Das Kapital ist verstorbne Arbeit, die sich nur vampyrmäßig belebt durch Einsaugung lebendiger Arbeit und umso mehr lebt, je mehr sie davon einsaugt« (1867, 179). »Die Verlängrung des Arbeitstags über die Grenzen des natürlichen Tags in die Nacht hinein wirkt nur als Palliativ, stillt nur annähernd den Vampyrdurst nach lebendigem Arbeitsblut« (ibid., 200).

Das Objekt wird, im Dienste des Sich-Füllens, in Besitz genommen. Vampirismus ist darum der metaphorische Quellgrund totaler Verfügungsmacht. Und diese weckt (archaische) Angst. Mit Hellsicht hat Elias Canetti in *Masse und Macht* (1960/1980, 222–233) die Genealogie der Macht aus den Zähnen entwickelt. Bei den Vampiren ist dabei beachtlich, dass sie in ihren Objektbeziehungen diese oral-saugende Phase mit der folgenden, der oral-dentalen, aggressiven Phase erfolgreich fusioniert haben. Endlos sind darum die Schilderungen der Sonderform des Gebisses, dessen Entblößung instantiell Angst auslöst: die spitzen, scharfen, zwischen den Lippen drohend hervorblitzenden Zähne, mit denen sie die Adern ihrer Opfer öffnen, um dann in höchstem Genuss das Blut der Opfer zu schlürfen. Alles Begehren ist oral konzentriert, weswegen die Vampire an genitalem Sex desinteressiert sind: Sie haben die ödipal-genitale Phase nie erreicht und sind auf der oralen Phase, mit ihrem einsaugenden und oralsadistischen Modus, arretiert. Daher ist es eine archaische Angst: ausgesaugt, zermalmt, verschluckt zu werden.

Die angsterregende Blutgier der Vampire ist niemals unsere eigene – so scheint es. Vampire figurieren den bösen Anderen. Psychoanalytisch gesehen liegt es nahe, dass es sich dabei um eine projektive Identifikation handelt: Der eigene, verpönte, mit dem Ich oder Über-Ich unvereinbare Triebimpuls wird nach außen projiziert und dort figuriert. Die Angst fungiert als der Wächter davor, nicht selbst der vampirischen Gier zu verfallen. Das heißt: Dem ›bösen‹ Trieb wird eine Figur verliehen – der ganz Andere, mit dem wir nichts zu tun haben. Dieser Mechanismus der ›projektiven Identifizierung‹ ist schuldentlastend und erlaubt die Aufrechterhaltung eines mit den Werten einer Gesellschaft konformen Selbstbildes. Im Vampir wehren wir unsere eigenen vampirischen Triebdynamiken ab, wir halten sie draußen und fern in der Figur des bösen Anderen, den nicht *wir* bedrohen, sondern der *uns* mit Vampirisierung bedroht: Das ist ein entlastender Wechsel des Ich in die Objekt-Position. Freilich, indem wir nicht Täter sind, riskieren wir, Opfer zu werden. Denn der aus uns herausoperierte Vampir bleibt triebdynamisch virulent. Darum ist die Beziehung zu den Untoten (auch zu Zombies) von der Angst geprägt, sie könnten uns heimsuchen, sprich: uns in Besitz nehmen, so dass wir werden wie sie. Der Vampir verkörpert die Angst, dass wir selbst der Vampir sind oder (wieder) werden könnten. Denn er ist jener verfemte Teil von uns, der uns gänzlich einzunehmen droht.

3. Mischwesen der Angst

So nimmt es nicht wunder, dass Monster und Mischwesen nicht aus Pflanzen generiert werden. Eine Ausnahme bilden *carnivore* Pflanzen. Sie gewinnen eine eigene, unheimliche Oralität. In vielen Kulturen bildeten sie den Anlass für phantastische Legenden von anthropophagen Mörderpflanzen – bis hinein in Sachbücher des 19. Jahrhunderts. Diese Ausnahmen bestätigen indes, dass Pflanzen gewöhnlich derjenige Ausdruck fehlt, der die für Monster so wichtige

Trieb- und Angstdynamik sinnfällig macht: ihre orale Gier, ihre fletschende Wut oder ihre bedrohliche Sexualität. Dies sind Merkmale, die an der Triebphysiognomie des Menschen und mancher Tierarten abgelesen wurden. Sie werden auf Fabelwesen projiziert und zu einer teils verlockenden, teils paranoischen Vorstellungswelt verdichtet. Die Monster bilden die mythischen Urszenen der Angst und des Schreckens, der Vernichtung und der Gewalt, der Gier und der Verschlingung, des sexuellen Verlangens und des hingerissenen Rausches. Das macht ihre Unsterblichkeit bis heute aus.

Auffällig ist ferner, dass viele Mischwesen Züge derjenigen Tiere aufweisen, welche zur Hirtenkultur gehören: Ziegen, Schafe, Hunde, Schweine, Kühe, Stiere und Pferde. Mit ihnen lebten die Hirten in einer kulturellen Symbiose. Doch blieben die künftigen ›Haustiere‹ Jahrtausende lang halbwild. Die wilde Seite ihrer Herkunft kehren die aus Mensch und Tier figurierten Monstren hervor. Das macht sie geeignet, das Wilde des Menschen selbst darzustellen, besonders die sexuelle und orale Triebwelt. Man denke an die Hybridwesen, die aus Menschen-, Pferde- oder Bocksteilen zusammengesetzt sind, Kentauren, Satyrn und Faune: Sie bevölkern die geheimnisvollen Wälder und mischen sich unter die Züge des orientalischen Stier- und Rauschgottes Dionysos. Unter dem Druck ihres schweifenden Verlangens suchen die Mischwesen überall sexuellen Verkehr mit Ziegen, Nymphen und Menschenfrauen. Diese begatten sich ihrerseits mit Tieren, welche nicht selten die Masken von Göttern sind. So zeigen die Mischwesen die durchlässigen Grenzen des Mensch-Tier-Verhältnisses an. Tiere sind weder fremd noch bloß nützlich. Sondern sie sind auch Objekte des Begehrens, des Austauschs und der Affekte. Diese projektiven und identifikatorischen Beziehungen werden in den Monstren zur unheimlichen Gestalt. Es ist das Begehrte, das zur Quelle der Angst wird, die wiederum vor dem Begehren schützen soll. Es ist also kein Wunder, wenn die enge Mensch-Tier-Beziehung sexualisierte und oralsadistische Untiere hervorbringt, die ihrerseits Befremdung, Angst und Unheimlichkeit auslösen.

Es ist die Gewalt des Menschen selbst, die in Formen einer rituellen Gewalt verarbeitet werden muss, damit überhaupt eine Aussicht auf Kultur besteht. Diese kulturstiftende Gewalt ist darum heilig (Girard 1994a, 1994b). Indem Tiere zu ›Containern‹ zügelloser Sexualität wie oraler Gier und Aggression des Menschen werden, tragen sie die ›Schuld‹ des Menschen, der eben deshalb sie wiederum zu töten und zu essen sich berechtigt sieht: was ihn erneut verschuldet, so dass entschuldende Opferriten eingeführt werden müssen, welche die Gewalt wiederum nur verlängern, die sie unterbrechen sollen. In das Verhältnis von Mensch und Tier ist mithin eine tragische Verkettung eingelassen, weil der Mensch real der Paradoxie des Fleischessens so wenig entkommt wie er symbolisch die Tiere zu Monstern zu machen nicht unterlassen kann, solange er an sich selbst die monströse Gewalt der Sexualität und der oralen Gier nicht verlöschen spürt.

Monster und Drachen sind mithin durch zwei Triebe charakterisiert: die sexuelle Libido, deren ›Normalform‹ die Vergewaltigung ist, und die Verschlingungslust, deren ›Normalform‹ die Menschenfresserei ist. In den verbreiteten Horrorgeschichten der *vagina dentata* (vgl. Ross 1994) wird das Monströse auf das weibliche Genital projiziert – die Lusthöhle der Frau wird durch ihre Bezahnung zum Höllenmaul, zur Quelle der Kastrationsangst, in der sich das Begehren des Mannes straft. In allen Medien taucht dies immer wieder auf. Ich erinnere nur an ein Beispiel: In Luis Buñuels surrealistischem Film *L'Age d'Or* von 1930 stecken sich die Liebenden gegenseitig die Hand in den Mund; in einer der nächsten Szenen sieht man den Mann die Wange der Frau streicheln, mit einer Hand, der die Finger fehlen. Gefährlich der Mund, gefährlich die Vagina, gefährlich die Frau. Angst ist stets ins Spiel von Sex und Gender gemischt.

4. Die Hölle und die Oralität

Es geht hier nicht um die Nachzeichnung einer Geschichte der Hölle im Zeitalter der großen Angst. Sondern es wird in wenigen Strichen verdeutlicht, in welcher Weise Monster und Mäuler herhalten mussten, um diese Angst zu bebildern. Hölle und Monster wurden zu Medien einer projektiven Paranoia im Gewande der Religion. In den Jahrhunderten, in denen die großartigen Angstphantasien der Hölle von den Menschen Besitz ergriffen, hat es, durchaus im Namen Jesu, eine beispiellose Vermehrung der Angst und eine ungeheure Vermehrung der Opfer gegeben. Die Hölle hatte ihr Maul geöffnet und hielt die Welt zwischen den Zähnen.

Der Aufstieg Satans, welcher Züge von Bock, Stier, Drache, Schlange und Pferd aufweist, war verbunden mit der Vermehrung des unheimlichen Hofstaates seiner Gegenregierung, die über die Erde und die Menschen eine fast unbeschränkte Macht erlangte. Die Erde wurde zum Schauplatz eines metaphysischen Kampfes, den die

Kirche gegen die Invasoren des Dämonenreiches zu bestehen hatte. Die Gargouilles und Chimären mit ihren fletschenden Mäulern sollten gerade das abwehren, was sie selbst darstellen: Das ist magischer Gegenzauber im (heils-)medizinischen Muster *similia similibus*. So wurden die Kathedralen zu Festungen Gottes. Die Gottesfurcht fand in der universalen Angst ihre Stütze.

Was an menschenfresserischen Drachen in der Antike erfunden wurde, wird im mittelalterlichen Pandämonium extrem ausgestaltet. Die Hölle insgesamt ist ein gewaltiger Fress-Organismus (Abb. 6). Die Menschen werden von einem unersättlichen Maul verschlungen und verschwinden in den düsteren Kammern einer Verdauung, in denen sie auf ewig zersetzt werden, ohne doch von ihren Qualen befreit zu werden. In manchen Texten, wie etwa in der *Visio Tnugdali* (1149; Dinzelbacher 1989; Palmer 1982), erscheinen vogelartige Schlingmonster, welche die unkeuschen Sünder fressen und verdauen, um sie dann wieder auszustoßen in ein wogendes Eismeer – eine die christliche Resurrektion pervertierende Wiedergeburt. Im Inneren der Vogel-Bestie werden die Sünder irgendwie befruchtet – und die Leibesfrüchte, welche von innen her die Körper zerbeißen, brechen unter Gebrüll überall aus den Körpern der schwangeren Frauen wie Männer heraus. Der Fötus ist ein Alien. Man fühlt sich an den SF-Film *Alien* von Ridley Scott (1979) erinnert, der die Konjunktur des Horrors auch dadurch wiederbelebte, dass die Aliens in die Körper von Menschen hineinflutschen, sich dort vermehren und in einer tödlichen Geburt aus dem Körper wieder herausbrechen. Die Aliens verbergen in ihrem bezahnten Maul eine Zunge, die ihrerseits mit scharfen Zähnen besetzt ist.

Symptomatisch ist, dass in den Höllenvisionen eine enge Fusion von oralsadistischen und sexuellen Abläufen vorgenommen wurde, eine totale Grenzauflösung der Körperfunktionen, einhergehend mit der Vermischung von Tieren und Menschen: Dies ist das Monströse der Hölle. Und heute ist es der Horror des Films. Die Hölle ist voll von sexuellen Perversionen – und hierbei spielen die Monster und die Strafexperten Satans eine erfindungsreiche Rolle, wenn sie jede vergewaltigende, anal- oder oralsadistische, kannibalische, zerstückelnde Sexualpraktik in Szene setzen. *The joy of horror.* Die gorgonisch blickenden, wüst behaarten, mit fletschenden Zahnreihen besetzten Fratzen der lüsternen Quälfreude, die grausamen Tatzen und reißenden Krallen, die gefräßigen Mäuler auch dort, wo sonst die Genitalien von Mensch oder Tier sitzen.

Die Hölle – dies ist der Ort der Qualen und Schmerzen schlechthin. Der Schmerz der Hölle aber sitzt im Zahn. Im Inneren einer südfranzösischen Elfenbeinschnitzerei von ca. 1780 sieht man die uralte Idee, dass der Zahnschmerz durch einen Wurm im Inneren des Zahnes verursacht sei, wieder aufgenommen und christlich dramatisiert (Abb. 7, 8). Es ist viel schlimmer als jeder Wurm: Schlangen würgen bzw. verschlingen zwei Frauen; in der anderen Zahnhälfte sehen wir Höllenfeuer lodern, in denen sieben Verdammte schon leiden, während ein Helfer des Satans einen weiteren Sünder ins Feuer wirft und der andere mit einer Keule zum Hieb ausholt. Man denke sich versuchsweise ins Zeitalter vor der Anästhesie und vor Schmerzmitteln zurück und stelle sich die Passionsgeschichte des wütenden Zahnschmerzes vor, der die Historie der Menschheit begleitet hat – dann mag man eine Ahnung davon gewinnen, von welcher Evidenz die Vorstellung von der Hölle im Zahn gewesen sein muss. Und eben dieser Schmerz ist die Quelle der Angst, welche bis heute die Zahnmedizin begleitet und das Zahnarzt-Setting zu einer verbreiteten Szenerie in sadistischen Horror-Filmen macht (u. a. *The Dentist* 1/2, 1996/98, Regie: Brian Yuzna).

Wenn man das psychoanalytische Containment-Modell von Wilfred R. Bion zur Anwendung bringt, so haben wir es bei der Hölle mit einem ›Behälter‹ zu tun, in welchem die schier unerträgliche Energie eines sadomasochistisch-paranoischen Wahn- und Angstsystems ›lokalisiert‹ und ›untergebracht‹ wird. Hier werden die oralen Aggressionen, die sexuellen Wüstheiten aller nur denkbaren Perversionen in die Form einer Affektspiegelung gebracht: ein imaginärer Raum, in welchem Elementarängste mobilisiert werden, aber auch Gestalt und Form finden. Niemals zuvor oder danach wurden mit derartiger Intensität die Morphologien der Tierwelt und die dentale Wut so rigoros in den Dienst einer Ästhetik des Horrors gestellt. Eine psychische Wirklichkeit, mit der jahrhundertelang gelebt zu haben, zu den Erbschaften der heutigen Gesellschaften gehört. Die Hölle sind die Menschen sich selbst. So hat unsere Kultur ein phantastisches Reich geschaffen, zu dem die Tiere und Monster ihre Physiognomie hergeben mussten. Verborgen blieb, dass aus allen Figurationen des Dämonischen immer nur der Mensch selbst uns anblickt. So sehr die fremdartigen Bilder suggerieren, dass in den Monstern etwas Transhumanes begegnet, so gewiss ist, dass hier eine Extremform der Selbstbegegnung vorliegt. Ein Fremder ist sich immer nur der Mensch selbst. Das tierische Monster: Siehe, es ist der Mensch –

wenn es erlaubt ist, die Ecce-Homo-Geste hier derart zu verfremden (Joh 19,5).

5. »Ihre Zähne sind wie Speer und Pfeile«: Biblische Spuren oraler Wut und Angst

Nicht anders geht es zu, wenn in der Bibel die Zähne als Drohung oder Strafe eingesetzt werden – dann werden die Zähne zu *dem* Zeichen von *Aggression* überhaupt, wie sie sich im Fletschen, Zubeißen und Zermalmen physiognomisch Bahn bricht. Oft werden dabei die Zähne von Raubtieren oder Feinden aufgerufen: »Den Zahn der Raubtiere lasse ich gegen sie los« (Dt 32,25), »der Gottlose sinnt gegen den Gerechten und mit seinen Zähnen knirscht er gegen ihn« (Ps 37,12), »Mitten unter Löwen liege ich, die Menschen verschlingen. Ihre Zähne sind Speer und Pfeile, und ihre Zunge ist ein scharfes Schwert« (Ps 57,5; vgl. Spr 30,14). In der Verfolgung durch den kannibalischen Feind verwandeln sich Zähne und Zunge (Worte) in Waffen. Das zeigt eine archaische Angst, in der nicht zufällig Zähne und Zunge zum Ausdruck mörderischer Gewalt werden. Nichts, nicht einmal die zuschlagende Hand, kann so sehr Aggression und Hass konzentrieren wie die Zähne und die Zunge (Sprache wird dann *hate speech,* wie Judith Butler [1998] sagt). Klar erkennt der Psalmist diesen psychophysischen Zusammenhang von Sprache und Zähnen: »Sie [die Feinde] hören nicht auf, mich zu schmähen; sie verhöhnen und verspotten mich, knirschen gegen mich mit den Zähnen« (Ps 35, 16; vgl. Klgl 2,16). Die Hassrede ist ein Fletschen mit Worten, wie umgekehrt die knirschenden Zähne eine wortlose Artikulation des Hasses sind.

Umgeben von solchen Feinden versteht man, dass Israel in seiner Angst die Gegengewalt Jahwes herbeiruft, der seine Kinder schützen soll: »Zerschmettere, Gott, ihre Zähne in ihrem Maul, brich aus das Gebiss der Junglöwen, HERR!« (Ps 58,7) »Gelobet sei der HERR, dass er uns nicht gibt zum Raub in ihre Zähne!« (Ps 124,6) Wenn der Feind Israels diesen göttlichen Schutz der Kinder Israels sieht, wird er »knirschen mit seinen Zähnen vor Zorn« (Ps 112,10; vgl. Weisheit 16,10; Apg 7,54) – sprich: die extrovertierte Aggression verkehrt sich nach innen, sie wird autodestruktiv. Das Zähneknirschen ist Ausdruck von maßloser Aggression und Ohnmacht zugleich – eine der Langzeitformen des Bruxismus (von dem schon die ältesten zahnmedizinischen Textzeugen in Mesopotamien wissen).

Die Psychodynamik der Zähne (des Gebisses) wird nirgendwo so vielfältig durchgespielt wie im Buch Hiob. Er, der sich den Gerechten nennt, beklagt sich bitter, dass er von Gott verlassen werde. Er glaubt, sagen zu dürfen: »Ich zerbrach die Backenzähne des Ungerechten und riss den Raub aus seinen Zähnen« (Hiob 29,17). Dennoch überwältigt ihn das Unglück und in seinem maßlosen Schmerz fordert er Gott, ja die Weltordnung heraus. Er zuerst stellt die Theodizee-Frage. Sein physischer Zustand ist furchtbar: »Mein Haut und Fleisch klebt an meinem Gebein, nur mit meiner Zähne Haut bin ich davon gekommen« (Hiob 19,20). Das will sagen: Er ist ausgemergelt bis auf Haut und Knochen, verloren hat er seine Zähne. Nur das nackte Leben, wie Giorgio Agamben (2002) es versteht, bleibt noch, ein Leben in Schutzlosigkeit und Angst. Ist Hiob doch selbst zahnlos geworden und sein Brüllen ist bloßer Schmerz. Und dennoch sagt er, hart geworden im Leid, von sich: »Meinen Leib nehme ich zwischen die Zähne, in meine Hand leg' ich mein Leben« (Hiob 13,14). Wenn er, der Zahnlose, ›sein Leben zwischen die Zähne nimmt‹, so heißt dies, dass er sein Recht gegen Gott mit eiserner Entschlossenheit auskämpfen will. Am Ende spricht Jahwe selbst zu Hiob und führt ihm die urweltlichen Meeresmonster Behemoth und Leviathan vor Augen, um an deren Schreckensmacht seine eigene, göttliche Überlegenheit zu demonstrieren – und Hiobs Ohnmacht, aus der ihn nur Gott erlösen kann. So heißt es über Leviathan: »Wer öffnet die Hülle seines Kleides, wer dringt in seinen Doppelpanzer ein? Wer öffnet die Tore seines Mauls? Rings um seine Zähne lagert Schrecken« (Hiob 41, 4–5). Von zeitloser Prägnanz ist die Formulierung, dass der Schrecken um die wutfletschenden Zähne des Ungeheuers lagert. Leviathan und Behemoth sind Urbilder des Monströsen, Phantasmen der Angst. Sie sind keine Kreaturen Gottes, sondern reichen in die Sphäre des vorgeschöpflichen Urmeeres zurück. In ihnen konzentriert sich der Schrecken selbst, konzentriert in den Zähnen, die Sitz und Ausdruck archaischer Aggressionen sind. Dies ist keine Erfindung der hebräischen Bibel, sondern die beiden Wassermonster gehen auf babylonische Drachen zurück, aus deren Tradition die Bibel schöpft.

Gott aber vermag es, so wie er den Gottesfeinden, den Philistern, »das blutige Fleisch aus ihrem Mund reißen [das Blut, das sie trinken] und die abscheuliche Nahrung zwischen ihren Zähnen entfernen« wird (Sach 9,7). Die Zähne, als Inbegriff der oralen Aggression, sind immer auch mit Fleisch-Lust und Menschenfresserei, mit barbarischen Perversionen assoziiert. Sie sind das Sündigste an uns (darum wird das Höllenmaul uns zwischen die Zähne nehmen), obwohl sie doch mit dem Lebensdienlichen überhaupt, der Nahrung, liiert sind. Diese Lust des Fressens, so dass »das Fleisch noch zwischen ihren Zähnen und noch nicht verzehrt war« (Num 11,33), weckt den Zorn Gottes. So gibt er ihnen »müßige Zähne« (nichts zu beißen, Amos 4,6), weil er weiß, dass immer dann, wenn »ihre Zähne etwas zu beißen« haben, die bigotten Führer des Volkes Israel »Frieden!« predigen, während sie den »heiligen Krieg« ausrufen, wenn »ihnen nichts in den Mund gesteckt« wird (Micha 3,5).

Ferner wird die Generationen übergreifende Vergeltung für die Sünden der Väter am Beispiel des falschen Essens und der Zähne exemplifiziert: »Die Väter haben saure Trauben gegessen und den Kindern sind die Zähne stumpf geworden« (Jer 31,29, Hes 18,2). Der Zustand der Zähne ist ein Index der inneren Verfassung eines Menschen. Die hier am ›Zahnerbe‹ durchgespielte Erbsünde ist eine Art Psycholamarckismus *avant la lettre:* Durch die abträgliche Lebensweise erwirbt man schlechte Zähne und vererbt diese an die Kinder. Heute sagt man es vorsichtiger: Ungepflegte und rotte Zähne sind Zeichen eines verkommenen Lebenswandels, der in prekären Familien von Eltern auf Kinder weitergegeben wird.

6. Zähneknirschen: Bruxismus der Sünder

Im Neuen Testament kommt das endzeitliche Heulen und Zähneknirschen (Luther: Zähneklappern) hinzu, wenn im Gericht der Sünder vom Urteil getroffen wird und nun alles zu spät ist (Matth 8,11–12, 13,42, 13,50, 22,13, 24,51, 25,30; vgl. Lk 13,28). Von dieser rhetorischen Formel βρυγμὸς τῶν ὀδόντων (lat. *stridor*), dem Zähneknirschen, ist der odontologische Terminus des Bruxismus abgeleitet. In der Hölle der Verdammten wird endlos geknirscht, mit den Zähnen gegrimmt, die Wut verbissen. Die Redewendung des ›zerknirschten Sünders‹ stammt daher. Im Zähneknirschen der Verdammten straft sich die Sünde selbst, im Heulen schafft sich die Gottesferne Ausdruck, zu der die Sünder verurteilt sind. Dem entspricht, dass in der jüdischen Bibel es stets die Gottlosen sind, die mit den Zähnen knirschen (Ps 112,10). Im Deutschen ist das Knirschen auch als Zahngirren, -kirren und -knirren benannt.

Das Zähneklappern, wie es Luther unzutreffend übersetzt, ist eher eine Angstreaktion: die Hölle als Angstraum. Dies kennt auch

Dante im »Inferno«. In manchen Regionen der Hölle herrscht eisige Kälte: darum wird dort geklappert. Durchaus ist das Angst- und Kälteklappern der Zähne in der Hölle diesseitigen Erfahrungen entnommen. In diesem Sinn formuliert der katholische Theologe Franz Xaver Mahl: »Das Zähneklappern deutet auf eine unerträgliche Kälte; wenn man vom Froste durch und durch ergriffen ist, dann stoßen die beiden Zahnreihen aneinander; so auch wenn ein Fieber-Frost Einen anpackt« (1854, 809). Nach dem theosophischen Mystiker Emanuel Swedenborg, der in seinem Buch *De Coelo et eius mirabilibus et de Inferno* von 1757 die dichteste Verbindung von Hölle und Zähneknirschen hergestellt hat, hören sich die Reden der Heuchler wie Zähneknirschen an (1757/1977, 154). Ja, die Hölle ist selbst ein ewiges feuriges Knirschen (ibid., 425 ff.). So spekulativ dies sein mag, so enthalten die folgenden Passagen psychologische Einsichten, die für das heute weit verbreitete Zähneknirschen durchaus einen psychologischen Deutungsrahmen bieten:

> Das »Zähneknirschen« hingegen ist der unaufhörlich Streit und Kampf der Falschheiten untereinander, also der Geister, die sich dem Falschen ergeben haben. Es ist ebenfalls verbunden mit der Verachtung anderer, mit Feindschaft, Verspottung, Verhöhnung, Lästerung, die auch zum Ausbruch verschiedener Arten gegenseitiger Zerfleischungen führen; denn jeder kämpft für sein Falsches und nennt es Wahrheit (ibid., 433).

Man kann demnach den Bruxismus auch als interiorisierte Abwehr des unerträglichen sozialen Stresses und eines entfremdeten, von Angst gepeinigten und sozial dissoziierten Lebens verstehen. Wie soll man in Abrede stellen, dass sich die heutige Lebenswelt mit ihren Falschheiten und Belastungen in den nächtlichen Knirschorgien Ausdruck verschafft? Worüber sich die moderne Zahnmedizin einig ist, wusste schon Swedenborg: »Darum also werden ihre Zänkereien als Zähneknirschen gehört. In der geistigen Welt knirscht nämlich alles Falsche, und die Zähne entsprechen sowohl dem Letzten in der Natur und auch dem Letzten beim Menschen, nämlich dem Fleischlich-Sinnlichen« (ibid.). Tiefer kann man die Bedeutung des Dentalen nicht legen: In den Zähnen kommt das Wesen von Natur und Mensch zum Ausdruck. Das liegt auch daran, dass die Zähne bei den ›Vier letzten Dingen‹, den sog. *Novissima*, mitspielen: bei Tod, Endgericht, Hölle und Himmel. Wir Modernen sind solchen Deutungen ferngerückt und haben das höllische Zähneknirschen durch ›kraniomandibuläre Dysfunktion‹ (CMD) ersetzt, ohne sicher sein zu können, ob wir durch die mannigfaltigen medizinisch erkannten Risikofaktoren und Therapien tiefer ins Geheimnis dieser geheimnisvollen nächtlichen Orgien unserer Zähne eingedrungen sind. Die gewaltigen Szenen der Angst aus der Vergangenheit von Religion und Kunst sind uns heute überwiegend unzugänglich geworden. Doch das führt, jedenfalls in diesem Fall, in der Zahnmedizin zu einer Verharmlosung der Angst, die im dentalen Raum ihre Heimstatt hat.

7. Religion und Angst

Von Süditalien bis Schweden besetzten im Mittelalter Monster und Chimären die Kirchenbauten an allen sog. Marginalien; sie zogen als Randzeichnungen und Initialen in die Codices ein; sie durchwimmelten die Predigttexte und theologischen Abhandlungen, die Bestiarien und Dämonologien, die Visionsliteratur und Apokalypse-Kommentare, aber auch die großen Epen und Reiseberichte und okkupierten zunehmend nicht nur die Einbildungskraft, sondern auch den Alltag der Menschen. Wahrscheinlich liegt der Zusammenhang zwischen kollektiven Ängsten (und deren Regie durch geistliche und weltliche Eliten) und der Imagologie von Dämonen und Tiermonstern nirgendwo derart deutlich zutage wie hier.

Die Angst, in den Fallstricken der Dämonen gefangen und von den Masken des Bösen getäuscht zu werden, war ubiquitär. Radikale Frömmigkeitsbewegungen mit dichotomischen Weltbildern, durch die das Dämonisch-Böse zu einer weltbeherrschenden Kraft wurde, trugen ebenso zur Ausbreitung des dämonischen Gelichters bei wie offizielle Kirchenreformen, etwa die vom Benediktinerkloster Cluny und dem Zisterzienser-Abt Bernhard von Clairvaux ausgehende Askese. Spätestens seit Isidor von Sevilla und Hrabanus Maurus war die Beschäftigung mit Monstern und Dämonen eine Angelegenheit seriöser Theologie, aber auch der Naturkunde, oft unter fleißiger Benutzung antiker Schriften wie dem *Physiologus* und der *Historia Naturalis* von Plinius d. Ä.

Entscheidender aber war die langlebige Konjunktur, welche die Hölle und mit ihr Satan und sein dämonischer Herrschaftsapparat erfuhren, so wie auch die apokalyptischen Imagologien, welche in der Offenbarung des Johannes ihren auch noch kanonisierten Master-Text und Quellcode hatten. Wenn irgendwo, so bestätigt sich hier der »Primat der Angst« in der Entstehung der Religion (Michaels

1997; vgl. Burkert 1998). Die monströsen Tiergestalten und Mischwesen waren aufgrund vielfacher Textzeugnisse nicht weniger beglaubigt als die Realität der Tiere, welche Gott einst geschaffen und über die er den Menschen zum Herren eingesetzt hatte. Der Aufstieg Satans aber begünstigte die Vermehrung eines unheimlichen Hofstaates, eines subterranen Gegenreichs. Weil Satan selbst aus dem Sturz des rebellischen Lieblingsengels Gottes, Luzifer, und die Dämonen aus seinen gefallenen Mitstreitern hervorgegangen waren, so konnte die Ausbreitung der Hölle und ihrer Macht über die Erde als gottgewollt angesehen werden. Die Erde wurde zum Schauplatz eines metaphysischen Kampfes, den die Kirche gegen die Invasoren des Dämonenreiches zu bestehen hatte. Auch darum wurden die Kathedralen zu Festungen Gottes, bewehrt mit apotropäischen Monstern, die den Dämonen entgegengehalten wurden. Jeder einzelne Mensch war in diesen Kampf verwickelt und musste sich mit festen Riegeln der Abwehr (das ist der Glaube und der gottesfürchtige Lebenswandel) gegen den Einfall der höllischen Mächte in Körper wie Seele wappnen. Die Gottesfurcht fand in der universalen Angst vor dem Bösen ihre Stütze.

Die Religionen müssen nicht immer und nicht überall auf der Welt, aber doch weitgehend als symbolische Vorkehrungen gegen die Angst gedeutet werden, von der die Gesellschaften heimgesucht werden. »In der Welt habt ihr Angst, aber seid getrost, ich habe die Welt überwunden« (Joh 16,33) – dieser Jesus zugeschriebene Ausspruch kann als das Versprechen aller Erlösungsreligionen verstanden werden. Es besteht weitgehend Einigkeit darüber, dass es, wie der Religionswissenschaftler Axel Michaels (1997) resümiert, in den Religionen einen *biologischen* Primat der Angst gibt. Ganz sicher gäbe es ohne Angst keine Religion – aber umgekehrt gilt nicht: ohne Religion gäbe es keine Angst.

Auch außerhalb der Religionswissenschaft, etwa in der Existenzialphilosophie, in der Anthropologie wie in der Neuro- und Evolutionsbiologie herrscht die Ansicht vor, dass die Angst basal im Menschen als Lebewesen verankert ist, nämlich im limbischen, mithin ältesten System des Hirns. Die limbische Angst, welche wir mit den Tieren teilen, wird zur spezifischen *Conditio Humana* dadurch, dass nur Menschen wissen, dass sie sterben müssen; dass sie in ihrer Umwelt exzentrisch, d. h. unsicher und besorgt positioniert sind; dass ihr Weltbezug unverlässlich und ihre Zukunft ungewiss ist (Helmuth Plessner). Diese *kognitive* Angst ist einerseits unhintergehbar. Andererseits ist die kognitive Angst die Quelle von kulturellen Anstrengungen, zu denen die Religionen an vorderster Stelle gehören: Religionen sind »Vor- und Fürsorgesysteme«. Deswegen ist die »Prävalenz der Angst weitgehend unabhängig vom Religionstyp« (Michaels 1997, 91 f.).

Menschen haben Angst also nicht nur als biologisches Frühwarnsystem, sondern sie haben mit dem Tod jenen Kern ihres Bewusstseins identifiziert, der sie von den Tieren trennt und mithin zu Menschen macht. Eine Rückkopplungsschleife erzeugt eine Art ›Angst-Angst‹, die zu differenzierten Repräsentationen symbolisch-sprachlicher Art befähigt. Die Angst-Angst kann aber auch zu einer Entdifferenzierung der situativen Ängste führen, nämlich zu einer generellen Daseinsangst – d. h. sie gehört zu den kulturellen Angstverstärkern. Das prägt den Charakter der Religionen. Dabei sind Religionen keineswegs nur ein Versprechen der Angstfreiheit. Das Gegenteil ist ebenso wahr. Die Nähe, die zu Gottheiten und zum Heiligen gesucht wird, ist immer auch, wie Rudolf Otto (1947) sagt, ein »Mysterium tremendum et fascinosum«. Und Renate Schlesier hält im Blick auf diese Ambivalenz des Göttlichen fest: »Die Lust-Qualität des Schauders, die Schauer-Qualität der Lust, die von Mythologien und Riten der Völker bezeugt wird, verbietet eine einseitig negative Bewertung religiöser Angstphänomene« (1988, 464). Ist der Himmel die Sphäre beseligender Angsterlösung, die dem Tod den Stachel ziehen soll und worauf ein demütiger Lebensweg vorbereitet, so ist die Hölle der gewaltigste Angsterzeugungskomplex, der je erdacht wurde. Beides aber gehört zusammen: denn die Angst kann nur von eben dem Gott vertrieben werden, der sie androht und erregt. Doch auch andere Praktiken – wie die Fürbitte, die Opferung, die apotropäische Verehrung von Fetischen und Idolen, die magischen Praktiken zur Bezähmung böser Mächte, die symbolischen und rituellen Allianzen, welche die angsterregenden Potenzen auf die eigene Seite ziehen sollen, Vorstellungen von Wiedergeburt, von Unsterblichkeit, von Erlösung –: all dies zeigt die Ubiquität von Angst und Angstabwehr in den Religionen. In den Religionen ist dasjenige, was Angst macht, und dasjenige, was von ihr befreit, auf paradoxe Weise dasselbe. Die Macht, in deren Schutz die Angstvollen sich flüchten, ist dieselbe, welche Furcht und Zittern hervorruft.

Angst ist in vielen Religionen deswegen ein ambivalentes Gefühl, weil Religionen sowohl für Sehnsüchte nach Angstfreiheit wie für den in der Nähe des Göttlichen erlebten Angstschauder und schließlich für Strafängste und Straflüste ein reiches Angebot zur Verfügung halten. Diese Tatsache lässt im Hinblick auf Himmel und Hölle, die das irdische Leben über- und unterwölben, vermuten, dass diese Jenseitsräume affektiv miteinander verflochten sind.

Der Primat der Angst legt nahe, die Spuren der Angst auch dort zu suchen, wo von ihr erlöst und Glück erlangt sein soll; während umgekehrt die Zustände der Angst und Qual in der Hölle keineswegs nur negativ als Gottesferne, sondern im Gegenteil auch als besonders große Nähe des Göttlichen verstanden werden können. Zudem wird im Schauder, den die Hölle erregt, auch eine Fülle von Lüsten mitbefriedigt, oft genug Rachegelüste, mit denen die im Leben geängstigten Frommen sich nun im Jenseits erfreuen. Himmel und Hölle sind dramaturgische Räume, in denen die Angst und ihre Erlösung auf eine hochwirksame Weise choreographiert werden.

Schließlich ist damit zu rechnen, dass religiöse Ängste entstellte Darstellungen von sozialen Ängsten, d.h. symbolische Verarbeitungen von Leiderfahrungen sind, die körperlich erlebt werden und historisch stark differieren. Ist die Angst der Primat der Religionen, so sind Gewalt- und Foltererfahrungen das Antezedens dieser Angst. Sie sind der Kern der Zivilisation, auch dann, wenn man den *Prozess der Zivilisation* – wie Norbert Elias (1997) – als fortschreitende Verfriedlichung stabilisiert sehen möchte. Die Angst vor Gewalt und Folter gehört zu den Performanzen jedweder Herrschaft. Die dichte Darstellung von Gewalt und Folter in der mittelalterlichen Hölle hat dieselbe Funktion wie das – bis heute übliche – Vorzeigen der Folterinstrumente im Folterritual: Es sind Mittel der Unterwerfung, um die Angst- und Schmerzphantasien des Opfers zu besetzen – sei dieses ein mittelalterlicher Gläubiger der Hölle, eine Hexe der frühen Neuzeit, ein Jude in den Gestapo-Kellern oder ein Widerstandskämpfer in den Händen von Verhörexperten. Identitäten wurden und werden auf zwei Wegen zerschlagen: real über den Körper und symbolisch über die Erregung von Phantasien, was der Körper erleiden könnte.

Literatur

Agamben, G. (2002). *Homo sacer. Die souveräne Macht und das nackte Leben.* Frankfurt am Main: Suhrkamp.

Böhme, H. (2001). Oblique Annäherung an das Heilige aus dem Geist der Gewalt. In A. Michaels, D. Pezzoli-Olgiati & F. Stolz (Hrsg.), *Noch eine Chance für die Religionsphänomenologie?* (S. 191–213). Frankfurt am Main: Peter Lang.

Burkert, W. (1972). *Homo Necans. Interpretationen altgriechischer Opferriten und Mythen.* Berlin New York: De Gruyter.

Burkert, W. (1998). *Kulte des Altertums. Biologische Grundlagen der Religion.* München: C. H. Beck.

Butler, J. (1998). *Haß spricht. Zur Politik des Performativen.* Berlin: Berlin Verlag.

Canetti, E. (1960/1980), *Masse und Macht.* Frankfurt am Main: Fischer.

de Waal, F. (2011). *Das Prinzip Empathie. Was wir von der Natur für eine bessere Gesellschaft lernen können.* München: Carl Hanser Verlag.

Dinzelbacher, P. (1999). Monster und Dämonen am Kirchenbau. In U. Müller & W. Wunderlich (Hrsg.). *Dämonen, Monster, Fabelwesen* (S. 103–127). St. Gallen: UVK.

Elias, N. (1997). *Über den Prozeß der Zivilisation. Soziogenetische und psychogenetische Untersuchungen,* 2 Bde. (21. Aufl.). Frankfurt am Main: Suhrkamp.

Girard, R. (1994a). *Ausstoßung und Verfolgung. Eine historische Theorie des Sündenbocks.* Frankfurt am Main: Fischer.

Girard, R. (1994b). *Das Heilige und die Gewalt.* Frankfurt am Main: Fischer.

Hoffmann, E. T. A. (1821/1912). Vampirismus. In ders., *Werke in 15 Teilen* (S. 162–177) (hrsg. v. G. Ellinger). Berlin Leipzig Wien Stuttgart: Deutsches Verlagshaus Bong & Co.

Klein, M. (1932/1971). *Die Psychoanalyse des Kindes.* München Basel: Ernst Reinhardt.

Klein, M. und J. Riviere (1974). *Psyche des Kindes. Seelische Urkonflikte. Liebe, Haß und Schuldgefühl.* München: Kindler.

Mahl, F. X. (1854). *Unterweisung in der christlichen Religion,* Bd. V. Regensburg.

Marcus (1989). Visio Tnugdali. In P. Dinzelbacher (Hrsg.), *Mittelalterliche Visionsliteratur. Eine Anthologie* (S. 86–97). Darmstadt: WBG.

Marx, K. (1867). *Das Kapital, Bd. 1. Der Produktionsprozess des Kapitals.* Hamburg: Otto Meissner.

Michaels, A. (1997). Religionen und der neurobiologische Primat der Angst. In F. Stolz (Hrsg.), *Homo naturaliter religiosus* (S. 91–136). Bern Berlin Frankfurt am Main New York Paris Wien: Peter Lang.

Otto, R. (1947). *Das Heilige. Über das Irrationale in der Idee des Göttlichen und sein Verhältnis zum Rationalen* (26.–28. Aufl.). München: Biederstein.

Palmer, N. (1982). *Visio Tnugdali. The German and Dutch Translations and their Circulations in the Later Middle Ages.* München: Artemis.

Parzinger, H. (2014). *Die Kinder des Prometheus. Eine Geschichte der Menschheit vor der Erfindung der Schrift.* München: C. H. Beck.

Rifkin, J. (2010). *Die empathische Zivilisation. Wege zu einem globalen Bewusstsein.* Frankfurt am Main: Campus.

Ross, S. (1994). *Die Vagina dentata in Mythos und Erzählung: Transkulturalität, Bedeutungsvielfalt und kontextuelle Einbindung eines Mythenmotivs.* Bonn: Holos.

Schlesier, R. (1988). Angst. In H. Cancik, B. Gladigow & K.-H. Kohl (Hrsg.), *Handbuch religionswissenschaftlicher Grundbegriffe,* Bd. 1 (S. 455–471). Stuttgart: Kohlhammer.

Stoker, B. (1897/2008). *Dracula* (übers. v. S. Kull). Köln: Anaconda.

Swedenborg, E. (1757/1977). *Himmel und Hölle nach gehörtem und Gesehenem* (übers. v. F. Horn). Zürich: Swedenborg Verlag.

Vogel, C. (1989). *Vom Töten zum Mord. Das wirkliche Böse in der Evolutionsgeschichte.* München Wien: Hanser.

Voltaire (1879). Vampire. In ders., *Dictionaire Philosophique,* Bd. IV, (Œuvres complétes, Tome XX) (S. 547–550). Paris: Garnier.

Wilson, E. O. (2013). *Die soziale Eroberung der Erde. Eine biologische Geschichte des Menschen.* München: C. H. Beck.

Bildteil

Abb. 1 Unbekannter Meister: Mantikor, Kapitell Nr. III im Chorhaupt von Sainte Pierre, Chauvigny, um 1100.

Abb. 2 Charles Méryon: Le Stryge, 1853, Radierung, 26,2 × 20,5 cm; Abb. aus: James D. Burke: Charles Meryon, Prints & Drawings, New Haven 1974, Cat. 12.

Abb. 3 Brassai (Gyula Halász): Le Stryge, um 1930, Silbergelatine-Abzug auf Barytpapier 17,1 × 23 cm, Städelscher Museums-Verein, Frankfurt. Abb. aus: Felix Krämer (Hg.): Schwarze Romantik. Von Goya bis Max Ernst. Ausstellungskatalog des Städel Museums Frankfurt am Main 2012, S. 241.

Abb. 4 Charles Méryon: Le Ministère de la Marine, 1865, Radierung, 16,8 × 14,7 cm.

Abb. 5 Francisco de Goya: Der Schlaf der Vernunft gebiert Ungeheuer, aus: Los Caprichos, Blatt 43, 1797–99, Radierung und Aquatinta, 18 × 12,2 cm, Städel Museum, Frankfurt am Main, Abb. aus: Felix Krämer (Hg.): Schwarze Romantik. Von Goya bis Max Ernst. Ausstellungskatalog des Städel Museums Frankfurt am Main 2012, S. 62.

Abb. 6 Hans Memling: Die Hölle (Detail), ca. 1485, Öl auf Holz, Musée des Beaux-Arts, Strasbourg, Abb. aus: Sophie Balace / Alexandra De Poorter: Entre Paradis et Enfer. Mourir au Moyen Âge, 600–1600. Ausstellungskatalog der Musées royaux d'Art et d'Histoire; Brüssel 2010, S. 2.

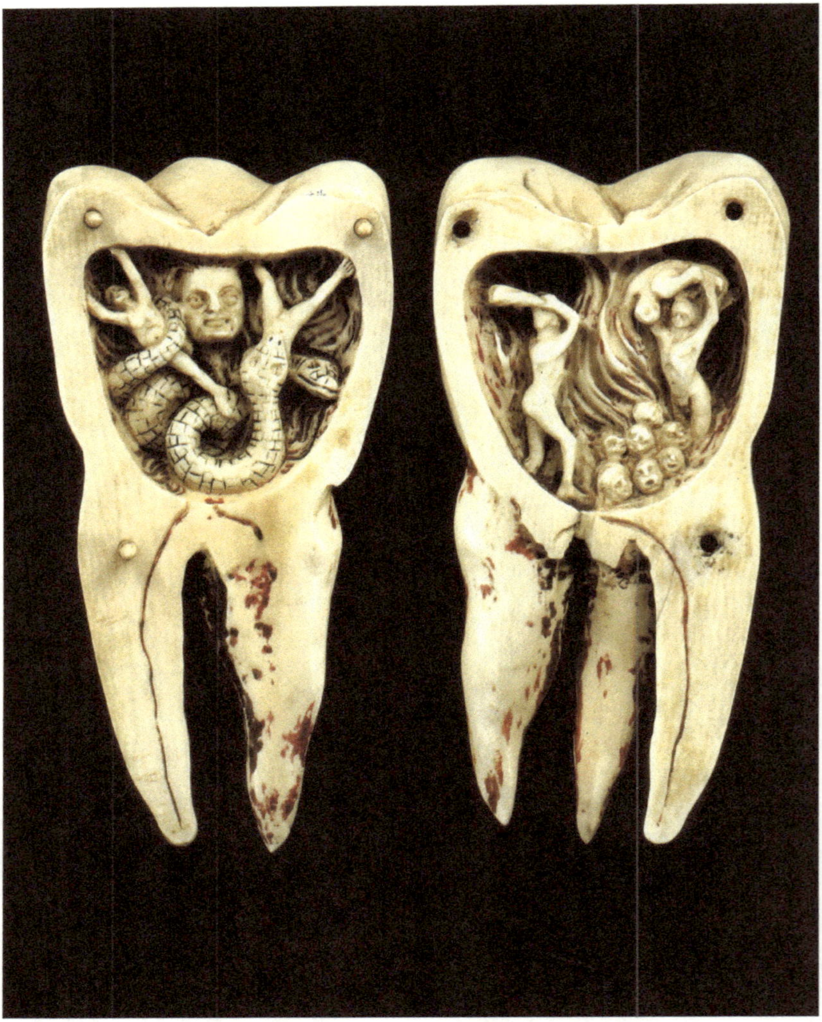

Abb. 7 Die Hölle im Zahn. Elfenbeinschnitzerei, 1780, 10,5 cm, Südfrankreich, Deutsches Medizinhistorisches Museum, Ingolstadt. – An der folgenden Abbildung erkennt man, woher diese eindrucksvolle Darstellung und Erklärung des schrecklichen Zahnschmerzes kommt: aus der arabischen Medizin.

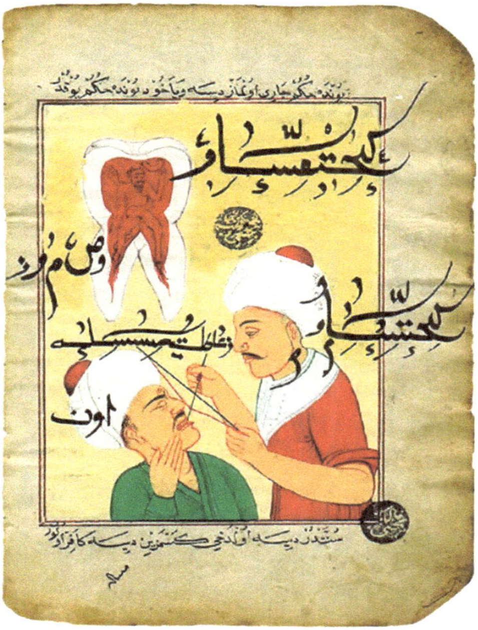

Abb. 8 Zahnextraktion. Links oben: Darstellung des schmerzenden Zahnwurms. Nach einer Handschrift von Şerafeddin Sabuncuoğlu (1385–1468), berühmter Chirurg, der im Alter von 80 Jahren, 1465, seine »Cerrahiyetü'l-Haniyye« (Imperial Surgery) schrieb, versehen mit Miniaturzeichnungen. Das Buch basiert auf dem arabisch-andalusischen Arzt Abu al-Qasim Khalaf ibn al-Abbas Al-Zahrawi (936–1013; im Westen: Albucasis): er schrieb eine Enzyklopädie der Chirurgie, das Grundbuch für Jahrhunderte chirurgischer, auch zahnmedizinischer Praxis.

Verzeichnis der Autorinnen und Autoren

Emil Angehrn, Prof. Dr. phil., Professor emeritus für Philosophie am Philosophischen Seminar der Universität Basel.

Hartmut Böhme, Prof. Dr. phil., Professor emeritus für Kulturtheorie und Mentalitätsgeschichte des Instituts für Kulturwissenschaft der Humboldt-Universität zu Berlin.

Michael Bongardt, Prof. Dr. theol., Prorektor für Studium, Lehre und Lehrerbildung und Vertretungsprofessor für Anthropologie, Kultur- und Sozialphilosophie am Philosophischen Seminar der Universität Siegen.

Jagna Brudzińska, Prof. Dr. phil., Lehrbeauftragte am Philosophischen Seminar der Universität zu Köln.

Thomas Fuchs, Prof. Dr. med. Dr. phil., Karl Jaspers-Professor für Philosophische Grundlagen der Psychiatrie und Psychotherapie an der Universität Heidelberg.

Arne Grøn, Prof. Dr. theol., Professor für Ethik und Religionsphilosophie an der Fakultät für Theologie der Universität Kopenhagen.

Alice Holzhey-Kunz, Dr. phil., Ko-Direktorin des Daseinsanalytischen Seminars Zürich.

Hermann Lang, Prof. Dr. med. Dr. phil., Professor emeritus für Psychotherapie und Medizinische Psychologie an der Universität Würzburg.

Stefano Micali, Prof. Dr. phil., Professor für Philosophie am Husserl-Archiv der Katholischen Universität Löwen.

Enno Rudolph, Prof. Dr. phil., Professor emeritus für Philosophie am Philosophischen Seminar der Universität Luzern.

Magnus Schlette, Priv.-Doz. Dr. phil., Leiter des Arbeitsbereichs »Theologie und Naturwissenschaft« der Forschungsstätte der evangelischen Studiengemeinde (FEST) Heidelberg.